DES

SOCIÉTÉS COMMERCIALES.

PARIS, IMPRIMERIE DE COSSON,
RUE SAINT-GERMAIN-DES-PRÉS, N. 9.

DES
SOCIÉTÉS COMMERCIALES,

ou

COMMENTAIRE

SUR LES SOCIÉTÉS EN GÉNÉRAL, LES DIVERSES ESPÈCES DE SOCIÉTÉS
DE COMMERCE, LA MANIÈRE DE CONSTATER L'ARBITRAGE FORCÉ,
LA DISSOLUTION DES SOCIÉTÉS, ETC.

PAR E. PERSIL,

Avocat à la Cour Royale de Paris.

PARIS,

NÈVE, LIBRAIRE DE LA COUR DE CASSATION,

PALAIS DE JUSTICE, N° 9.

DELAUNAY, LIBRAIRE, PALAIS-ROYAL.

1833.

A mon Père.

« Notre marche a été celle du commen-
» taire. Si nous avions écrit uniquement pour
» les jeunes gens, si nous n'avions voulu
» donner que de simples élémens, nous n'au-
» rions pas balancé à adopter les formes di-
» dactiques d'un traité. Mais nous avons
» conçu l'espoir d'être utile aux jeunes avo-
» cats qui débutent dans la carrière judi-
» ciaire, et quelquefois aux anciens juriscon-
» sultes, que de nombreuses occupations ont
» empêchés de suivre une jurisprudence qui
» n'a que trop varié. Or, notre propre expé-
» rience nous a convaincu que l'on perd
» moins de temps, et que les recherches sont

4

» plus faciles dans un commentaire que dans
» un traité. Dans celui-ci, l'on n'a d'autre
» moyen de s'y reconnaître que d'aller à la
» table des matières; et si, ce qui n'arrive
» que trop souvent, cette table est impar-
» faite, il est impossible, à moins de lire
» tout l'ouvrage, de tirer quelque fruit de
» ses recherches. Dans le Commentaire, au
» contraire, la question se présente sur l'ar-
» ticle du Code qui y donne lieu, et en ou-
» vrant le volume, l'on est toujours certain
» de rencontrer ce que l'on cherche. »

PERSIL (INTRODUCTION AU RÉGIME
HYPOTHÉCAIRE).

COMMENTAIRE

SUR LES

SOCIÉTÉS DE COMMERCE.

TITRE PRÉLIMINAIRE.

DES SOCIÉTÉS EN GÉNÉRAL.

ART. 18. Le contrat de société se règle par le droit civil, par les lois particulières au commerce, et par les conventions des parties.

L'association de divers intérêts est la vie du commerce. Le contrat, dit contrat de société, lui donne cette multiplicité d'affaires qui n'existeraient pas si le commerçant restait isolé. C'est au contrat de société que, sans aucun doute, on doit les grands établissemens : diverses fortunes réunies peuvent viser à la fondation de ces riches maisons sans lesquelles le commerce serait languissant par cela seul qu'il serait plus divisé.

Le commerce, non-seulement réunit les individus, les différentes villes d'un même royaume,
il est encore la cause de bonnes relations entre les
diverses puissances; il est le lien entre toutes les
nations du globe. Sans l'activité commerciale, les
peuples ne seraient jamais sortis de cet égoïsme
national qui gêna pendant long-temps la civilisa-
tion européenne.

2. La société est un contrat par lequel deux ou
plusieurs personnes conviennent de mettre quelque chose en commun, dans la vue de partager
le bénéfice qui pourra en résulter (art. 1832,
cod. civ.).

Pothier établit clairement une distinction,
suivie par tous les auteurs, entre la société et la
communauté; il tâche de présenter l'une comme
la conséquence de l'autre. Je crois qu'il y a là erreur
de sa part. Pour établir cette conséquence, il dit
que la société est le contrat par lequel deux ou
plusieurs personnes conviennent de mettre quelque chose en commun. La communauté commence, ajoute Pothier, lorsque ce contrat est
mis à exécution. Ainsi, lorsque les personnes ont
apporté leur mise, il se forme une communauté
entre elles.

Plus loin, il est vrai, Pothier reconnaît que
souvent la communauté peut exister sans qu'il y
ait eu contrat. Si une succession est échue à plusieurs héritiers, ceux-ci sont copropriétaires des

biens composant la succession jusqu'à ce que le partage soit fait. En attendant la division, il y a entr'eux communauté, et non société. Rousseau de Lacombe appelle l'état de ces héritiers une société imparfaite; car, en ce cas, il n'y a pas lieu à l'action *pro socio*, mais seulement à l'action *communi dividundo*.

Je crois que la communauté forcée qui s'établit entre divers héritiers jusqu'au partage, est un quasi-contrat qui donne naissance à des obligations pareilles à celles qui peuvent naître du contrat de société.

Prenant la société et la communauté à part comme elles doivent être prises, les distinguant par la désignation de contrat appliqué à la première, et de quasi-contrat appliqué à la seconde, nous disons que la société ne peut se former que par la volonté de deux ou plusieurs personnes, tandis que la communauté se forme souvent par le seul effet du hasard. Rejetons la première distinction que fait Pothier, mais adoptons la seconde qu'il a donnée, c'est-à-dire, ne distinguons la société et la communauté que par les désignations de contrat et de quasi-contrat.

3. Dans chaque contrat, il est des choses que les conventions ne peuvent changer, parce qu'elles sont de l'essence du contrat. Aussi tous les auteurs établissent-ils une grande distinction entre les choses qui sont de l'essence du contrat, celles

qui sont de sa nature, et celles qui lui sont accidentelles.

Ce qui est de l'essence du contrat ne peut être soumis à la volonté des parties. Il est impossible sans l'accomplissement préalable des formalités essentielles. Il est des choses qui sont essentielles à tout contrat, par exemple, le consentement des parties est de l'essence de tout contrat. Il est des choses essentielles à certains contrats seulement. Ainsi, dans la vente il faut, outre le consentement, un objet et un prix : ôtez une de ces choses il n'y a plus vente; il y aura peut-être un autre contrat; si, par exemple, on fait disparaître le prix, il n'y aura plus qu'une donation ; ou bien, si on donne un autre objet en place de celui que l'on reçoit, il y a échange.

Ce qui est de la nature du contrat, peut subir des modifications par suite de conventions intervenues entre les parties contractantes.

Les choses qui sont de la nature du contrat sont celles qui résultent naturellement dans le droit commun du contrat, quand les parties ont gardé sur elles un silence absolu ; mais, comme je viens de le dire, elles peuvent être supprimées par la volonté des parties. Ainsi, le code civil (art. 2114) déclare l'hypothèque indivisible de sa nature ; mais cette indivisibilité, établie par la loi, disparaîtra (si les conventions la rejettent) sans que la validité de l'hypothèque puisse être contestée.

Les choses accidentelles au contrat sont celles auxquelles les conventions des parties donnent naissance. Ainsi, la faculté de rachat, celle de payer une somme à diverses époques, etc., sont accidentelles au contrat. (*Voy*. Pothier, *Traité des obligations*; M. Duranton, t. 10, p. 80.)

4. Après cette explication nécessaire pour bien apprécier tout ce qui constitue la validité légale d'une société, voyons les choses qui sont de l'essence du contrat de société.

Elles fixeront un moment notre attention ; puisque toutes celles qui sont simplement naturelles ou accidentelles au contrat, se modifient ou prennent naissance par suite des conventions des parties, elles rentrent dans le domaine de l'arbitraire et exigent peu d'explication.

1°. Toute société doit être contractée pour l'intérêt commun des parties (art. 1833). Toute convention, qui donnerait à l'un des associés la totalité des bénéfices, est nulle (art. 1855).

. « Non-seulement, dit Rousseau de Lacombe, » les conveutions qui apportent inégalité entre les » associés sont nulles, lorsqu'elles concernent le » total de la société, mais aussi lorsqu'elles ne » regardent que certaine chose particulière; ainsi » le pacte qu'un seul des associés pourra doter sa » fille des deniers communs, est nul; parce que, la » société, étant une espèce de fraternité, requiert » égalité. Mais le pacte, qu'il sera permis à tous

» les associés de doter leurs filles, est valable,
» quoiqu'il n'y ait que l'un d'eux qui ait des filles,
» parce que les autres peuvent en avoir » (L. 81,
ff. *pro socio.*)

2°. Chaque associé doit apporter ou de l'argent, ou d'autres biens, ou son industrie (art. 1833).

Il est de toute nécessité que chaque associé apporte dans la société quelque chose d'appréciable. Si un individu ne participait qu'aux bénéfices de la société sans avoir apporté sa mise, sans être tenu de supporter une part dans les pertes, il n'y aurait pour lui qu'une pure donation d'une part dans les gains. Cette convention ne serait pas valable, parce que le Code rejette une donation de cette nature, comme n'étant pas faite avec les formalités prescrites.

Il n'est pas nécessaire que ce qui est apporté par chaque associé soit de même nature : il suffit que chacun apporte une mise, ne serait-ce que son industrie : *societatem*, dit la loi romaine, *uno pecuniam conferente, alio operam, posse contrahi magis obtinuit.* (L. 1, Cod. *pro socio*).

Si de deux associés l'un apporte de l'argent et l'autre son industrie, ils auront néanmoins des droits égaux. Mais si, à la fin de la société, il se trouve que les pertes absorbent tout l'actif, s'il ne reste plus que la somme d'argent que le premier associé a déposée, elle appartiendra tout entière à celui qui l'a mise, et l'autre associé perdra son industrie qui était son capital. Chaque associé, en effet, doit courir en particulier le risque et le péril de la perte du capital qu'il a mis dans la société. Cependant ils ont pu stipuler, en commençant la société, que celui qui apportait son industrie reprendrait la moitié de la somme apportée par l'autre. Car on peut faire, par intérêt, toute espèce d'avantages à l'homme qui par son industrie sera peut-être l'âme de la société, la seule cause de sa prospérité.

5. Lorsque l'acte de société ne détermine point la part de chaque associé dans les bénéfices ou pertes, la part de chacun est en proportion de la mise dans le fond de la société.

A l'égard de celui qui n'a apporté que son industrie, sa part dans les bénéfices ou dans les pertes est réglée comme si sa mise eût été égale à celle de l'associé (art. 1853, Cod. civ.).

Ici il s'agit du cas où le contrat de société garde le silence sur le partage des bénéfices ou sur le support des dettes. Le législateur, pour fixer la part de chacun, proportionne le bénéfice ou la perte à la mise sociale. Rien de plus équitable : car si les parties n'ont pas parlé des avantages à retirer de la société, il est présumable qu'elles ont eu en vue un partage en rapport avec la mise de chacun. Ainsi, supposons que Pierre contracte société avec Paul : Paul apporte

2000 fr., Pierre en apporte 1000. Eh bien! dans la division qui sera faite à la dissolution de la société, Paul prendra les deux tiers des bénéfices, tandis que Pierre n'aura droit qu'à un tiers.

Mais les conventions des associés peuvent changer les dispositions de la loi (1). Car le législateur n'a créé la disposition de l'article 1853 que dans l'intérêt des parties : et, comme il est toujours permis de renoncer au droit introduit en sa faveur, les parties, au moment de fonder une société, ont le pouvoir de favoriser certains associés aux dépens des autres. C'est ainsi qu'il est permis d'exempter un co-associé de toutes les pertes, tandis qu'il a une part dans les profits; quelquefois sa coopération, comme nous l'avons dit plus haut, est un tel besoin pour la société qu'on ne saurait, pour se l'attacher, lui faire de trop grands avantages.

Quand une obligation est contractée par l'un des associés, cette obligation ne lie que celui qui l'a contractée, à moins qu'elle n'ait tourné au profit de la société ou que le contractant n'ait reçu mandat des autres sociétaires (art. 1864).

Si l'obligation a tourné au profit de l'association (je ne parle pas ici des sociétés commerciales), les associés sont-ils tenus au paiement de

---

(1) Ces dispositions sont naturelles au contrat. Je n'ai parlé ici du partage des bénéfices qu'accidentellement. J'y reviendrai plus tard.

l'obligation en raison de leurs parts sociales? Un exemple fera comprendre tout l'intérêt de cette question. Titius prête 10,000 fr. à un membre de la société civile; tous les sociétaires profitent de l'emprunt fait par Titius. Celui-ci, ne voyant pas arriver le remboursement, actionne tous les associés pour être intégralement remboursé des 10,000 fr. Que répondent les associés? Ils prétendent être seulement débiteurs à raison de leurs parts sociales; que, leur profit ne pouvant exister qu'en proportion de leur mise sociale, c'est aussi en proportion de cette mise qu'ils doivent contribuer au paiement de la dette. On doit donner gain de cause aux sociétaires : leur refus de paiement, dans une proportion qui ne s'accorde pas avec leur mise dans la société, est légal. Ils s'appuient sur l'article 1853 dont la simple lecture suffit pour démontrer leur bon droit. (Arrêt de cassation, journal du Palais, année 1825, t. 1, p. 379.)

3°. Toute société doit avoir un but licite (art. 1833 Cod. civ.). *Si maleficii societas coita sit, constat nullam esse societatem. Generaliter enim traditur rerum inhonestarum nullam esse societatem.* (L. 57, *pro socio*).

6. Pour éviter toute fraude, pour que le but de la société soit bien fixé, la loi exige que toute société soit rédigée par écrit, lorsque son objet est d'une valeur excédant 150 fr. Si la somme ou

valeur dépasse 150 fr., lorsque les sociétaires n'appuient pas leurs prétentions sur un acte dûment en forme, on ne donne aucune autorité à leurs dires, qui ne sont estimés qu'au taux de pures allégations, n'ayant aucune force en justice.

Cependant il est de jurisprudence maintenant qu'un acte n'est pas une formalité substantielle pour le contrat de société. Le législateur, par l'article 1834, a eu seulement en vue de repousser la preuve testimoniale lorsque la valeur de la société dépassait 150 fr. Pour former le contrat de société, le consentement suffit; peu importe que ce consentement soit prouvé par des faits ou des paroles. Toute preuve doit être admise, hors la preuve testimoniale, parce qu'avec l'admission de la preuve testimoniale, on rendrait la fraude possible. *Societatem coire et re et verbis posse nos dubium non est.* (L. 4 ff. *pro socio*).

Le Code ne déroge point à la loi romaine. S'il exige un acte de société, ce n'est pas comme formalité substantielle, mais comme le moyen le plus facile de prouver l'existence de la société. Son seul but est de rejeter la preuve testimoniale. Plusieurs arrêts furent rendus en ce sens. «Attendu, dit la cour de Bruxelles, que l'article 1834 a seulement pour but d'exclure la preuve testimoniale, mais non celle qui résulterait d'actes ou d'écrits émanés d'associés, autres que le contrat d'association, etc. » (Sirey. 14, 2, 93.)

La preuve testimoniale n'est pas admise contre et outre le contenu en l'acte de société, ni sur ce qui serait allégué avoir été dit avant, lors et depuis cet acte, encore qu'il s'agisse d'une somme ou valeur moindre de 150 fr. (art. 1834).

Cet article 1834 ne concerne point les sociétés de commerce. La jurisprudence est fixée sur ce point. (Arrêt du 22 messidor an IX. — Arrêt du 23 novembre 1812. Cassation, journal du Palais, année 1813, t. 2, p. 15.)

DIVERSES ESPÈCES DE SOCIÉTÉS.

7. Les sociétés sont universelles ou particulières. (Art. 1835.)

Sociétés universelles.

On distingue deux sortes de sociétés universelles, la société de tous biens présens, et la société universelle de gains (art. 1836).

8. La société de tous biens présens est celle par laquelle les parties mettent en commun tous les biens, meubles et immeubles, qu'elles possèdent actuellement, et les profits qu'elles pourront en tirer (art. 1837).

9. Pour que cette société soit contractée, il faut que les associés s'expriment d'une manière claire, précise, de sorte qu'il n'existe aucun doute sur leurs intentions. Car, on le voit, il y a de la part

de l'individu qui entre dans cette association, une aliénation de tous ses biens présens, et des avantages qu'il pourrait en tirer au profit d'un être moral, appelé société. Si l'explication formelle n'a pas été donnée par les parties, la simple convention de société universelle, faite sans autre explication, n'emporte que la société universelle de gains (art. 1839).

10. Lorsqu'il y a manifestation complète de la volonté des parties, il s'établit aussitôt entre les nouveaux sociétaires une communauté de tous les biens qu'ils possèdent. *In societate omnium bonorum omnes res quæ coëuntium sunt, continuo communicantur.* (L. 1, § 1, ff. *pro socio.*) Cette communauté existe pour tous les biens. Ainsi les dettes actives de l'associé, au moment où l'association est contractée, sont comptées comme biens présens et entrent dans la masse de la société.

11. Si la société profite des avantages particuliers à chacun de ses membres, elle supporte aussi les charges qui pèsent sur les biens composant la mise sociale de chaque sociétaire. Toutes les dettes sont une charge présente des biens présens : puis on ne peut légalement appeler sa propriété que ce qui reste, déduction faite des dettes : *cum bona non intelligantur, nisi deducto ære alieno.* On peut enfin regarder la société comme un successeur à titre universel, qui doit

en conséquence être chargé des dettes. (Delvincourt, p. 196, § 3, t. 2.)

12. Dans une société universelle de tous biens, de tous profits, chaque associé peut prendre sur le fonds commun pour l'entretien de sa famille. *Ea quoque, quæ in honorem alterius liberorum erogata sunt, utrinquè imputanda.* (L. 73, § 1. ff, *pro socio.*)

13. Tous les gains illicites, faits par un associé, n'augmentent pas le fond commun de la société. Ils ne profitent pas à la communauté, parce que la société doit avoir un objet licite. Mais si la richesse sociale ne s'accroît pas des profits déshonnêtes, elle n'est pas non plus grevée des dettes honteuses. Ainsi les associés n'ont pas de recours contre la société pour lui imposer les pertes faites au jeu. La société ne sera pas tenue des réparations civiles qui pourront être imposées à un sociétaire pour quelque délit par lui commis. Domat et Pothier prétendent, au sujet de ces réparations qu'ils déclarent personnelles, que, si la condamnation était injuste, elle devrait retomber sur toute la société. *La raison est,* ajoute Pothier, *que ce qu'il lui en a coûté* (à l'associé), *en ce cas, est une dépense qui ne procède pas de sa faute, et qu'il n'a pu éviter. Elle est une charge de ses biens, dont la société est chargée.*

L'associé ne doit pas être reçu à alléguer l'injustice de la condamnation, tant que la condamnation subsiste. Il faut qu'il ait fait infirmer la sentence par un juge supérieur. Mais si, après avoir fait infirmer, il ne peut, par suite de l'insolvabilité de la partie et de la caution, répéter ce qu'il aura été obligé de payer, alors la perte retombera sur toute la société.

14. Nous avons vu que les sociétés de biens présens comprennent tous les meubles et immeubles que les parties possèdent actuellement, et les profits qu'elles pourront en tirer.

Elles peuvent aussi comprendre, ajouterons-nous, toute autre espèce de gains. Mais la loi exclut formellement de cette société tous les biens qui pourraient avenir aux associés par succession, donation ou legs. Elle ne permet l'entrée de ces biens dans la société que pour la jouissance : toute stipulation tendant à y faire entrer la propriété de ces biens est prohibée, sauf entre époux, et conformément à ce qui est réglé à leur égard (art. 1837).

15. Sous la loi romaine, sous l'ancien droit écrit, calqué sur le droit romain, les biens provenant des legs, des donations, des successions, pouvaient être compris dans la société universelle de tous les biens. Aujourd'hui, le Code civil les rejette de cette communauté, sans établir même de distinction entre les meubles et les immeubles. Cette exclusion est fondée sur ce qu'une société universelle est regardée comme partici-

pant de la nature de la donation. L'article 1840 établit cette ressemblance entre la donation et la société universelle. En effet, que dit cet article? Nulle société universelle ne peut avoir lieu qu'entre personnes respectivement capables de se donner ou de recevoir l'une de l'autre, et auxquelles il n'est point défendu de s'avantager au préjudice d'autres personnes. Or, comme la donation de biens à venir est prohibée, il était juste de rejeter de la société universelle de tous biens ceux qui pouvaient avenir par legs, donations, ou successions.

Société universelle de gains.

16. Cette société nous représente celle que les Romains appelaient *societas universorum quæ ex questu veniunt.*

La société universelle de gains renferme tout ce que les parties acquerront par leur industrie, à quelque titre que ce soit, pendant le cours de la société : les meubles que chacun des associés possèdent au temps du contrat, y sont aussi compris; mais leurs immeubles personnels n'y entrent que pour la jouissance seulement (art. 1838).

17. Tout ce que les associés acquièrent, augmente la masse de l'association. *Si quod lucrum ex emptione, venditione, locatione, conductione descendit.* (L. 7, ff. *pro socio.*)

18. Les choses, acquises par un des sociétaires dans l'exercice de sa profession, tombent aussi dans la société.

19. Il faut que tous les gains, pour qu'ils soient admis à grossir le fonds social, portent un caractère licite. Si pourtant, malgré la défense de la loi, on les admettait dans la société, l'associé, coupable de ce gain illicite, ne pourrait pas réclamer contre sa fusion avec la fortune sociale, parce que, pour prouver que les sociétaires n'avaient aucun droit de participer à ce gain illicite, il serait obligé d'alléguer sa propre turpitude. Ce qui est impossible, car en droit *nemo auditur allegans propriam turpitudinem.*

20. Mais toutes les fois que le gain sera licite, il appartiendra à la société. Les biens même qui surviendraient à l'associé par des causes accidentelles, entièrement indépendantes de son fait, deviendraient la propriété de la société. S'il poursuit en justice un individu qui l'a injurié, et qu'il obtienne des dommages intérêts, ces dommages intérêts seront rapportés à la société, car la société ne laisse rien de propre à l'associé dans les gains qu'il pourra faire.

Ce principe général a, comme tout principe, ses exceptions. Par exemple, je possède, au moment où commence la société, un immeuble qui, en vertu du texte précis de la loi, n'entre dans l'association que pour la jouissance seulement.

Plus tard j'échange cet immeuble. Il y a là un véritable gain, car selon toute apparence, j'ai consenti à l'échange parce que j'y trouvais un avantage (avantage de convenance ou autre, peu importe). Eh bien, ce nouvel immeuble, véritable gain, augmentera-t-il le fonds social ? Non. *Car cet immeuble, acquis en contre-échange, est subrogé à celui qui a été échangé, et en prend la nature.* (Pothier, société.)

21. Nous avons vu que les biens, échus par legs, donation, ou succession, n'entraient pas dans les sociétés de tous biens présens. Ils n'entrent pas non plus dans les sociétés universelles de gain. Qu'il s'agisse de meubles ou d'immeubles, peu importe : tous les biens, venus par succession, sont exclus de la masse sociale.

22. *Quid*, pour les dettes des associés ? Pothier décide que tous les meubles de l'associé tombant dans le fond social, la société doit être tenue de toutes les dettes mobilières.

Quant aux charges pesant sur les immeubles, la société n'ayant que la jouissance des immeubles, elle ne doit être tenue que des intérêts.

23. Pour les dettes contractées depuis par les associés, l'association n'en tient compte qu'autant qu'elles sont contractées dans son intérêt. *Non œs alienum, quod ex questu pendebit, veniet in rationem societatis.* (L. 12, ff. *pro socio.*)

Règle générale pour les Sociétés universelles.

24. Elle est consignée dans l'article 1840, dont nous avons déjà fait mention. Il dit que nulle société universelle ne peut avoir lieu qu'entre personnes respectivement capables de se donner ou de recevoir l'une de l'autre, et auxquelles il n'est point défendu de s'avantager au préjudice d'autres personnes.

Cet article est interprété diversement par les auteurs. M. Delvincourt, qui assimile complètement la société universelle aux donations, conclut d'une manière absolue que nulle société de ce genre ne peut exister entre l'enfant naturel et son père, entre un père et l'un de ses enfans. M. Delaporte, au contraire, dans ses *Pandectes françaises*, t. 6, p. 559, soutient que l'article 1840 ne doit pas être pris à la lettre, qu'il n'est qu'une précaution prise contre la fraude, et qu'il n'y a lieu de l'appliquer qu'aux cas où il y aurait lieu de la présumer. M. Dalloz, Répert. v° société, rapporte cette opinion sans y ajouter aucun commentaire, et, par ce silence, paraît l'adopter. Je pense que c'est avec raison qu'il l'a fait sienne. Si l'article 1840 se prenait jamais dans le sens général, étendu, que lui prête M. Delvincourt, il faudrait rayer du Code le titre des sociétés universelles, car il serait impossible de pouvoir jamais en former une. Ainsi, deux étrangers ont la faculté d'établir entre eux une société universelle, quoique tous deux aient des enfans, car ce n'est pas là un acte gratuit et lucratif, mais bien un acte commutatif. Il faudrait que les preuves de fraude fussent convaincantes, pour annuler la société.

25. Si, malgré la prohibition portée par l'article 1840, il existait une société entre personnes auxquelles elle est interdite, le partage s'opérerait comme dans le quasi-contrat de communauté; chacun retirerait sa mise, et les bénéfices se partageraient *arbitratu boni viri*, au prorata des mises respectives.

Sociétés particulières.

26. La société particulière est celle qui ne s'applique qu'à certaines choses déterminées, ou à leur usage, ou aux fruits à en percevoir (art. 1841).

27. La société particulière porte sur trois choses. Elle peut être 1° d'une chose déterminée, 2° de l'usage seulement de cette chose, 3° des fruits à en percevoir.

28. Il est très-important de bien fixer les choses que l'on veut faire entrer dans la société; car ces diverses branches de la société particulière ont, dans leurs effets, de grandes différences.

Si, par exemple, deux individus, possesseurs

de plusieurs moutons, les réunissent pour former un troupeau commun, il y a là société des choses mêmes. Alors tout le troupeau appartient également à ces deux individus : ils sont devenus propriétaires de toutes les têtes de bétail, ils ont sur chaque mouton des droits égaux. Viennent-ils à vendre un mouton, ils en partagent le prix sans s'inquiéter quel était, avant la communauté, le propriétaire du mouton vendu. Si le troupeau périt, la perte à supporter se partage entre les deux sociétaires, sans que l'un soit reçu à établir un calcul tendant à prouver que la maladie épargna plutôt ses moutons que ceux de son associé. La perte, comme les profits, est commune.

29. Mais si la société ne porte que sur l'usage du troupeau, ou sur les fruits à en percevoir, les deux associés jouiront, sans contredit, du troupeau. Y a-t-il communauté pour l'usage du troupeau, pour fumer les terres ; ou bien communauté pour les fruits à en percevoir, pour le croît ? Dans l'un et l'autre cas, la jouissance est commune ; les profits se divisent, car la société existe seulement pour les profits, et non pour les choses elles-mêmes. Il n'y a pas là copropriété du troupeau, mais seulement communauté pour le droit de jouissance. Aussi, dans le cas où le troupeau dépérirait, on appliquerait la règle *res perit domino*, c'est-à-dire la perte tomberait en entier sur celui des associés à qui la chose appartenait.

30. Il faudrait faire la même distinction à l'égard de deux marchands qui se seraient associés pour la vente des marchandises qu'ils avaient dans leurs boutiques.

31. Il y a encore société particulière, lorsque plusieurs personnes s'associent, soit pour une entreprise désignée, soit pour l'exercice de quelque métier ou profession (art. 1842).

32. Les sociétés pour l'exercice d'un métier ou d'une profession doivent, comme toutes les autres sociétés, être licites. Par exemple, si tous les maçons d'une ville se réunissaient pour l'exercice de leur métier, et convenaient de ne point travailler si on ne leur payait leurs journées à un prix supérieur à celui fixé ordinairement pour les journées de maçons, la société par eux formée serait illicite. Tous les membres de cette association seraient passibles de l'article 419 du Code pénal. Cet article 419 est ainsi conçu :
« Tous ceux qui, par des faits faux ou calomnieux
» semés à dessein dans le public, par des sur-
» offres faites aux prix que demandaient les ven-
» deurs eux-mêmes, par réunion ou coalition
» entre les principaux détenteurs d'une même
» marchandise ou denrée, tendant à ne la pas
» vendre, ou à ne la vendre qu'à un *certain prix*,
» ou qui, par des voies ou moyens frauduleux
» quelconques, auront opéré la hausse ou la
» baisse du prix des denrées ou marchandises, ou

» des papiers et effets publics, au dessus ou au
» dessous des prix qu'auraient déterminés la con-
» currence naturelle et libre du commerce, se-
» ront punis d'un emprisonnement d'un mois au
» moins, d'un an au plus, et d'une amende de
» cinq cents francs à dix mille francs. Les cou-
» pables pourront de plus être mis, par l'arrêt ou
» le jugement, sous la surveillance de la haute
» police pendant deux ans au moins et cinq ans
» au plus. »

33. Cet article exclut formellement le monopole. Il ne veut pas que les moyens d'existence
des habitans soient réunis uniquement dans les
mains de certains hommes, aveuglés par l'intérêt
personnel au point de porter les marchandises à
un prix si élevé, que leur achat serait impossible
pour la classe ouvrière, ordinairement peu aisée.

Cet article poursuit de la même haine et le monopole des marchandises, et le monopole du travail, assimilé aux marchandises quant au prix
perçu pour salaire. Toutes ses dispositions sont
justes, mais elles ne doivent pourtant pas, dans
leur application, dépasser l'intention du législateur.

34. L'article 419 sera-t-il applicable dans l'espèce suivante qui a fait l'objet d'une consultation?
Plusieurs négocians forment une société, qui a
pour but le roulage. Entre autres statuts, elle
porte ceux-ci : 1° *Si un commissionnaire* de rou-

lage refuse de faire partie de l'association, il est regardé comme étant en concurrence avec la société; 2° il est défendu à tout associé d'avoir des relations avec lui.

On prétend, pour soutenir l'illégalité d'une pareille société, que cette association a tous les caractères et d'une jurande prohibée par la loi du 2 mars 1791, et d'une coalition défendue par l'article 419 du Code pénal. Voyons si l'objection est fondée.

Ce n'est que par une fausse application de l'article 419 que l'on soutient l'illégalité de cette association. Nous avons dit plus haut que cet article portait l'exclusion formelle de tout monopole. Toute la question consiste à savoir si l'association critiquée a ce caractère de monopole prohibé par l'article 419.

Examinons d'abord ce que l'on entend par monopole. Le Dictionnaire de l'Académie le définit ainsi : « Vente faite par un seul de marchan-
» dises, de denrées dont le commerce devrait
» être libre. Il se dit aussi, ajoute le Dictionnaire,
» de toutes les conventions iniques que les mar-
» chands font entre eux dans le commerce pour
» altérer de concert quelques marchandises,
» ou les vendre plus cher. » Voici la définition que notre savant Merlin donne du monopole :
« C'est, dit-il, l'abus de la faculté qu'on s'est
» procurée de vendre seul des marchandises, des
» denrées dont le commerce devrait être libre. Il

» se dit aussi de toutes les conventions iniques
» que les marchands font entre eux dans le com-
» merce, pour altérer ou enchérir de concert
» quelques marchandises. »

Ainsi, le monopole, et par ce mot je résume
l'idée de destruction de la libre concurrence du
commerce, le monopole, défini par le Dictionnaire et M. Merlin, se rattache à la définition détaillée du Code pénal. La loi ne défend que le monopole des marchandises et des denrées : mais elle
n'exclut pas l'achat exclusif qu'une société pourra
faire des travaux, des talens d'un homme. Que
demande l'association du roulage? Elle dit à tous
les commissionnaires qui sollicitent la faveur d'entrer dans la société: Je vous agrée, mais à la condition que vous livrerez tous vos travaux à la
société; que vous ne partagerez pas vos soins entre
notre entreprise et les entreprises rivales. Songez
bien qu'une fois agréé, si vous vous rendez coupable d'une contravention, une forte amende
punira l'infidélité à vos engagemens. Voilà nos
statuts; s'ils vous plaisent, acceptez-les; sinon,
vous serez regardé comme voulant vous constituer en concurrence avec notre établissement,
et nous tâcherons, par tous les moyens légaux, de
capter la faveur publique à votre préjudice. Tel
est à peu près le résumé de l'esprit de la société.
Les signataires veulent, comme toute entreprise
qui commence, gagner la faveur du public. Et vien-

dra-t-on nous dire qu'il y a désir d'étouffer la libre concurrence, parce qu'un établissement nouveau enlève les pratiques d'une entreprise rivale ? L'ancienne maison, jalousant les succès rapides de la maison qui semble s'élever sur ses ruines, sera-t-elle raisonnablement reçue à réclamer contre cette dernière l'application de l'article 419, parce que celle-ci aura refusé toutes relations avec des correspondans qui voudraient continuer avec la première leurs habitudes de commerce ? Non, sans doute. Eh bien ! quelle différence existe-t-il entre la société du roulage et cette société idéale dont nous venons de tracer le tableau ? Aucune.

Dans l'un et l'autre cas, il ne peut pas y avoir lieu à l'application de l'article 419. Cet article n'a trait qu'aux marchandises ; il poursuit les accapareurs d'odieuse mémoire, parce que l'accaparement détruit le bien-être du peuple. Il exclut le monopole des marchandises, parce que les marchandises, les denrées sont des êtres passifs qu'on peut détenir ; dont le cours, au grand préjudice des masses, peut être interrompu. Pouvait-il avoir en vue le monopole des faits ? Non. Les faits qui s'exécutent à prix d'argent ne sont pas des marchandises. On ne leur donne pas une circulation ; ils sont toujours l'expression d'une volonté mûrement réfléchie, ils sont l'œuvre d'un être actif qui se rend toujours compte de ses actions. Dira-t-on que ces faits sont une marchandise, parce que l'argent paie leur existence? L'argent que l'homme reçoit pour un engagement, n'est que la compensation de la dation qu'il a faite de son temps. Si l'on décidait que les faits, qui s'exécutent à prix d'argent, sont des marchandises, comme l'a dit un des signataires de la consultation qu'on nous oppose, il n'y aurait plus d'association possible. Toujours la société qui s'élèverait aurait pour but, car ce serait la condition de son existence, d'attirer à elle les pratiques qui visitaient auparavant les entreprises rivales.

Bien plus, toute entreprise de théâtre, et ici l'analogie est parfaite, serait déclarée impossible. En effet, c'est dans les entreprises théâtrales que se montre le plus la défiance des rivaux. Là, quand un acteur conclut un marché avec un directeur, il jure de ne pas prodiguer ses talens sur une autre scène, il se livre corps et âme à la direction pendant toute la durée de son engagement. Là aussi, il y a des statuts, des amendes pour la moindre contravention. Bien plus, le but de tout directeur est d'écraser les théâtres qui lui portent ombrage ; il regarde, comme nous, tous concurrens ceux qui luttent avec lui, il hausse le traitement des acteurs pour les attirer chez lui..... Dira-t-on qu'il veut détruire la libre concurrence du commerce? Non, jamais pareille idée n'est venue. Lorsque le théâtre du Gymnase s'est ouvert, lui qui, par des prix forcés, s'est pourvu des meilleurs acteurs de tous les théâtres, lui qui a dépeuplé toutes les scènes.... a-t-on jamais songé à lui faire l'application de l'article 419? Non, parce qu'on a senti mieux que les adversaires de la société du roulage, qu'il n'y avait pas là monopole; qu'il ne pouvait exister que sur les marchandises et les denrées; que le monopole des faits de l'homme ne pouvait être, puisque l'homme réfléchissait toujours; qu'avant de s'engager il avait toute la liberté, et que s'il se soumettait, c'était par un acte de sa volonté.

Qu'il me soit permis de citer encore un autre exemple qui frappera encore plus fortement l'esprit. L'administration des messageries royales régnait seule dans toute la France, lorsque parurent les messageries Lafitte-Gaillard pour partager avec l'ancienne entreprise les immenses revenus que lui procurait le transport des voyageurs. Indignées de l'apparition des diligences rivales, les messageries royales voulurent étouffer à sa naissance cette entreprise qui venait enlever la moitié de leur revenu : tous les associés se coalisèrent, écrivirent à leur correspondant pour leur défendre toute relation avec l'ennemi; ils baissèrent même leur prix pour attirer les voyageurs. C'était, je crois, plus que jamais le cas d'appliquer l'article 419. Il y avait intention évidente de ruiner la concurrence. Pensa-t-on à faire usage de cet article? Non, on a bien senti que

c'était au contraire là qu'était la véritable concurrence ; que chaque maison ne s'élevait que pour
retirer aux autres maisons le public qui les fré-
quentait ; que cette rivalité était l'âme du commerce ; que le public était mieux servi par cette
rivalité, puisque la première s'appliquait à le
conserver, et la nouvelle à l'attirer à elle. Tant
qu'il y a liberté, il y a concurrence possible. Si le
gouvernement refusait la concurrence, car lui
seul peut fonder le monopole, je concevrais les
plaintes ; leur légitimité serait fondée. Mais relativement à la société du roulage, le craintes sont
imaginaires ; toute liberté est accordée aux adversaires pour fonder une entreprise rivale.

Vous vous plaignez, leur dirons-nous, que les
commissionnaires vous abandonnent pour se
jeter parmi nous ; c'est qu'apparemment, malgré
la rigueur de nos statuts, ils trouvent plus d'a-
vantages dans notre association. Permis à vous
de renchérir encore sur nous ; doublez les intérêts que les hommes que nous enrôlons peuvent
avoir dans notre société, et alors ils suivront
votre bannière.

Ainsi, en résumé, il n'y a monopole pour les
sociétés que si le gouvernement, interposant son
autorité, donne à un établissement le droit qu'il
refuse à l'autre, parce que lui seul avec son pouvoir peut arrêter la prospérité d'un magasin ouvert malgré sa défense, et ordonner sa fermeture.

Quand le gouvernement se met à l'écart, alors il y a toute liberté de concurrence. Si, après vous être mis en ligne, vous êtes écrasé, c'est à votre industrie qu'il faut vous en prendre... Votre talent commercial, inférieur à celui de vos rivaux, est cause de votre chute.

Il en est autrement pour les marchandises. Il peut y avoir monopole sans l'intervention du gouvernement. Car, sitôt qu'un individu, avide de gagner, par l'accaparement, des richesses honteuses, s'est rendu adjudicataire de denrées, de marchandises, il a faculté de les retenir chez lui, d'en empêcher la circulation jusqu'aux jours de disette. Là il pourra hausser le prix des denrées, des marchandises, et élever indignement sa fortune sur les débris de la fortune publique. Il n'y a pas de concurrence possible, puisque lui seul détient, qu'il est maître de la vie ou de la mort de ceux qui viennent réclamer des denrées et les acheter à un prix excessif pour ne pas tomber d'épuisement. C'est pour flétrir ce hideux système, qui pendant un temps épouvanta la France de ses horribles conséquences, que fut créé l'article 419. C'est lui seul que l'on a voulu atteindre; l'histoire de la législation en fait foi.

Il en est ainsi pour les journées de travail, elles sont assimilées, quant au prix, à des marchandises. Car on peut, par un prix fixe, vous contraindre à payer au-delà de la valeur des réparations, ou à rester à découvert dans votre maison en ruines. On doit appliquer aux maçons l'article 419, parce que leur association est dans l'esprit de la loi, qui a voulu empêcher qu'on fît monter injustement les prix d'une chose au-delà de sa valeur réelle. Mais ne transgressons pas son esprit, en appliquant l'article 419 à des cas qu'il n'a pas prévus; car pour l'application d'une peine on doit être circonspect. Que l'on n'intervertisse pas l'ordre tracé par le législateur; il avait pour but d'accabler les accapareurs, ayons soin de ne pas étendre la loi à un prétendu monopole qu'il était loin de prévoir.

En résumé, l'association des commissionnaires de roulage est licite, elle ne contient rien de contraire, soit à l'esprit, soit à la lettre de la loi; elle n'a pour objet ni de faire hausser ni de faire baisser le prix des transports; c'est une mesure conservatoire, un moyen de mettre les petites industries en état de lutter avec une plus grande qui les menaçait toutes. Son but est trop équitable pour n'être pas approuvé par la justice.

35. Remarquons bien que la seule association pour faire monter où baisser les prix des marchandises et des journées de travail (assimilées par nous aux marchandises), ne suffit pas pour faire prononcer les peines portées par l'article 419 du Code pénal. Il faut que cette association ait réussi à faire hausser ou tomber les prix. Ainsi, en sup-

posant que l'association ait été connue avant la réalisation des projets formés par son auteur, les associés coupables en équité, ne le seraient pas devant la loi, et par conséquent ne seraient soumis à aucune peine. En effet, que dit l'article 419 du Code pénal? Il ne poursuit de sa juste rigueur que les individus qui, par tous les moyens qu'il énonce, *auront opéré* la hausse ou la baisse du prix des denrées ou marchandises ou des papiers, etc., etc. Il faut absolument qu'il y ait hausse ou baisse opérée; sans quoi, pas de poursuite. Telle est la jurisprudence de la Cour de cassation. (Voir Carnot, t. 2, p. 368. Code pénal.) « Elle veut que la hausse ou la baisse ait été » le résultat des manœuvres employées : si les » manœuvres ne l'avaient pas produite, il n'y au- » rait eu que simple tentative du délit, et la ten-, » tative en cette matière n'a pas été mise par le » Code au rang des délits punissables. » En matière pénale tout est de droit rigoureux; le juge ne peut appliquer une peine par induction, par analogie d'un cas à un autre; si la loi ne prononce pas, il doit se taire. C'est ainsi que le veut la justice, c'est ainsi que s'est fixée la jurisprudence de la Cour de cassation.

Administrateurs de la société.

36. On traitera, ou non, l'administrateur d'une société comme mandataire, selon que ses pou-

voirs lui auront été donnés par l'acte même constitutif de la société, ou par un acte postérieur.

37. L'administrateur, nommé par une clause spéciale du contrat, a des pouvoirs très-étendus. Ainsi, il peut faire, nonobstant l'opposition des autres associés, tous les actes dépendans de son administration, pourvu que ce soit sans fraude (art. 1856).

Il est plus que le mandataire de la société. Car le pouvoir d'un mandataire serait toujours révocable, tandis que le sien ne peut lui être retiré sans cause légitime, pendant toute la durée de la société (art. 1856).

La raison de cette étendue, de cette irrévocabilité de pouvoir vient de ce que la nomination de l'administrateur est une condition du contrat, puisque l'associé administrateur n'a consenti à la société qu'à la charge que les sociétaires lui conféreraient l'administration.

38. Si, au contraire, le pouvoir ne fut donné que par un acte postérieur au contrat de société, il est révocable comme un simple mandat (art. 1856).

39. Toute la puissance attribuée à l'administrateur ne doit pas servir ses propres intérêts; elle ne lui est donnée que pour l'utilité spéciale de l'association. Le législateur lui fait une loi formelle d'administrer dans l'intérêt de la société. Si, se méprenant sur le caractère de ses fonctions,

l'administrateur ne voit dans le pouvoir qu'elles lui procurent que la facilité d'avancer sa propre fortune, il existe alors une cause légitime de révocation (art. 1856).

40. S'il s'approprie ou recèle ce qui fait partie de la communauté, ou s'il le tourne à son usage, il commet un larcin, et il doit des dommages-intérêts à ses co-associés.

41. *Quid?* si l'administrateur emploie la signature sociale pour des affaires personnelles, se rend-il coupable d'un faux? Il n'y a pas là faux caractérisé, il y a seulement escroquerie. Il donnerait aux obligations, contractées par lui, une fausse cause, et ne commettrait qu'un délit de dol, fraude et simulation, simplement justiciable du tribunal correctionnel (1).

42. L'associé administrateur peut faire, nonobstant l'opposition de ses co-associés, les actes qui dépendent de son administration (art. 1856). Comme l'observe fort bien M. Delvincourt, ce mot administration comporte une plus plus grande étendue dans les sociétés commerciales, surtout dans celles en nom collectif, que dans les sociétés civiles. Ainsi, dans la société en

----

(1) Mais on jugerait autrement, si un des associés se servait de la signature sociale, après la dissolution de la société. Il y aurait alors un véritable faux. (*Journal du Palais,* 1807 t. 1, p. 145.)

nom collectif, l'associé administrateur peut vendre toutes les marchandises, il a même pouvoir pour engager ses co-associés : tandis que dans les sociétés civiles, si la clause qui lui confère l'administration est spéciale, il doit se renfermer dans les termes de la clause; si elle est générale, il n'a que la faculté d'accomplir les simples actes d'administration ; il ne peut aliéner, hypothéquer les immeubles de la société, transiger, compromettre, sans le consentement de ses co-associés.

43. Il faut que cet acte de société, donnant par une clause spéciale pouvoir à un seul individu de faire tous les actes d'administration à l'exclusion de tout autre sociétaire, reçoive la publicité. Si on le tient caché, on ne pourra l'opposer par la suite aux tiers de bonne foi, et l'intérêt de la société pourra se trouver compromis. Si les associés, auxquels l'acte constitutif défend d'administrer, traitent, malgré cette prohibition, avec des tiers, ceux-ci, si l'acte de société n'a pas été rendu public, réputés avoir agi de bonne foi dans l'ignorance complète des conventions sociales, auront droit à exiger de la société l'accomplissement de l'obligation. (Arrêt de cassation. Journal du Palais, an 1830, t. 1 p. 543.)

44. Souvent, dans une société, un seul individu n'est pas chargé de l'administration. On partage cette tâche entre plusieurs sociétaires, qui, suivant les conventions, ont ou des fonctions

spéciales ou un droit égal dans toute l'administration. Lorsque l'acte de société répartit **entre** tous les administrateurs les fonctions qu'ils doivent remplir, c'est à lui qu'il faut se référer, c'est lui qui est la seule loi à exécuter. La volonté des parties est si bien la loi immuable, que, s'il a été stipulé que l'un des administrateurs ne pourra agir sans le concours d'un co-associé, il ne peut, sans une nouvelle convention, agir en l'absence de l'autre, lors même que celui-ci serait dans l'impossibilité actuelle de concourir aux actes de l'administration (art 1858) (1). Mais si cet acte, nommant plusieurs administrateurs, garde un silence absolu sur la nature de leurs fonctions, alors, seulement alors, on doit consulter les sages dispositions tracées par le législateur.

Dans le cas où plusieurs administrateurs sont nommés sans une désignation spéciale de fonctions, ou sans qu'il ait été exprimé que l'un ne pourrait agir sans l'autre, ils peuvent faire chacun séparément tous les actes de l'administration (art. 1857).

45. A défaut de stipulations spéciales sur le

----

(1) Néanmoins, cet article, ainsi que le remarque M. Malleville, ne doit pas être appliqué trop rigoureusement : car il peut se présenter tel cas où il y a nécessité absolue d'agir pour éviter un dommage grave. Cet article ne s'entend que des cas ordinaires, des nouvelles entreprises.

mode d'administration, l'on suit les règles suivantes :

1°. Les associés sont censés s'être donné réciproquement le pouvoir d'administrer l'un pour l'autre. Ce que chacun fait est valable, même pour la part de ses co-associés, sans qu'il ait pris leur consentement ; sauf le droit qu'ont ces derniers, ou l'un d'eux, de s'opposer à l'opération avant qu'elle soit conclue.

2°. Chaque associé peut se servir des choses appartenant à la société, pourvu qu'il les emploie à leur destination fixée par l'usage, et qu'il ne s'en serve pas contre l'intérêt de la société, ou de manière à empêcher ses associés d'en user selon leur droit.

3°. Chaque associé a le droit d'obliger ses associés à faire avec lui les dépenses qui sont nécessaires pour la conservation des choses de la société.

4°. L'un des associés ne peut faire d'innovations sur les immeubles dépendans de la société, même quand il les soutiendrait avantageuses à cette société, si les autres associés n'y consentent (art. 1859).

46. Ajoutons de suite que l'un des associés ne peut obliger ses co-associés, si ceux-ci ne lui en ont conféré le pouvoir (art. 1862). La stipulation que l'obligation serait contractée pour le compte de la société, ne changerait rien au principe gé-

néral, et ne lierait que l'associé contractant et non les autres (art. 1864). Mais si l'obligation a tourné au profit de la société, elle est tenue envers le créancier jusqu'à concurrence de ses bénéfices (art. 1864).

47. Dans ce cas, le créancier a-t-il une action contre la société, ou bien contre l'associé seulement? Le créancier a une action contre la société. Mais cette action ne lui est accordée que du chef de son débiteur, de sorte que si, dans ce dernier cas, la société ne devait rien à celui qui a contracté, le créancier n'aurait aucun recours contre elle, malgré les avantages qu'elle aurait retirés du contrat : car selon les principes du droit romain, dit Pothier, un créancier n'a d'action que contre celui avec qui il a contracté, et non contre ceux qui ont profité du contrat. (*L. 15, Cod. si certum petitur, et passim*). Le créancier n'a vis-à-vis les autres associés que la voie de saisir entre leurs mains ce qu'ils doivent à son débiteur pour raison de cette affaire. (Pothier, cont. de soc., chap. VI. §. 2 et 3, n° 101... M. Delvincourt, t. 2, p. 199, n° 5.)

Engagemens des associés à l'égard des tiers.

48. Nous venons de voir qu'un sociétaire ne peut pas engager la société, s'il n'a reçu d'elle un mandat exprès de contracter dans l'intérêt de la

société. Les co-associés, étrangers aux obligations contractées par ce sociétaire, ne sont pas chargés des dettes qu'il a pu contracter.

49. Mais si la société, prenant en considération les talens d'un de ses membres pour le commerce, lui permet d'administrer le fonds social, de surveiller les intérêts de tous, alors elle sera tenue d'accomplir les engagemens pris par l'administrateur dans l'intérêt de l'administration. Bien plus, si la société a étendu son mandat, si elle ne borne pas son rôle à celui de simple administrateur, mais remet dans ses mains toutes ses destinées, si elle lui donne un pouvoir absolu sur tous les biens dont elle se compose, si elle lui confère le droit d'aliéner, d'hypothéquer, de transiger..., oh! alors elle sera tenue de faire honneur à tous les engagemens pris par l'homme de son choix.

50. Dans le premier cas, celui où il y a un simple administrateur, celui-ci engagera ses co-associés par toutes les obligations qu'une administration bien entendue le forcera de contracter.

Dans le second cas, celui où le gérant est armé d'une puissance absolue sur les biens de la société, les sociétaires seront tenus de satisfaire à tous les engagemens qu'il aura cru devoir prendre dans l'intérêt de la société (art. 1862 et 1864).

51. Que la société ait nommé un administrateur, qu'elle en ait nommé plusieurs, qu'elle n'en

ait pas nommé du tout, se fiant aux lumières et à la discrétion de chacun de ses membres, peu importe : elle sera toujours contrainte de répondre aux engagemens pris, soit dans les termes du contrat, s'il y a contrat, soit conformément aux dispositions de la loi, si le pouvoir de chaque associé ne se trouve pas réglé par les clauses d'un acte constitutif.

52. Mais comment se fait entre les associés la répartition des dettes ?

En sont-ils tenus solidairement? Non, à la différence des sociétés commerciales (art. 1862). Il faut, pour qu'il y ait solidarité, qu'elle ait été expressément stipulée : elle ne se présume point (art. 1202). Le principe que les associés ne sont pas tenus solidairement, reçoit exception, lorsque la société a pour but une exploitation consistant dans un fait indivisible. Par exemple, deux individus se sont réunis pour l'exploitation d'un moulin; la nature de leur contrat les rend solidaires, parce que l'objet de leur société n'est pas susceptible d'exécution partielle. Ils se trouvent sous le coup d'une obligation indivisible, qui entraîne la solidarité quoiqu'elle n'ait pas été stipulée (art. 1222). Enfin l'article 1200 est là pour prouver avec plus de force que souvent les associés, par la nature de leur contrat, se trouvent débiteurs solidaires, quoiqu'ils n'aient pas stipulé la solidarité. Que dit cet article 1200 ?

Il y a solidarité de la part des débiteurs, lorsqu'ils sont obligés à une même chose, de manière que chacun puisse être contraint pour la totalité, et que le paiement fait par un seul libère les autres envers le créancier. Eh bien ! dans l'espèce, les deux associés sont tous les deux obligés pour la même chose. (Voir un arrêt de la Cour de Bruxelles, Sirey, t. 15, 2, 367.)

53. Les associés, n'étant pas soumis à la solidarité, ne sont-ils tenus que pour la part qu'ils ont dans la société, ou bien sont-ils tous tenus par égales portions à l'acquit des dettes contractées dans l'intérêt de l'association?

Ils doivent tous concourir au paiement des dettes pour une somme et part égales, encore que la part de l'un d'eux dans la société fût moindre, si l'autre n'a pas spécialement restreint l'obligation de celui-ci, sur le pied de cette dernière part (art. 1863).

La raison de cette disposition se fait facilement sentir. Le créancier est censé avoir ignoré toutes les conditions du contrat de société, toutes les formalités qui ont accompagné sa rédaction, la position des associés telle qu'elle existe dans l'acte constitutif; s'il n'a pas vu dans les associés autant de garans solidaires, il a dû présumer qu'ils devaient avoir une part égale dans les bénéfices, comme une répartition égale dans les pertes. Il faut dans ce cas appliquer les principes des obli-

gations divisibles, d'après lesquels si une obligation divisible est contractée par plusieurs sans
solidarité, chacun des contractans est tenu pour
une part égale.

54. Si, par hasard, le créancier consentait à
ne réclamer sa créance que dans la proportion des
parts attribuées à chacun dans la société, je crois
qu'alors la disposition de la loi pourrait ne pas
être exécutée. Car elle est toute dans l'intérêt du
créancier qui peut renoncer à son droit. *Cuilibet
licet juri in favorem suum introducto renuntiare.*

55. Doit-on préférer les créanciers de la société aux créanciers particuliers des associés? En
d'autres termes : les créanciers de la société doivent-ils être admis, à l'exclusion des créanciers
particuliers de l'associé, à prélever le remboursement de leurs créances sur les biens de la société?

Nous avons démontré plus haut, la loi à la
main, qu'un sociétaire ne pouvait sans mandat
spécial obliger ses co-associés. Eh bien! cette
règle expresse serait violée si les créanciers personnels de l'associé venaient en concurrence avec
ceux de la société. Car l'associé est tout-à-fait
étranger à la masse de la société ; celle-ci est un
corps moral, intellectuel, distinct des membres
qui la composent, et cette personne fictive ne
participe point aux obligations individuelles des
associés.

Bien plus, le créancier n'a jamais plus de droits que son débiteur. Or, l'associé n'ayant droit de réclamer que les bénéfices résultant de la société, ne peut transmettre à son créancier que son droit à la part des bénéfices. Si on admettait le créancier personnel de l'associé à récupérer ses créances sur l'actif social, on lui accorderait plus de droits qu'on n'en accorde à l'associé son débiteur, car celui-ci n'a aucun droit à prétendre sur la masse sociale, tant que les associés n'ont pas été admis au partage. Que le créancier personnel de l'associé prenne la part de celui-ci dans les bénéfices, il en a le droit. Mais encore ne jouira-t-il de cette faculté de venir au lieu et place de son débiteur, qu'autant que tous les créanciers de la société auront reçu un paiement intégral, puisqu'il n'y a de bénéfice dans une société, qu'après satisfaction complète donnée à tous ses créanciers. *Lucrum non intelligitur, nisi omni damno deducto.* (*L.* 3o ff. *Pro socio.*)

Conventions particulières entre un associé et un tiers.

56. Un associé peut, sans le consentement de ses co-associés, s'associer une tierce personne relativement à la part qu'il a dans la société (art. 1861).

Ce nouveau personnage est entièrement étranger à la société. Celui-là seul qui l'a associé à sa part a mission de le reconnaître : entre eux deux se forme une société particulière, distincte de la première. Les sociétaires n'ont aucune action directe contre ce tiers, car il ne pouvait, sans leur consentement, être associé à la société (art. 1861). De là cette règle : *Socii mei socius, meus socius non est.* (L. 20, ff. *Pro socio.*) Pour eux, le seul garant des actions de cet affilié est celui qui, sociétaire de l'association, admet cet étranger au partage de ses bénéfices. Si le sociétaire qui a accepté sa coopération, l'a laissé présider à quelque affaire de la société, il répondra de son fait, et devra indemniser les associés de la perte que ce tiers leur aura causée ; c'est sa faute s'il a mal choisi. *Puto omni modo eum teneri ejus nomine quem ipse solus admisit, quia difficile est negare culpá istius admissum.* (L. 23, ff. *Pro socio.*)

57. Si ce tiers fait des bénéfices, quoique ces bénéfices proviennent des choses de la société, les sociétaires n'auront aucun droit pour participer au gain. Il n'en devra compte qu'à celui qui se l'est associé, sauf aux sociétaires à demander compte à leur co-associé des choses par lui remises entre les mains du tiers. (Pothier, Traité de la société, n° 92.)

58. Le tiers n'a pas d'action directe contre les associés de son associé. Mais il peut agir contre

eux d'une manière indirecte, du chef de son co-associé, en vertu de l'article 1166. En effet, si la société a fait des bénéfices, il peut en redemander le partage par représentation de son co-associé, auquel la division est due. Si la société est débitrice envers son acolyte pour services par lui rendus à la société, il a droit encore, du chef de ce dernier, en vertu de l'article 1166, de demander le remboursement des avances. Mais jamais il ne lui est accordé d'action directe contre la société; il lui est totalement étranger. S'il agit contre elle, c'est toujours par droit de représentation.

59. Le tiers et l'associé, dans l'administration de leur association particulière, peuvent avoir des comptes à se rendre. Ainsi, si le tiers a occasioné à la société des dommages que l'associé aura été contraint de réparer, il sera responsable à l'égard de ce dernier, qu'il devra indemniser. De même, l'associé sera obligé de faire raison au tiers, non-seulement du dommage causé par sa propre faute, mais encore de celui causé par celle de ses associés dans les biens de la société : car il a associé le tiers à tous les droits qu'il avait contre la société, et il a contre les sociétaires une action au bénéfice de laquelle le tiers doit être admis.

60. Si un sociétaire, au moment de la dissolution de la société, cédait à un étranger tous ses droits dans l'association, les associés pourraient-

ils l'écarter du partage, en lui remboursant le prix de la cession?

La difficulté pour la solution de cette question vient de ce qu'il y a identité de motifs dans le cas du partage d'une succession, et dans celui d'une société. Le législateur a porté une décision formelle pour la succession, et il s'est tu pour la société. En effet, l'article 841 du Code civil dit: « *Toute personne, même parente du défunt, qui* » *n'est pas son successible, et à laquelle un co-* » *héritier aurait cédé son droit à la succession,* » *peut être écartée du partage, soit par tous les* » *co-héritiers, soit par un seul, en lui rembour-* » *sant le prix de la cession.* » Pourquoi le Code donne-t-il aux co-héritiers, ou à l'un d'eux ce pouvoir d'exclure ce tiers cessionnaire? Parce que souvent il est du plus grand intérêt pour une famille de ne pas divulguer ses secrets, de ne pas permettre qu'on soupçonne même leur existence. Souvent aussi, il y a urgence d'écarter un étranger qui, disposé à porter le trouble et la division dans des arrangemens, se prêtant peu au partage de gré à gré, s'appliquerait à faire valoir son droit avec rigueur, et traînerait devant les tribunaux des parens qui, sans sa violence, n'auraient jamais songé à ce moyen extrême. Le législateur, toujours jaloux du bonheur des familles, a, dans leur intérêt seul, donné aux co-héritiers ce droit d'exclusion.

o! Y aurait-il parité de raisons pour exclure du partage de la masse sociale l'étranger cessionnaire des droits d'un associé? Oui. Eh bien! donnerons-nous aux associés le droit accordé aux co-héritiers? Non. Pourquoi, puisque nous avons reconnu qu'il y avait identité de motifs? Voici la raison.

Que fait le législateur dans l'article 841? Il porte une exception à un principe général. Quel est ce principe général? Le voici : *Nul ne peut rompre un contrat auquel il n'a pris aucun intérêt; ce contrat ne peut être rompu que par la volonté des parties contractantes.* Si le Code accorde aux co-héritiers le droit de résoudre le contrat passé entre le cédant et le cessionnaire, il le fait, comme nous l'avons dit ci-dessus, pour le bonheur des familles.

Cette décision exceptionnelle n'est pas applicable aux cas non prévus par le législateur. Le principe général seul est applicable par induction. L'article 841 parle des successions, et omet les sociétés; il en sera fait usage pour les successions et non pour les sociétés. Le législateur aurait agi sagement en posant son principe exceptionnel aussi bien pour les sociétés que pour les successions : il n'a pas cru convenable d'agir ainsi, nous ne devons pas suppléer à son silence. Nous ne connaissons pas les motifs de cette omission, et nous ne devons pas créer une disposition qu'il n'a pas cru convenable d'insérer dans le Code.

Aussi, tout en regrettant qu'il n'ait pas préservé les sociétés, comme les successions, de la participation des tiers au partage de l'actif, décidons-nous que l'exclusion accordée aux co-héritiers par l'article 841, doit être refusée aux associés.

Engagemens des associés entre eux.

61. La société commence à l'instant même du contrat, s'il ne désigne une autre époque (art. 1843).

62. Au moment de la confection du contrat, ou bien à l'époque fixée pour la naissance de la société, chaque associé devient débiteur envers la société de tout ce qu'il a promis d'y apporter (art. 1845). L'action, dite en droit action *pro socio*, est donnée à la société pour faire apporter à la masse sociale ce que chaque sociétaire a promis. L'associé est tenu comme le vendeur ; il doit répondre des choses qu'il met dans la société. Ainsi, lorsque l'apport consiste en un corps certain, et que la société en est évincée, l'associé en devient le garant envers la société, de la même manière qu'un vendeur l'est envers son acheteur (art. 1845).

63. Si nous lui appliquons, dans toute leur rigueur, les règles de la vente, nous devons aussi lui en appliquer le bénéfice. En vertu de l'article

1583, la propriété est acquise de droit à l'acheteur à l'égard du vendeur, *dès qu'on est convenu de la chose et du prix, quoique la chose n'ait pas encore été livrée ni le prix payé.* Eh bien ! la société représente l'acquéreur ; au moment où le contrat reçoit son exécution, elle devient propriétaire de tous les apports faits ou à faire par les associés ; le prix qu'elle donnera en retour consistera dans les bénéfices nés de l'association. Propriétaire des biens que les associés ont promis de mettre dans la masse sociale, elle les prend à ses risques et périls : si elle profite des profits qu'ils peuvent procurer, elle supporte les charges dont le hasard seul aura pu les frapper avant que la société les ait réellement à sa disposition. Par exemple : Paul promet d'apporter un corps certain (car cette règle ne reçoit d'application qu'autant qu'il s'agit d'un corps certain), cent moutons enfermés dans son étable. Une maladie attaque le troupeau, et toutes les têtes qui le composent, périssent. Le sociétaire qui a perdu la propriété de ces moutons par suite du contrat social, est à l'abri de tout soupçon de négligence : il n'a rien omis pour prévenir le mal, il n'omet rien pour le guérir. Il y a là cas fortuit, indépendant de sa volonté, par conséquent de sa responsabilité. Cette perte, occasionée par une force majeure, tombe sur la société et non sur le sociétaire.

64. Mais la décision serait contraire, si le sociétaire avait été mis en demeure de livrer les choses promises. De sa part, il existerait alors une faute, dont toute la responsabilité pèserait sur lui : car la justice défend de punir la société d'une faute qui n'est pas la sienne.

Remarquons que cette théorie que nous établissons pour montrer la différence des résultats entre le cas où il n'y a pas eu de mise en demeure, et le cas ou elle a existé, ne s'applique que lorsqu'il s'agit de corps certains et déterminés.

65. S'agit-il de corps indéterminés, par exemple, d'une somme d'argent, d'une certaine quantité de blé, de vin, d'un nombre fixe de vaches, sans désigner l'espèce, l'endroit où elle se trouve, alors il ne peut y avoir lieu de recourir au système ci-dessus développé, puisqu'il ne peut y avoir d'extinction, *genus enim numquàm perit.*

Posons une espèce. Paul promet d'apporter à la société dix barriques de vin, sans autre désignation. Ses barriques, mal fermées, s'ouvrent. Les ouvertures, causées par la grande fermentation, donnent un libre cours au vin qui s'épanche de tous côtés. Qui sera victime de ce malheur ? La perte sera-t-elle à la charge de la société, ou à la charge du sociétaire ? Le sociétaire supportera cette perte. Car ces barriques n'appartenaient pas à la société. Le sociétaire ne devait pas ces barriques, plutôt que toutes autres. Il était débiteur, sans désignation spéciale, de dix barriques de vin, dont il fera l'apport à la société, malgré le malheur qui le frappe.

66. Pour apprécier encore la responsabilité de la société, il faut examiner si les biens, mis dans la société, y sont apportés pour la propriété, ou seulement pour la jouissance. S'ils y sont pour la propriété, leur perte est à la charge de la société; s'ils n'y sont que pour la jouissance, ils restent aux risques de l'associé propriétaire. Mais pour qu'il en soit ainsi, ils doivent ne pas être dans la classe de ceux qui se consomment par l'usage (art. 1851).

Car, si les choses apportées dans la société se consomment par l'usage, si elles éprouvent une détérioration en les gardant, si elles ont été destinées à être vendues, ou si elles ont été mises dans la société sur une estimation portée par un inventaire, elles sont aux risques de la société.

Si elles ont été estimées, l'associé ne peut répéter que le montant de son estimation (art. 1851).

67. L'associé qui devait apporter une somme dans la société, et qui ne l'a point fait, devient, de plein droit et sans demande, débiteur des intérêts de cette somme, à compter du jour où elle devait être payée.

Il en est de même à l'égard des sommes qu'il a prises dans la caisse sociale, à compter du jour

où il les en a tirées pour son profit particulier;
Le tout sans préjudice de plus amples dommages-intérêts, s'il y a lieu (art. 1846).

68. Cette disposition de la loi reçoit quelquefois une application plus sévère envers certains
associés. En règle générale, il faut, pour demander à un associé l'intérêt des sommes qu'il a prises
dans la caisse sociale, prouver que réellement il a
fouillé dans la caisse pour prendre les fonds dont
on réclame les intérêts. On n'a pas besoin de cette
preuve, quand le sociétaire a le caractère de gérant. Par cela seul qu'il ne justifie pas de l'emploi des deniers sociaux, il en doit, de plein droit,
l'intérêt, indépendamment de toute demande
judiciaire, parce qu'on présume qu'il les a tirés
de la caisse pour son profit particulier. La raison
de cette sévérité est celle-ci ; on regarde l'associé
gérant comme mandataire : suivant l'article 1796
du Code civil, le mandataire se trouve redevable
des intérêts des sommes employées par lui à son
usage, à dater de cet emploi. (Arrêt de cassation,
Sirey, 13, 1, 386.)

69. Les associés qui se sont soumis à apporter
leur industrie à la société, lui doivent compte de
tous les gains qu'ils ont faits par l'espèce d'industrie, qui est l'objet de cette société (art. 1847).

70. Le sociétaire se trouve encore débiteur
envers la société de toutes les sommes auxquelles
monte l'estimation du dommage par lui causé.

Pothier prétend que l'associé n'est tenu que de la faute ordinaire, et non pas de la faute la plus legère. Selon le même auteur, l'associé est tenu des fautes d'omission : *Si qui societatem ad emendum coierint, denique rés alterius dolo vel culpá empta non sit, pro socio esse actionem constat.* (L. 52. § II. ff. *pro socio.*)

Associés créanciers de la société.

71. Nous venons de voir que souvent l'associé est déclaré débiteur de la société ; il arrive souvent aussi qu'un sociétaire possède contre elle des créances. Aussi le législateur accorde une action contre la société à un sociétaire, à raison des sommes qu'il a déboursées pour elle (art. 1852).

72. Si deux associés abandonnent, pour désintéresser leurs créanciers, non-seulement leur mise sociale, mais encore tout ce qui leur appartient en propre, celui qui se trouvait plus riche, et qui, par suite, a fait un abandon plus considérable, devient-il créancier de son co-associé pour tout ce qu'il a livré en plus ? Les partisans de l'affirmative soutiennent qu'au cas où les tribunaux rejetteraient la créance du sociétaire sur son co-associé, l'un des caractères essentiels de la société, c'est-à-dire l'égalité dans les pertes comme dans les profits, serait blessé.

Nous ne sommes pas touché par cette considération. Le sociétaire qui, par suite de sa plus grande fortune, a fait un abandon plus large aux créanciers communs, a-t-il par hasard payé à la décharge de son co-associé? Non, car l'un et l'autre ne se sont libérés que par un abandon total, sans s'inquiéter de la valeur abandonnée par chacun des co-débiteurs: celui qui a abandonné plus, comme celui qui a abandonné moins, n'a véritablement acquitté que sa dette; les associés n'ont fait, les uns envers les autres, aucune espèce de réserve. Cette règle ne souffre exception, qu'autant qu'il existe entre les co-sociétaires des conventions particulières, qui alors changent la nature de leurs droits et leur situation mutuelle. Si les associés sont convenus que celui d'entre eux qui abandonnerait le plus, conserverait un recours contre les autres, alors il acquiert une créance contre ses co-associés. Mais si ces conventions particulières n'existent pas, il ne peut devenir créancier; puisqu'au moment où la cession s'est opérée, il a cédé toutes ses créances, sans se réserver aucun recours contre ses co-associés. (Arrêt de la Cour de Rennes. Sirey, 9, 2, 210.)

73. Un associé a encore action contre ses co-associés à raison des obligations qu'il a contractées de bonne foi pour les affaires de la société, et des risques inséparables de sa gestion (art. 1852).

Un sociétaire, par exemple, vend, pour le

compte de la société, un objet quelconque, il se porte garant de la vente, il doit être indemnisé par la société de l'obligation de garantie qu'il a contractée envers l'acheteur. (Pothier, § 127, de la société.)

74. L'article 1852 donne encore à l'associé une action contre la société pour qu'on lui accorde une indemnité des risques inséparables de sa gestion. La justice commandait la concession de cette action : en effet, quand la société jouit des avantages que la gestion d'un sociétaire procure, il est de toute équité qu'elle en supporte les charges directes. *Ubi emolumentum, ibi onus.*

Posons une espèce. Une société fonde un établissement à la Martinique : elle charge un de ses membres de faire tous les envois nécessaires ; ensuite elle lui donne mission de traverser les mers, d'aller se mettre à la tête de l'établissement, d'en surveiller les débuts, de mener à fin une entreprise qui, si le succès répond à ses espérances, fera la fortune de tous les sociétaires. De toute évidence, l'associé exécute son mandat dans l'intérêt seul de la société. Aussi, celle-ci lui doit-elle indemnité pour les risques qu'il a courus. Si, battu par une tempête, le vaisseau se détériore ; si, pour sauver les passagers, on est forcé de jeter la cargaison à la mer ; l'associé aura recours contre la société pour la réparation des pertes qu'il a faites.

75. Remarquons, cependant, que la société n'est tenue que des risques inséparables de la mission. On devra compte au sociétaire de toutes les choses dont la nécessité ordonnait le transport; mais la société ne se trouve pas tenue du superflu.

76. Ici Pothier soulève une question dont il importe de faire connaître la solution. Il suppose qu'un sociétaire voyage pour les affaires de la société. Ce dernier prend avec lui de l'argent bien au-delà de ce qu'il lui fallait. Des voleurs attaquent la voiture où il se trouve, lui prennent la moitié de l'argent qu'il portait; il veut exercer son recours contre la société, et récupérer sur elle les sommes qu'il a perdues. La société lui répond, en invoquant la règle ci-dessus posée: je dois vous indemniser de l'argent nécessaire pour votre voyage, qui était à mes risques et périls; mais je ne vous suis pas redevable du superflu, et les sommes prises sur vous s'imputeront sur la partie superflue. L'associé soutient au contraire que tout ce qu'il a perdu doit lui être restitué, puisque, sans la mission donnée par la société, il n'aurait jamais compromis son argent. Quid? Pothier (§ 130) pense qu'il n'existe pas de raison pour l'imputer plutôt sur une partie que sur l'autre: l'imputation, selon lui, se fera par proportion sur l'une et sur l'autre. *Ainsi, l'associé n'avait besoin que de dix pistoles pour son voyage, il en portait trente avec lui, il en sauve six; la*

société, qui n'était chargée que du risque du tiers des trente pistoles, ne doit profiter que du tiers de ce qui a échappé aux voleurs, et elle doit par conséquent indemniser de huit pistoles cet associé. (Pothier... textuellement.)

77. La société n'est tenue que des pertes inséparables de la gestion; quant aux pertes dont la gestion est une occasion accidentelle, elles ne sont pas à sa charge. Par exemple : Pierre a nommé un des sociétaires son légataire à titre universel : plus tard Pierre a un procès avec la société. Celle-ci charge le légataire du soin de suivre ce procès. Pierre irrité révoque son legs. L'associé n'a aucune indemnité à réclamer pour cette perte accidentelle.

78. Il en est encore ainsi, quand un associé néglige ses propres affaires pour celles de la société; car il a été payé de ses soins par les profits qu'il a partagés avec ses co-associés.

79. Mais quant à toutes les pertes occasionées directement par la gestion, il a droit d'en demander compensation à la société.

Partage de la société.

80. Le partage est l'acte qui détermine le lot de chaque associé dans les bénéfices, ou bien la part qu'il doit supporter dans les pertes.

81. Lorsque l'acte de société ne détermine

point la part de chaque associé dans les bénéfices ou pertes, la part de chacun est en proportion de sa mise dans le fonds de la société.

A l'égard de celui qui n'a apporté que son industrie, sa part dans les bénéfices ou dans les pertes est réglée comme si sa mise eût été égale à celle de l'associé qui a le moins apporté (art. 1853).

82. Si les associés sont convenus de s'en rapporter à l'un d'eux ou à un tiers pour le réglement des parts, ce réglement ne peut être attaqué s'il n'est évidemment contraire à l'équité.

Nulle réclamation n'est admise à ce sujet, s'il s'est écoulé plus de trois mois depuis que la partie qui se prétend lésée a eu connaissance du réglement, ou si ce réglement a reçu de sa part un commencement d'exécution (art. 1854).

M. Delvincourt demande, quand il y a eu des affaires faites en commun, si on doit présumer que l'intention des parties a été de s'en rapporter pour ce cas à des experts, ou si on doit déterminer les parts, comme si le contrat ne renfermait aucune stipulation à cet égard? M. Dalloz adopte avec raison le second avis comme plus conforme à l'équité, et par conséquent plus applicable à la société. (Répert. v° société, p. 92.)

Pour que le délai de révision du réglement coure, il faut qu'il ait été notifié à la partie qui se prétend lésée.

Le réglement sera redressé, quand il y aura lésion prouvée. Cette correction du réglement dépend beaucoup des circonstances, et est abandonnée à la prudence des juges.

Formes du partage.

83. Les règles concernant le partage des successions, la forme de ce partage, et les obligations qui en résultent entre les co-héritiers, s'appliquent aux partages entre associés (art. 1872).

84. Le créancier de la société, qui avait le droit d'intervenir à la liquidation et au partage, ne peut les critiquer dès qu'ils ont été consommés sans opposition de sa part. (Sirey, 7, 2, 719).

Enregistrement des sociétés.

85. L'enregistrement, d'après la définition donnée par M. Rolland de Villargues dans son Traité du notariat, est la relation des actes et des mutations de propriété sur un registre public, moyennant un droit que l'on paie au fisc.

86. L'enregistrement est très-important pour les sociétés faites sous seing-privé : car, en vertu de l'article 1328 du Code civil, les actes sous seing-privé n'ont date contre les tiers *que du jour où ils ont été enregistrés*, sauf quelques exceptions consignées dans ce même article.

87. Pour l'acte de société passé devant notaire,

l'enregistrement présente encore son utilité, c'est un surcroît de garantie.

Droits d'enregistrement.

88. Les droits d'enregistrement sont fixes ou proportionnels. (L. 22, frim. an VII, art. 2).

89. Le droit fixe s'applique aux actes, soit civils, soit judiciaires, ou extrajudiciaires, qui ne contiennent ni obligation, ni libération, ni condamnation, collocation ou liquidation de sommes et valeurs, ni transmission de propriété, d'usufruit ou de jouissance de biens, meubles ou immeubles (ibid. art. 3).

90. Le droit proportionel s'applique aux obligations, libérations, condamnations, collocations ou liquidations de sommes et valeurs, et à toute transmission de propriété, d'usufruit ou de jouissance de biens meubles et immeubles, soit entre-vifs, soit par décès (Ib. art. 4).

91. Le droit proportionnel est de deux sortes, droit proportionnel simple et droit de mutation.

92. Les actes qui, quoique opérant mutation, n'entraînent pourtant aucune transmission de propriété, sont soumis au droit proportionnel simple.

93. Il existe une grande différence entre le droit proportionnel simple et le droit de mutation. Quand il s'agit d'actes n'emportant pas trans-

mission de propriété, ils ne sont assujettis à l'enregistrement qu'autant qu'on en fait un usage public : quant aux actes emportant mutation de propriété, ils sont soumis à l'enregistrement dans uu certain délai. (Pour toutes les formalités de l'enregistrement en général , il faut voir M. Rolland de Villargues, t. III, Répertoire du notariat, p. 465).

94. Les actes de société opèrent le droit fixe de cinq francs, tant qu'ils ne portent ni obligation, ni libération, ni transmission des biens meubles et immeubles, entre les associés ou autres personnes (L. 28, avril 1816, art. 45).

95. Toutes les règles de la société civile dont nous avons donné une analyse rapide, ne s'appliquent aux sociétés commerciales que dans les points qui n'ont rien de contraire aux lois et usage du commerce (art. 1873, Cod. civ. et art. 18, Cod. com.).

96. Il faut appliquer au mandat d'associé toutes les règles portées par le droit romain et par le Code civil pour le mandat en général. Ainsi l'associé gérant, mandataire de ses co-associés, doit se renfermer dans les termes exprès ou légaux de son mandat. Ce mandat conçu en termes généraux n'embrasse que les actes d'administration (art. 1988). Pour que le mandataire puisse aliéner, hypothéquer, il faut qu'il ait reçu à cet égard un pouvoir formel. Si, en

vertu des termes du mandat ; il peut transiger, il ne peut pas, pour cela, compromettre (art. 1989). L'associé gérant doit se conformer à ces règles du mandat ; car, aux yeux de la loi, il n'est que le mandataire de ses co-associés.

97. Lorsqu'une société commerciale est dissoute, doit-on procéder avec chaque associé comme l'on procédait dans les précédentes opérations? Ou bien, doit-on suivre les règles prescrites par l'article 1872 pour le partage des sociétés civiles? Dans ce cas, il y a à faire un partage pareil à tous les autres partages ; car, au moment où la liquidation commence, il ne s'agit plus d'une opération de société, mais d'un partage de la chose commune. *Dissolutâ societate, ait Heineccius, si quid inter socios dividendum supersit, non utendum est actione pro socio, sed communi dividundo.* Il existe un arrêt de la Cour de Bruxelles qui décide dans un sens contraire à l'opinion que nous avons adoptée. (Sirey, 8, 2, 277). Malgré cette décision d'une autorité supérieure, nous persistons dans notre avis par les raisons ci-dessus développées, soutenus que nous sommes par le sentiment conforme d'un grand nombre d'auteurs, honorés pour l'étendue de leurs connaissances.

98. Une société stipulée entre époux par contrat de mariage a-t-elle le caractère d'indissolubilité attaché au pacte matrimonial ; ou bien peut-elle

finir par la seule volonté de l'un des époux, comme une société illimitée finit par la volonté d'un co-associé?

Toutes les conventions arrêtées entre époux par contrat de mariage ne peuvent recevoir aucun changement après la célébration du mariage (art. 1395. Cod. civ.). Ces conventions sont regardées par le législateur comme la cause de l'union contractée par les deux époux... Aussi veut-il que, comme elle, ces conventions soient immuables. La société, portée au contrat de mariage, perd son caractère de société pour prendre celui de pacte matrimonial : elle perd tous les attributs du premier contrat pour revêtir ceux du contrat de mariage. Or, la loi veut que le contrat, ainsi que toutes les clauses qui s'y trouvent insérées, soit inaltérable à toujours, qu'il finisse seulement au moment où un des deux contractans disparaîtra frappé qu'il sera par la loi commune de la mortalité. Pendant la durée du mariage, il n'est pas au pouvoir des conjoints, même de leur mutuel consentement, de changer la moindre clause au pacte matrimonial.

Pour décider que la société, quoique ayant pris naissance par le contrat de mariage, doit conserver tous ses attributs, il faudrait décider que la société est indépendante du pacte matrimonial. Mais il y aurait impossibilité de soutenir une pareille thèse ; il est évident que cette convention fait partie de celles par lesquelles les deux époux pourvoient à leurs intérêts respectifs dans l'union qu'ils vont former.

Enfin, par impossible, parviendrait-on à prouver que la convention de société doit être distincte du pacte matrimonial, en droit on ne pourrait pas admettre que les deux conjoints peuvent volontairement dissoudre la société insérée dans leur contrat de mariage. En effet, le législateur dit formellement à l'article 1393 : *Les conventions matrimoniales ne peuvent recevoir aucun changement après la célébration du mariage.* Il ne distingue pas... et nous ne devons pas distinguer là où il ne fait aucune distinction. Il veut pour toutes les conventions matrimoniales, un caractère d'immuabilité qu'on ne peut altérer sans porter atteinte à la loi.

Le pacte de société n'est plus qu'une convention matrimoniale aussitôt qu'il est inséré dans un contrat de mariage, et il doit être soumis à la règle générale portée pour ces sortes de conventions (Sirey, 4. 2. 532).

99. La convention par laquelle deux individus mettent en commun une somme d'argent, pour en jouir alternativement, pendant un délai déterminé, et chacun pour son commerce particulier, constitue-t-elle une société commerciale?

La cour de cassation a décidé négativement cette question. « Attendu, dit-elle, qu'une société

» de commerce ne peut exister sans qu'il y ait
» perte à supporter en commun ou profit à par-
» tager entre les associés ; que, dans l'espèce,
» le résultat de l'association est étranger aux opé-
» rations qui ont lieu entre les parties, puisque
» la bourse commune ne se trouve jamais em-
» ployée dans l'intérêt commun des parties, mais
» qu'elle est alternativement à leur disposition
» pour leurs affaires particulières. »

100. Dans les sociétés civiles, aussi bien que dans les sociétés commerciales, le nom ou le titre de la société fait partie de l'actif. Lors de la dissolution de la société, il doit être compris dans les objets à partager. Ceux des sociétaires qui, se réunissant de nouveau, donnent naissance à une nouvelle société, ne peuvent s'emparer de ce titre au préjudice de ceux qui restent étrangers à ce nouvel établissement. Le titre de l'établissement sera licité comme le matériel de la société : l'acquéreur seul aura le droit de continuer la société sous le titre qu'elle possédait. Du fait des autres associés qui s'en empareraient sans en être les adjudicataires, il y aurait usurpation de titre appartenant à autrui, et les sociétaires devraient réussir devant les tribunaux dans leur demande en réintégration de propriété.

TITRE PREMIER.

SOCIÉTÉS COMMERCIALES.

Art. 19. La loi reconnaît trois espèces de sociétés commerciales :

La Société en nom collectif,
La Société en commandite,
La Société anonyme.

1. La faculté de se mettre en société n'est pas donnée à tout le monde : elle est refusée à quelques uns parce qu'ils sont incapables de contracter, à d'autres parce qu'elle est incompatible avec leurs fonctions.

Dans la première classe se trouvent les mineurs, les interdits, les femmes mariées qui ne peuvent s'engager sans l'autorisation de leur mari ou de justice. Dans la seconde classe on trouve les agens de change et les courtiers. Nous donnerons seulement quelques détails sur ces derniers, car c'est seulement par rapport à eux que l'application de la loi présente quelques difficultés.

L'article 85 du Code du commerce s'exprime ainsi : « Un agent de change ou courtier ne peut, » dans aucun cas et sous aucun prétexte, faire » des opérations de commerce ou de banque pour » son compte.

» Il ne peut s'intéresser directement ni indirec-

» tement, sous son nom, ou sous un nom inter-
» posé, dans aucune entreprise commerciale.

» Il ne peut recevoir ni payer pour le compte
» de ses commettans.

» Art. 86. Il ne peut se rendre garant de
» l'exécution des marchés dans lesquels il s'en-
» tremet. »

2. Ces dispositions générales et absolues présentent le résumé de l'article 10 de l'arrêté du
27 prairial an X ainsi conçu : « Les agens de
» change et les courtiers de commerce ne pour-
» ront être associés, teneurs de livres, ni caissiers
» d'aucun négociant, marchand ou banquier ;
» ne pourront pareillement faire aucun com-
» merce de marchandises , lettres, billets, effets
» publics et particuliers, pour leur compte, ni
» endosser aucun billet, lettre de change ou ef-
» fet négociable quelconque ; ni avoir entre eux
» ou avec qui que ce soit aucune société de ban-
» que ou en commandite, ni prêter leur nom
» pour une négociation à des citoyens non com-
» missionnés, sous peine de trois mille francs d'a-
» mende et de destitution. » (1)

----

(1) Voir, pour les agens de change, l'art. 1er du tit. 2 de
l'ordonnance de 1673 ; l'art. 7 de l'arrêt du conseil de 1720 ;
les art. 34, 35 et 36 de l'arrêt du conseil du 24 septembre
1726 ; pour les courtiers, l'art. 2 du tit. 2 de l'ordonnance
de 1673 ; la loi du 19 mars 1801 (28 ventôse an 9).

3. De toute évidence, tout acte de commerce est interdit aux agens de change, quand il est pour son compte. Rien de plus sage que cette disposition. Car, s'il était permis aux mêmes personnes de cumuler les fonctions d'agent de change et celles de banquier, elles auraient la libre faculté de créer des monopoles préjudiciables au commerce. Elles seraient, par position, à même de connaître que les lettres de change sur une ville sont très-rares, et elles accepteraient toutes celles qui seraient tirées sur cette ville. Par là elles pourraient se procurer d'immenses bénéfices, et ruiner souvent les autres banquiers et négocians.

Quant aux courtiers, il leur serait facile de trahir la confiance des individus qui les emploieraient, et de conclure pour eux le marché qu'ils avaient été chargés de conclure pour un autre.

« Il ne peut y avoir de sûreté pour les commer-
» çans, disaient les auteurs du projet du Code de
» commerce, si l'intermédiaire ne conserve pas un
» caractère de neutralité absolue entre les con-
» tractans qui l'emploient. Dès que son intérêt
» peut être attaché, directement ou indirecte-
» ment, à la négociation dans laquelle il s'entre-
» met, il trompe nécessairement une des parties,
» et souvent toutes les deux.

» Les fonctions d'un agent intermédiaire con-
» sistent à rapprocher l'acheteur et le vendeur, à

» les accorder entre eux sur le prix de la chose,
» sa livraison et son paiement. Lorsque le mar-
» ché est réciproquement conclu, ses attribu-
» tions cessent, son mandat est rempli. Lors-
» qu'un agent intermédiaire devient en quelque
» sorte partie dans un traité, lorsqu'il en garan-
» tit le paiement, lorsqu'il en effectue l'exécution,
» il perd son caractère de neutralité; et son affir-
» mation ne peut être admise. Un agent inter-
» médiaire qui fait pour son compte des opé-
» rations de commerce, viole tous les principes
» qui constituent sa profession; il trahit à la fois
» la confiance publique et la confiance du com-
» merce. Ce n'est le plus souvent qu'un rival trom-
» peur, un concurrent dangereux qui usurpe des
» droits illégitimes, en prenant un caractère qui
» ne lui appartient pas. Les agens de change et
» les courtiers de commerce sont des intermé-
» diaires; la loi, en leur confiant le droit de jus-
» tifier la vérité et le taux des négociations dans
» lesquelles ils s'entremettent, n'a dû les consi-
» dérer que comme des agens absolument passifs:
» sans quoi leur témoignage n'est plus désinté-
» ressé; il ne peut être admis. »

4. Quand on compare l'arrêté du 27 prairial an X avec les articles 85 et 86, on croit, au premier coup d'œil, apercevoir une contradiction qui disparaît bientôt après le plus court moment d'attention. L'article 13 de l'arrêté déclare l'agent

de change responsable *de la livraison et du paie-ment des effets qu'il a reçus de ses cliens pour vendre et des sommes nécessaires pour payer ce qu'il achète.* L'article 85 du code de commerce *lui défend de recevoir et de payer pour le compte de ses commettans.* Pour peu qu'on réfléchisse, on voit de suite que la contradiction n'est qu'apparente, qu'elle existe dans les mots, et non dans le sens de ces deux articles. La disposition de l'arrêté du 27 prairial an X est trop importante pour que le législateur ait songé à changer son principe; car, dit M. Mollot, p. 207, il est de l'intérêt public aussi bien que de l'intérêt des agens de change de maintenir l'article du 27 prairial qui assure l'exécution des transactions conclues à la bourse, et protège tout à la fois ces officiers utiles, préposés pour en être les intermédiaires.

Quand l'article 85 défend aux agens de change de recevoir et de payer pour le compte de leurs commettans, cette prohibition s'applique à toutes les opérations qui seraient en dehors de la négociation, dont ils sont chargés comme agens de change. Ainsi ils pourront payer comme *caissiers* de leurs commettans; mais ils ne pourront pas faire des avances de leurs propres deniers, fournir les fonds, ce qui rentre dans les fonctions des *banquiers.* Cette explication suffit pour concilier la loi de prairial et l'article 85 du Code de commerce. La loi de prairial suppose que l'agent

de change a reçu de ses commettans l'argent nécessaire pour payer les effets que ceux-ci lui ont
ordonné d'acheter : l'article 85 lui défend de recevoir d'autres sommes ou valeur, destinées à un
usage qui sortirait de ses attributions légales.
(Voir M. Locré, Code de commerce, article 85 :
M. Mollot, Bourses de commerce, page 207.)

5. L'article 86 abroge l'article 10 de l'arrêté
du 27 prairial, qui permettait aux agens de
change de donner leur aval pour les effets de
commerce. En effet, il leur défend de se rendre
garans de l'exécution des marchés dans lesquels
ils s'entremettent. Or, l'aval n'est que le caution-
nement solidaire et commercial des effets de
commerce, au profit du porteur (art. 141 et suiv.
du Cod. de com.). Il doit être bien entendu que
cet article 86 ne prohibe que *les cautionnemens
volontaires et par écrit*, et non ceux qui ressor-
tissent aux fonctions de l'agent de change.

6. Est-il permis à un agent de change de s'associer une ou plusieurs personnes pour l'exploitation de sa charge? En fait, cette question ne
présente pas aujourd'hui de grandes difficultés,
puisque tous les jours à Paris de pareilles sociétés se forment avec l'autorisation de la chambre
syndicale, arbitre souveraine des contestations
auxquelles donnerait naissance la société.

En droit, je crois qu'elle n'est pas plus sérieuse.
Aucune disposition de la loi n'interdit cette so-

ciété. L'article 85 prohibe seulement les associations qui *seraient* étrangères aux fonctions de
l'agent de change : or, celle-ci se forme à l'occasion de ces fonctions.

« L'association d'un tiers et la cession d'une por-
» tion de la charge tendent, dira-t-on, à scinder le
» titre, à immiscer des étrangers dans l'exercice
» d'un ministère exclusif, et confié par le roi. Une
» telle stipulation ne répugne-t-elle donc pas aux
» réglemens et à l'ordre public ? Si la convention
» devait amener le partage des fonctions de l'a-
» gent de change, ainsi qu'on le suppose, elle ne
» serait pas tolérable, sans contredit ; mais, loin de
» là, nous entendons que le titulaire possède ex-
» clusivement le droit de gérer le titre dans ses
» attributions extérieures et officielles, que l'as-
» socié ne peut en aucune façon y prendre part,
» qu'il est censé s'en être rapporté aux actes du
» titulaire. C'est à celui qui s'associe avec ce der-
» nier à vérifier le degré de confiance qu'il doit
» placer dans son aptitude et sa moralité. Dès
» lors, il n'y a point d'immixtion à craindre.
» Quant au prétendu morcellement du titre, on
» voit qu'il n'existe pas non plus, puisque le titu-
» laire en conserve seul l'exercice, à l'égard du pu-
» blic et de l'autorité. La propriété du titre appar-
» tient à plusieurs par indivision ; mais, si cette
» co-propriété avait quelques inconvéniens, ils
» seraient le résultat inévitable du système adopté

» par la loi de 1816 ; et l'on ne saurait la proscrire
» par cet unique motif. (M. Mollot, p. 212). »

7. Si, au mépris de la défense portée par la loi, l'agent de change contracte une société entièrement étrangère à ses opérations habituelles, ou s'il souscrit un engagement que les statuts de son ordre lui interdisent, ces actes seront-ils nuls et sans effet ? Non, les obligations contractées doivent être exécutées de part et d'autre. On ne voit pas dans le Code un texte qui prononce la nullité comme sanction pénale : on ne peut la suppléer, car il est de principe constant que les nullités ne se suppléent pas. Mais l'agent de change, contraint d'exécuter l'obligation qu'il a souscrite, n'en sera pas moins passible des peines portées par l'article 87 du Code de commerce pour contravention aux dispositions des articles 85 et 86 (Sirey, 10. 1. 240).

8. La Cour de cassation a décidé que les courtiers de commerce qui font des négociations, par l'intermédiaire de commis, sont punissables d'amendes et de destitution, comme prêtant leur nom à des individus non commissionnés (Sirey, 23. 1. 332).

9. Il existe encore certains individus auxquels il est défendu par les lois pénales de faire certain genre de commerce. Tout agent du gouvernement qui est convaincu d'avoir pris ou reçu quelque intérêt que ce soit, dans les actes, adjudica-

tions dont, au temps de l'acte, il avait, pour partie ou pour la totalité, l'administration ou la surveillance, est puni de six mois à deux ans de prison et condamné à une amende qui ne peut excéder le quart des restitutions et des indemnités, ni être au-dessous du dixième (art. 175, Cod. pén.).

10. Tout commandant des divisions militaires, des départemens ou des places et villes, tout préfet ou sous-préfet, qui aura, dans l'étendue des lieux où il a droit d'exercer son autorité, fait ouvertement, ou par des actes simulés, ou par interposition de personnes, le commerce des grains, grenailles, foins, substances farineuses, vins ou boissons, autres que ceux provenant de ses propriétés, sera puni d'une amende de cinq cents francs ou moins, de dix mille francs au plus, et de la confiscation des denrées appartenant à ce commerce (art. 176, ibid.).

Société en nom collectif.

ART. 20. La société en nom collectif est celle que contractent deux personnes ou un plus grand nombre, et qui a pour objet de faire le commerce sous une raison sociale.

1. La société en nom collectif est celle qui lie le plus les associés. Tous les membres d'une so-

ciété en nom collectif sont sur la même ligne pour l'étendue de leurs engagemens : aux créanciers ils offrent tous la garantie de la solidarité : car la solidarité est de l'essence de cette espèce de société.

2. M. Pardessus fait sur les sociétés en nom collectif une remarque fort juste qu'il est important de consigner ici. Selon ce savant auteur, les portions des sociétaires s'appellent le plus souvent *intérêt* ou *part* ; ce n'est qu'improprement qu'on donnerait au droit de l'associé le nom d'*action*, nom qui doit être réservé pour exprimer le droit attribué par la loi aux membres des sociétés en commandite et anonymes, qui ne sont obligés que jusqu'à concurrence de leur mise.

ART. 21. Les noms des associés peuvent seuls faire partie de la raison sociale.

1. Par cette disposition le législateur a voulu empêcher que quelqu'un pût jamais surprendre la confiance du public, en usant d'un titre qui n'est pas le sien. Souvent le titre seul d'un établissement attire tous les acheteurs, et le chalant aveugle achète sous la sauvegarde d'une réputation acquise. Eh bien! si le public connaissait le véritable nom de la société, usurpatrice du titre d'une autre société qui possédait toute sa confiance, il refuserait peut-être à l'une ce qu'il accorderait à l'autre : ou du moins dans ses rapports avec elle

n'aurait-il pas autant de sécurité et par conséquent s'entourerait-il de plus de précautions.

2. Un commis intéressé ne peut faire partie de
la raison sociale, puisqu'il n'a pas la qualité d'associé. En effet, pour donner à un tiers un intérêt
dans le commerce, il n'est pas nécessaire de
suivre les formalités voulues pour la constitution
légale d'une société commerciale. Ne faut-il pas
aussi, d'après l'article 1833 du Code civil, que
toutes les parties contractantes apportent une
mise sociale? Le commis intéressé n'est pas soumis en ce point à l'exécution de la loi, parce
qu'il n'est pas regardé comme associé. Mais si,
par un hasard inexplicable, on avait observé
toutes les formalités constitutives de la société
pour intéresser le commis, ce dernier ne serait
plus alors qu'un véritable associé, et pourrait par
conséquent faire partie de la raison sociale. Si son
nom se trouve sur l'extrait de l'acte de société,
si son industrie est considérée comme apport social, alors on a créé le commis autre que ce que
l'on voulait le créer. On voulait lui donner seulement un intérêt sans lui ôter sa qualité de commis, et on lui a donné le titre d'associé. Ici ce
sont les formalités seules qui l'érigent en sociétaire; mais si ces formalités n'ont pas été sui-
vies, alors il reste seulement comme intéressé,
ne pouvant faire partie de la raison sociale.

Art. 22. Les associés en nom collectif indiqués dans l'acte de société, sont solidaires pour tous les engagemens de la société, encore qu'un seul des associés ait signé, pourvu que ce soit sous la raison sociale.

1. Cet article incomplet n'expliquerait nullement la société en nom collectif, si le Code civil ne donnait pas toutes les règles voulues pour la gestion du fonds social. Nous avons déja vu que toutes les règles, établies pour les sociétés civiles s'appliquaient aux sociétés commerciales, quand elles ne portaient rien de contraire aux lois et usages du commerce (art. 1873. Cod. civ.). Pour l'administration en général, il faut se référer aux articles du Code civil. Mais pour fixer la part de chaque associé dans les dettes, il faut faire une grande distinction entre les sociétés civiles et les sociétés commerciales en nom collectif. Dans les premières, la part de chaque associé dans les dettes est en proportion de la mise dans le fonds de la société : dans les secondes, les associés sont solidaires pour tous les engagemens.

Gestion de la société.

2. Pour la gestion de la société, les sociétaires peuvent faire toutes les conventions qu'il leur convient de faire, pourvu toutefois qu'elles ne

contiennent rien de contraire aux lois du commerce.

3. Nous appliquerons donc à la gestion de la société en nom collectif les articles 1856, 1857, 1858, 1859 et 1860 du Code civil, que nous avons développés au titre préliminaire sur les sociétés en général. (Voir les explications données.)

Mais il faut que l'associé gérant, ou tout autre associé, quand il n'y a pas eu nomination d'un administrateur, signe sous la raison sociale pour engager ses co-associés.

4. La Cour de cassation a décidé avec justice, selon moi, que l'associé qui signait comme chef d'une société, était censé signer sous la raison sociale. (Journal du Palais, 1817, t. 1, p. 33.)

Solidarité des associés en nom collectif.

5. La solidarité est de l'essence du contrat de société en nom collectif. Les conventions des sociétaires, quoique rendues publiques par l'insertion dans l'extrait affiché, ne pourraient pas les affranchir de cette solidarité. Si, par un pacte constitutif de l'acte social, les associés l'excluaient, ils changeraient la nature légale de la société : la société en nom collectif n'existerait qu'en fait, et non en droit; elle serait nulle à l'égard des intéressés.

6. Mais, pour que cette solidarité frappe sur

les membres de la société, il est besoin d'examiner le caractère de ceux qui les ont engagés.

Un principe domine tous les contrats, c'est
que personne ne peut être engagé, s'il n'a souscrit volontairement à l'engagement. On souscrit
à un engagement de deux manières, personnellement, ou par l'entremise d'un mandataire. En
société, on se trouve presque toujours obligé par
le fait d'un mandataire. En effet, s'il existe un
administrateur nommé par le libre arbitre des
sociétaires, il a droit d'engager tous les associés
pour tout ce qui tient à l'administration. Il oblige
la société par tout ce qu'il fait dans l'étendue de sa gestion, quand bien même les sociétaires se seraient formellement opposés aux traités
qu'il aurait souscrits. Il oblige même la société
par ses délits et quasi-délits, pourvu que l'on
ne puisse lui prouver qu'il favorisait une fraude,
et qu'il ait agi au nom de la société, et non pas
dans son propre intérêt. S'il n'existe pas d'administrateur, alors tous sont censés s'être réservé
le droit d'administrer, et chaque fois qu'ils obligent la société, tous les sociétaires sont solidaires
pour tous les engagemens qu'un seul aura contractés, *pourvu que ce soit sous la raison sociale.*

7. On est rarement obligé par son propre fait.
On peut l'être quand on a la qualité d'administrateur, ou bien lorsqu'il n'y a pas d'administrateur
nommé, que le droit d'administration appartient

à tous les sociétaires, et que chaque associé use de la faculté qu'il s'est tacitement réservée.

8. Mais lorsqu'un sociétaire qui, d'après les distinctions ci-dessus posées, avait le droit d'engager la société, a contracté pour elle sous la raison sociale, tous les associés sont solidaires pour cet engagement, c'est-à-dire que chacun d'eux peut être contraint pour la totalité, et que le paiement, fait par un seul, libère les autres envers le créancier. (Art. 1200, Cod. civ.)

9. En thèse générale, il faut pour que les engagemens, faits par un seul associé, frappent solidairement sur tous les co-sociétaires, qu'il ait signé sous la raison sociale; mais souvent la thèse générale plie devant la réalité. Ainsi, lorsque la raison sociale, qui constate seule aux yeux de la loi l'individualité de la société, manque aux engagemens contractés par un seul sociétaire, il y a prosomption légale que cet associé a contracté pour son propre compte, et cette présomption ne tombera que devant la certitude du contraire. Si on parvient à établir que les engagemens d'un seul associé ont servi à toute la société, par suite de cette preuve, celle-ci se trouve solidairement engagée, comme si l'associé avait signé sous la raison sociale.

10. Devrait-on regarder comme membres d'une société de commerce en nom collectif, des individus qui se seraient associés pour acheter et

pour revendre des immeubles ? Par suite, devraient-ils être obligés solidairement envers les vendeurs et les acquéreurs ? Non ; il n'y aurait pas là société de commerce, mais seulement société extraordinaire soumise à toutes les règles portées sur les sociétés en général. (Cassation. Rejet. S. 7. 2. 1205.)

11. Un sociétaire peut faire cesser la solidarité qui pèse sur lui en se retirant de la société, pourvu qu'elle ne se trouve pas en perte au moment où il se retire. Il n'est affranchi que des opérations ultérieures : quant à celles qui ont précédé sa retraite, il en est tenu solidairement jusqu'à leur réalisation définitive.

12. L'article 22 dit : *Les associés sont solidaires pour tous les engagemens*, etc. M. Locré remarque avec raison que le mot *engagemens* n'est pas synonyme de *dettes* : car engagemens comportent beaucoup plus d'étendue que dettes : la disposition de la loi comprend toutes les obligations de la société.

13. Tout ce que nous avons dit jusqu'à présent sur la solidarité existante entre les membres d'une société en nom collectif, ne s'applique qu'à la solidarité passive. Elle est la conséquence inévitable de cette espèce de société. Mais quant à la solidarité active, elle n'existe pas toujours.

Ainsi, quand la masse des associés, se dépouillant du droit d'administrer, se choisit des repré-

sentans qu'elle charge exclusivement de l'administration, alors la solidarité active, appartenant, il est vrai, à la société, n'appartient pourtant pas à tous les sociétaires, mais seulement
aux administrateurs. Eux seuls on droit de toucher le montant des créances et d'en donner une
décharge valable. Aussi, pour que le public ne
soit pas induit en erreur, pour qu'il ne paie
qu'aux associés gérans, l'article 43 du Code de
commerce veut que l'extrait de l'acte social contienne la désignation des sociétaires autorisés
à gérer, administrer et signer. Dès lors la solidarité active ne se rencontre jamais dans les sociétés
en commandite ou anonymes, puisque dans ces sociétés il doit de toute nécessité exister des gérans.

Mais si l'acte de société ne porte pas la nomination d'un gérant, si postérieurement on n'a pas
confié l'administration à un des associés, tous les
sociétaires conservent le droit d'administrer, et
par conséquent tous ils ont le droit de poursuivre
les débiteurs de la société : alors la solidarité active existe de plein droit, et tout débiteur a le
choix de payer à l'un ou à l'autre des créanciers
solidaires, tant qu'il n'a pas été prévenu par les
poursuites de l'un d'eux.

Néanmoins la remise qui n'est faite que par
l'un des créanciers solidaires, ne libère le débiteur que pour la part de ce créancier. (Art. 1198
du Code civil.)

14. Nous avons vu que si la société, être fictif, avait des droits à exercer, elle avait aussi des charges à supporter. Nous avons examiné la nature et l'étendue des droits et des charges. Nous avons vu encore que l'intérêt particulier des sociétaires était entièrement distinct des intérêts sociaux : que si leurs profits privés n'entraient pas dans la masse, la société était étrangère à leurs dettes. C'est un principe que nous avons posé plus haut, et dont la justice est si évidente qu'il n'est pas besoin de développement pour la faire comprendre. Une simple énonciation suffit pour qu'elle soit saisie.

15. Mais ce principe présente des difficultés dans son application. De son admission naît une question résolue dans un sens différent par plusieurs jurisconsultes. Examinons-la avec une scrupuleuse attention, car elle mérite tout notre intérêt. Voici la question :

La femme d'un associé a-t-elle une hypothèque légale sur les immeubles de la société pour ses reprises matrimoniales ?

Cette question, débattue avec science devant la cour royale de Toulouse, me semble ne devoir être résolue que par la négative. Si on accordait à la femme une hypothèque légale sur les biens de la société, on lui accorderait un droit sur des immeubles totalement étrangers à son mari. En effet, tant que la société n'est pas dissoute, les biens qui la composent n'appartiennent à aucun des sociétaires, mais à la masse, à la raison sociale. La société, être à part, être fictif, a des intérêts distincts de ceux de ses membres; elle a ses créanciers et ses débiteurs particuliers; elle ne s'inquiète pas des charges qui pèsent sur les biens des associés, elle ne jouit pas plus de leurs créances personnelles.

Si la femme pouvait exercer son hypothèque sur les biens de la société, l'égalité, qui doit exister entre tous les sociétaires, serait rompue. En effet, les bénéfices ne seraient plus répartis proportionnellement à la mise; quelquefois l'individu qui aurait le moins apporté à la masse, serait celui qui retirerait le plus grand bénéfice. Par exemple, au partage des biens composant l'actif de la société, l'associé-mari préleverait, avant toute distribution de parts, une somme capable d'assurer les reprises matrimoniales de sa femme : cette somme une fois séparée de la masse, il aurait encore droit à une part proportionnée à sa mise sociale. Quelle iniquité dans une pareille répartition! on dépouillerait la société dans l'intérêt d'un seul. Mais des sociétaires ne seraient pas les seuls qui perdissent par suite de cet injuste privilège. Les créanciers de la société se verraient aussi frustrés par cet abus. Si leurs créances n'étaient que chirographaires, ne seraient-ils pas primés par l'hypothèque de la femme? si elles étaient hypothécaires, il faudrait que leur date précédât le mariage de l'associé. Quels résultats produirait une pareille décision! Personne ne voudrait traiter avec les sociétaires, parce qu'il n'y aurait jamais certitude pour les droits à exercer sur la société.

Ne serait-il pas injuste de mettre sur la même ligne les créanciers de la société, et la femme d'un sociétaire, de lui donner souvent la préférence sur ceux qui ont eu des relations commerciales avec la société? Les créanciers ont dû compter, pour assurer leurs créances, sur tous les biens composant la masse, tandis que la femme n'a dû compter que sur la fortune personnélle de son mari.

Une autre considération nous fait rejeter la prétention de ceux qui veulent assurer à la femme, pour ses reprises matrimoniales, un droit sur les immeubles de la société. Il est de principe arrêté, reconnu par toutes les législations, qu'un créancier n'a jamais plus de droit que son débiteur. Le créancier du sociétaire est son représentant par rapport aux biens de la société, il ne peut toucher à l'actif qu'autant que celui-ci pourrait y toucher lui-même. Or, l'associé ne prend une part dans les biens, qu'autant que l'actif dépasse le passif, par conséquent le créancier de la société est préférable au sociétaire. Il résulte de cette préférence que le créancier personnel du sociétaire, n'ayant pas plus de droit que l'associé lui-même, est primé par le créancier de la société.

Bien plus, *la femme n'a pas d'hypothèque légale sur les biens de la société, parce que les biens, pendant toute la durée de la société, ne sont pas susceptibles d'hypothèque.* En effet d'après l'article 529 du code Civil les droits des associés sont des droits mobiliers, encore qu'ils puissent s'exercer sur des immeubles. Mais, disent les adversaires de notre système, vous ne devriez pas prendre des fragmens d'article pour établir vos prétentions, accepter ce qui fortifie vos argumens et rejeter les dispositions contraires à votre opinion; continuez la lecture de l'article 529 et vous verrez: Les actions ou intérêts sont réputés meubles *à l'égard de chaque associé seulement,* tant que dure la société. On croit avoir trouvé la condamnation de notre système. Grande est l'erreur de ceux qui nous objectent cette fin de l'article 529. Oui, il est bien vrai que cet article n'a de valeur que pour les associés seulement, et que, par rapport aux tiers, il ne reçoit aucune application. Ainsi, les immeubles dépendans de la société seront valablement hypothéqués pour les créanciers de la société; à leur égard ils conserveront bien leur qualité d'immeubles, et seront, comme tous les immeubles, susceptibles des charges que la loi permet de leur imposer. Ils auront leur caractère légal, je le reconnais, pour les tiers qui traiteront avec la société. Mais en sera-t-il ainsi pour le créancier personnel d'un associé ? Non. Ici nous appliquerous avec toute la rigueur de ses conséquences ce principe posé plus haut : *un créancier n'a jamais plus de droit que son débiteur.* Ainsi le sociétaire n'a qu'une action mobilière sur les biens de la société ; même sur les immeubles. Eh bien ! son créancier, qui n'est que son représentant, qui n'a pas plus de droit que lui, ne possède qu'une action mobilière. Par conséquent dans l'espèce, la femme créancière personnelle du mari, n'a pas le pouvoir d'exercer son hypothèque légale sur les biens de la société, puisque ces biens, vu leur qualité de meubles par détermination de la loi, ne sont pas susceptibles d'hypothèque.

Si on accordait à la femme l'hypothèque sur les biens de la société, on méconnaîtrait tous les principes sur le partage, principes que le Code civil applique aux sociétés comme aux successions. (Art. 1872, Code civil.) En effet la fiction, introduite par la loi, que l'immeuble échu à l'un des co-partageans est censé n'avoir jamais appartenu aux autres, ne recevrait pas son application, si les hypothèques, acquises contre l'un des associés, continuaient de frapper l'immeuble échu à un associé. Bien plus, l'hypothèque pourrait frapper l'immeuble vendu pour les besoins de la société, et détourner au profit du sociétaire un prix qui ne serait pas suffisant pour payer les dettes de la société. *Il en résulterait,* comme le re-

marque la cour de Toulouse, *que l'un des associés ne contribuerait pas au paiement des dettes
sociales; qu'il prendrait une portion de l'actif là
où l'actif peut à peine combler le passif; ou plutôt que son créancier, son ayant-cause ferait ce
qu'il ne pouvait pas faire lui-même.*

Rien n'autorise la femme à prétendre hypothèque légale sur les biens de la société. Tout repousse
les prétentions des adversaires de notre opinion.
Toutes les règles établies pour la société s'opposent à la consécration d'un système qui blesserait
l'intérêt commun des sociétaires, et violerait le
grand principe que relate l'article 1865 du Code
civil. Selon le texte de cet article, pour engager
la société, il faut avoir reçu pouvoir de la société.
Le sociétaire qui n'est point administrateur, ne
peut aliéner ni engager les choses mêmes mobilières qui dépendent de la société. L'administrateur même ne peut les engager pour ses affaires personnelles. (Art. 1094.) Si on admettait
l'hypothèque légale de la femme, on mettrait de
côté ces principes : on accorderait à un associé
ce que la loi lui refuse, ce qui ne peut légalement exister.

La seule objection sérieuse que l'on fasse à notre système est celle-ci : il dépendra donc du mari
de priver la femme des garanties que la loi lui accorde, en jetant tous ses biens dans une association hasardeuse, et les livrant à la chance plus ou

moins capricieuse d'un succès souvent imaginaire.
Je répondrai à cette objection par une distinction.
Si les immeubles appartenant au mari furent apportés dans la société antérieurement au mariage,
par les motifs ci-dessus développés je crois fermement que la femme ne doit pas exercer sur eux son
hypothèque légale. C'est dans cette position que
j'ai accepté la question.

Mais si les immeubles ont été abandonnés aux
périls d'une association postérieurement au mariage: oh! alors je pense que l'hypothèque suit
l'immeuble dans quelques mains qu'il passe. Au
moment même du mariage, tous les immeubles
appartenant au mari sont frappés par l'hypothèque de la femme: rien ne peut l'y soustraire.
Si le mari les soumet à la chance du commerce,
les charges que le mariage apporta ne les abandonnent pas. Les associés, avant de ranger parmi les
biens de la société des immeubles, doivent connaître de quelles charges ils sont grevés; ils doivent savoir, quand un individu est marié, que
tous ses biens sont engagés pour assurer les reprises matrimoniales de sa femme. S'ils l'ignorent,
tant pis pour eux : *nemo censetur ignorare legem.*
Il n'y a pas, je le crois, d'opposition sur la distinction que je viens d'établir. La question réside dans la première partie de ma discussion ;
la difficulté n'existe qu'autant que le mariage est
postérieur à la mise sociale, et dans ce cas seule-

ment je crois fermement que la femme n'a aucune hypothèque sur les biens mis par son mari dans une société. (Voir sur la question le Journal du palais, année 1821, t. 2, et les Questions sur les priviléges et hypothèques, par M. Persil, t. 1, p. 260.)

Société en commandite.

ART. 23. La société en commandite se contracte entre un ou plusieurs associés responsables et solidaires, et un ou plusieurs associés simples bailleurs de fonds, que l'on nomme commanditaires ou associés en commandite.

Elle est régie sous un nom social, qui doit être nécessairement celui d'un ou plusieurs des associés responsables et solidaires.

1. La société en commandite présente pour le commerce de plus grands avantages que la société en nom collectif. Elle n'effraie pas les spéculateurs comme la première, car ses conséquences sont bien moins rigoureuses pour celui qui veut hasarder ses capitaux dans des spéculations commerciales. En effet, on peut dans cette société se mettre à l'abri de cette solidarité qui pèse sur tous les membres d'une société en nom collectif : le commanditaire, simple bailleur de fonds,

laissant peser toute la responsabilité sur les associés responsables et solidaires, qu'on appelle *complimentaires*, ou plus ordinairement *commandités*, ne perd jamais au delà de ce qu'il a hasardé, il n'est passible des pertes que jusqu'à concurrence de sa mise. (Art. 26.) Par cette société les entreprises commerciales sont permises à toutes les fortunes, à tous les courages. On a l'espoir d'un gain considérable, et non la crainte de perdre au delà des sommes sacrifiées pour l'intérêt de la société. Les effrayés consentent à lancer dans une spéculation, dont ils ne redoutent pas la solidarité, des capitaux qu'ils avaient serrés; ils mettent en circulation des sommes qu'ils n'auraient jamais livrées aux coups de dés d'une société en nom collectif, et qui, par suite, auraient été mortes pour le commerce. Dans la société en commandite tout est avantage pour le simple bailleur de fonds, et le commerce en général y trouve son profit.

2. Dans la société en commandite les associés responsables et solidaires peuvent seuls administrer, eux seuls doivent avoir la qualité de gérans. Non pas que tous ces derniers sociétaires soient de droit administrateurs, mais c'est parmi eux seuls que l'on choisit pour conférer le pouvoir d'administrer.

3. On ne comprend peut-être pas de suite cette qualification de responsables et solidaires : on ne

voit qu'une inutile redondance d'expressions. Il n'en est pas ainsi. Le législateur a prévu le cas où la société en commandite ne serait composée que de deux membres, un complimentaire et un commanditaire. Il n'existe pas alors de solidarité, mais une responsabilité attachée à tous les actes du commandité. Quand, au contraire, il existe plusieurs commandités, il y a alors pour tous leurs faits responsabilité solidaire.

La société en commandite a aussi un nom social, mais il ne peut être que celui d'un ou plusieurs associés responsables et solidaires.

5. On le voit, la même entreprise, faite en conformité de l'article 23, présente la réunion de deux sociétés qui offrent un caractère distinct et des effets propres à chacune. Les obligations de l'une sont bien plus étendues que celles de l'autre. La société est, à la fois, société en nom collectif à l'égard des associés responsables et solidaires, et société en commandite à l'égard des simples bailleurs de fonds. (Art. 24.) Aussi est-il du plus grand intérêt pour les commanditaires de bien faire connaître leur qualité, d'empêcher une confusion qui porterait le plus grand préjudice à leur fortune. Les questions qui peuvent s'élever sur la dénomination d'un sociétaire dans la commandite méritent donc toute notre attention.

Si un acte de société représente le commandité comme commanditaire, les créanciers de cette société pourront - ils prétendre qu'elle n'a de commandite que le nom , qu'elle doit être à leur égard considérée comme pure et simple , et que tous les sociétaires sont indéfiniment obligés envers eux ?

Toute la question est de savoir si l'intention du législateur , qui a surveillé les intérêts du public, a été remplie. Si le chef visible de la société a traité , d'après les intentions de tous les sociétaires , comme commandité, peu importe la contexture de l'acte : on ne doit pas juger la nature des engagemens d'un associé par sa qualification, mais bien par la nature de ses fonctions, et on jugera la nature de ses fonctions par la substance de l'acte social. Si l'acte, mal rédigé, donne au chef visible de la société le nom de commanditaire, il faudra examiner s'il n'a que le caractère d'un simple bailleur de fonds, ou bien si par ses fonctions, malgré sa dénomination , il possède toute l'importance d'un commandité. Aucune qualification ne peut changer la nature des choses, altérer la force des conventions : les intéressés ont voulu rester inconnus au public, et ils se sont cachés derrière un associé responsable. Ils l'ont mis à la tête de la société avec toute la puissance d'un commandité, quoique l'acte par erreur le nomme commanditaire. C'est lui qui a paru, qui a signé, qui a attaché son nom à toutes les opérations ; par conséquent il est de fait, s'il ne l'est pas de nom, le seul associé responsable, le seul débiteur, parce que le public n'a pu être induit en erreur, malgré la rédaction de l'acte, et n'à dû compter que sur lui, puisqu'il lui a reconnu la qualité de chef et de directeur suprême, en traitant avec lui.

Les tiers ne pourraient alléguer avoir ignoré sa qualité, car ils devraient s'en prendre à eux de n'avoir pas pris toutes les sûretés nécessaires; puis, en droit, ils ne seraient pas recevables dans leurs plaintes : en droit, personne ne doit ignorer la qualité de celui avec qui il traite.

7. Il nous reste à examiner une question que M. Merlin, dans son répertoire de jurisprudence, a traitée avec un soin tout particulier.

Il s'agit de savoir si l'on doit attribuer le caractère de société ordinaire ou de société en commandite à une association arrêtée entre deux négocians sous les conditions suivantes. Le contrat porte 1° *qu'un seul des associés administrera les affaires sociales sous la raison un tel et compagnie; 2° que le second associé aura, quand il le jugera à propos, et d'après une nouvelle convention, le droit de joindre sa signature à celle du premier; 3° que ce même associé pourra céder son intérêt à un tiers, et que son cessionnaire prendra part à l'administration de la société; 4° que chacun des associés supportera les pertes proportionnellement à sa mise; 5° enfin que la*

société sera dissoute par la mort de l'associé gé-
rant, et qu'elle continuera avec les héritiers de
l'associé non gérant.

Toute la question, selon nous, dépend de la manière dont on interprète la dénomination de raison un tel et compagnie. Concluera-t-on que cette société par cela seul qu'elle a pour raison sociale les mots un tel et compagnie, perd le caractère de société en commandite pour prendre celui de société ordinaire et générale?

M. Merlin prétend, en pure doctrine, qu'une société en commandite ne peut porter une telle dénomination. Il prouve son opinion en remontant à la définition de la société en commandite; il établit que la nature de cette société rejette une pareille raison sociale. Selon ce savant jurisconsulte, les autorités, puisées dans les divers auteurs qui tous sont d'accord dans leur définition de la société en commandite, prouvent invinciblement « qu'une pareille société *ne peut exister* » *entre deux personnes, dont l'une est, par l'acte* » *même qui les associe, autorisée à signer un tel* » *et compagnie; et que, par cela seul que l'une de* » *ces personnes est autorisée à signer un tel et* » *compagnie, la société devient collective, ou,* » *ce qui est la même chose, générale et ordi-* » *naire.* »

Mais M. Merlin reconnaît que les usages du commerce se sont écartés de ces principes établis par Savary et Pothier. Cette violation, consacrée par les coutumes commerciales, se trouve confirmée par les décisions du conseil d'Etat. Un membre fit observer avec raison que la qualification de un tel et compagnie ne pouvait pas changer la nature de la société; que l'affiche de l'extrait pouvait seule être consultée pour connaître le caractère d'une société; que là seulement on jugeait sûrement s'il y avait association en nom collectif ou en commandite, puisque pour la première tous les noms des associés sont consignés, tandis que pour la seconde l'affiche ne porte pas la désignation des commanditaires, mais seulement la déclaration de leurs mises.

Enfin l'article 23 du Code de commerce, suite de la distinction si clairement posée au conseil d'Etat par M. Bégouen, établit d'une manière irréfragable que dans cette dénomination un tel et compagnie, donnée comme raison sociale d'une association en commandite, il n'existe pas la preuve légale d'une société collective ou ordinaire.

Quant à toutes les autres clauses insérées dans l'acte social, dont nous avons donné l'énumération en posant la question, vicient-elles le caractère voulu par la loi pour une société en commandite? Les faits seuls, comme l'a décidé la Cour de Bruxelles, apporteront la solution de la question. Par exemple, si le commanditaire, ainsi que l'acte lui en donnait le droit, a joint sa signature à celle du complimentaire, alors je crois que, par ce fait, il a dénaturé la société en commandite, et il devient solidairement obligé avec les associés en nom collectif (art. 28). En un mot, s'il a réalisé les événemens que l'acte primitif ne faisait que prévoir, le caractère de la société en commandite est changé, et il ne reste plus qu'une association collective.

Attendu, dit la Cour de Bruxelles, que ces clauses n'ont pas eu lieu, lesdits articles ont conservé leur caractère primitif en telle sorte que l'associé... a été seul connu du public, et que son co-associé... est resté inconnu ;

Attendu que le commanditaire n'a pas donné son nom, ni ne l'a fait connaître au public par sa signature ; que par conséquent le public n'a eu pour sûreté que la signature de... et compagnie ; d'où il suit que... ne peut être tenu au-delà de sa mise dans la société, qui, au cas particulier, n'est qu'une société en commandite , etc., etc., etc.

Ainsi, on le voit, ce n'est pas tant, comme nous l'avons déjà dit plus haut, au texte même de l'acte qu'il faut s'arrêter; c'est son esprit qu'il faut examiner ; ce sont les intentions des parties contractantes qu'il faut sonder pour fixer la nature de l'association. Dans l'espèce, il est de toute évidence que les parties ont voulu fonder une société en commandite : eh bien ! on ne doit pas

contrarier leurs intentions, et donner forcément
à cette société le nom d'une association collective, parce qu'on trouve dans l'acte des conditions
dont la réalisation est encore éloignée. Tant qu'il
n'y a pas violation des règles établies pour la
commandite, tant que le complimentaire est
seul connu du public, tant que le commanditaire ne s'est pas immiscé à la gestion, on ne doit
pas infliger à celui-ci la solidarité qu'il n'a pas
voulu encourir, et qu'il n'a pas méritée, puisqu'il
n'a pas violé la loi imposée au commanditaire.

8. Celui qui fournit des fonds à une maison
de commerce, sous le titre de prêt et avec les
conditions, applicables au seul contrat de prêt,
de pouvoir retirer son capital sans aucune dimi-
nution, ainsi que les intérêts au taux déterminé,
doit être réputé associé commanditaire et non
simple prêteur, si, outre l'intérêt convenu, il
s'est réservé une quote-part dans les bénéfices
présumés, le droit de prendre communication
des registres, celui d'assister aux inventaires et
autres prérogatives de ce genre, qui régulière-
ment n'appartiennent qu'aux associés. En ce cas
les caractères de société doivent, comme plus
favorables à l'intérêt du commerce, et plus conformes à l'intention manifestée par le prêteur de
participer aux bénéfices, prévaloir sur les caractères de simple prêt (Sirey, t. 2, p. 1203).

Art. 24. Lorsqu'il y a plusieurs associés solidaires et en nom, soit que tous gèrent ensemble, soit qu'un ou plusieurs gèrent pour tous, la société est, à la fois, société en nom collectif à leur égard, et société en commandite à l'égard des simples bailleurs de fonds.

Art. 25. Le nom d'un associé commanditaire ne peut faire partie de la raison sociale.

La prohibition portée par cet article est toute dans l'intérêt des tiers. Le législateur n'a pas voulu que le nom du commanditaire fût compris dans la raison sociale, quand bien même il aurait consenti à ne pas rester inconnu : il avait pour but d'empêcher que le public ne fût induit en erreur. Le législateur a craint que les tiers, voyant le nom du commanditaire inscrit dans la raison sociale, ne le crussent solidairement engagé comme les autres, et qu'ils n'accordassent à la société une confiance qu'ils auraient refusée aux commandités.

Art. 26. L'associé commanditaire n'est passible des pertes que jusqu'à concurrence des fonds qu'il a mis ou dû mettre dans la société.

1. Si les associés commanditaires sont ainsi favorisés, c'est évidemment dans l'intérêt du commerce. On a voulu attirer dans les entreprises commerciales des hommes qui n'auraient jamais sorti leurs capitaux, si on ne leur avait pas offert de grands avantages. Le commanditaire, en livrant son argent au commerce, ne hasarde jamais plus que sa mise, et il la joue contre l'espoir de grands bénéfices.

2. Le commanditaire s'engage par l'entremise du commandité qui a la gestion exclusive, et il ne peut repousser la demande des créanciers qu'en justifiant du versement de sa mise. Les associés responsables et solidaires, dit M. Pardessus, doivent prouver l'emploi de l'apport fait par le commanditaire, sous peine d'être traités, en vertu de l'article 593, comme les débiteurs qui ne satisfaisant pas leurs créanciers, ne justifient pas de l'emploi de toutes leurs recettes (art. 593).

3. Le commanditaire sera-t-il tenu de rapporter dans la caisse sociale tous les bénéfices qu'il aurait prélevés antérieurement à la faillite de la société?

Cette question est d'une grande importance pour le commerce. Sa solution présente de grandes difficultés. Les Cours royales de Rouen et de Paris la décident dans un sens différent de celui adopté par la Cour de cassation. Les auteurs ne sont pas unanimes sur la solution. Selon MM. Delvincourt et Locré, l'associé commanditaire qui, d'après les statuts sociaux, a prélevé sa part dans les bénéfices, n'en doit pas le rapport aux créanciers de la société. Selon M. Pardessus, il faut se décider d'après les circonstances et la bonne foi des opérations. La Cour de cassation donna gain de cause à l'opinion défendue par MM. Delvincourt et Locré, en cassant un arrêt de la Cour de Rouen, qui avait condamné le commanditaire au rapport des bénéfices prélevés.

La cour royale de Paris, devant laquelle l'affaire fut renvoyée, adopta l'opinion de la cour de Rouen, et rendit un arrêt conforme.

Quant à nous, nous pensons que les deux cours royales sont dans les vrais principes.

L'arrêt de la cour royale de Paris, savamment rédigé, est ainsi conçu :

« Attendu que, participant à tous les profits en » raison de son intérêt dans la société, le com- » manditaire doit en supporter toutes les pertes, » à proportion qu'on n'estime profit réel de so- » ciété que ce qui reste de gain, toutes pertes » déduites, sur tous les profits des diverses af- » faires ou opérations de la société ; attendu que » ce n'est qu'en balançant tous les résultats par- » ticuliers de chaque année, que l'on trouve le » résultat unique et véritable de toute la durée de » l'association; résultat final, qui seul apprend s'il y » a effectivement bénéfice ou perte, et d'après

» lequel le commanditaire conserve ou rapporte
» ce qu'il a retiré par anticipation de la caisse so-
» ciale ; que les bénéfices annoncés par des inven-
» taires partiels ne sont que des bénéfices pré-
» sumés, reposant sur la supposition de la solidité
» et fixité des valeurs qui constituent l'actif,
» valeurs qu'un accident peut, d'un instant à
» l'autre, altérer ou détruire ; que ce serait aller
» contre la nature des choses que d'admettre que
» des sommes touchées par anticipation sont des
» bénéfices, quand l'ensemble des résultats dé-
» montre qu'il n'y a pas eu de bénéfice ; qu'enfin,
» si le commanditaire, conformément à la règle
» stricte, attendait la dissolution de la société
» pour avoir des répartitions, il n'en obtiendrait
» ni ne pourrait en obtenir, la société étant en
» faillite ; qu'il répugne à la raison et à l'équité
» que sa position devînt meilleure, et celle des
» créanciers plus désastreuse, parce que, ne con-
» sultant que son avantage personnel, il aurait
» anticipé des répartitions basées sur des béné-
» fices incertains ;

» Considérant que des principes professés par
» les auteurs qui ont connu le véritable esprit de
» l'ordonnance de 1673, il suit que les prélève-
» mens faits, à quelque titre que ce soit, par les
» associés, pendant le cours et avant la dissolution
» de la société, sont purement provisionnels et
» nécessairement sujets à rapport, en cas de perte

» constatée par la liquidation, et singulièrement
» en cas de faillite notoire;

» Considérant que c'est dans ce sens que sont
» licites les conventions entre associés pour se
» répartir bénéfices et intérêts durant la société;
» qu'attacher le caractère d'irrévocabilité à ces
» sortes de répartitions, quel que fût en définitive
» l'état de la société, ce serait autoriser les asso-
» ciés à épuiser par des prélèvemens successifs ou
» sous divers prétextes, non-seulement leurs pro-
» pres mises, mais même les autres fonds sociaux,
» de manière qu'il ne resterait rien pour l'acquitte-
» ment des dettes de la société, et que tout le profit
» serait pour les associés, et toutes les pertes pour
» les créanciers;

» Considérant que tous ces principes sont tel-
» lement incontestables et inhérens à l'essence
» des sociétés, qu'ils ne pourraient être mécon-
» nus sous l'empire du Code de commerce actuel,
» qui s'est servi du mot *mise* au lieu de part,
» employé par l'ordonnance de 1673; qu'en effet,
» ces deux lois, s'accordant sur l'objet principal,
» ont également voulu que la mise tout entière
» ne cessât pas d'être le gage des créanciers;
» mais que cette volonté serait évidemment en-
» freinte, si l'on adoptait le système des prélève-
» mens sans rapport, en cas de déficit; qu'au
» surplus, sous l'ordonnance de 1673, qui a assu-
» jetti l'associé commanditaire au paiement des

» dettes jusqu'à concurrence de sa *part*, terme
» qui, dans sa généralité, comprend tout ce que
» cet associé a droit de retirer de la société, ca-
» pital et accessoires quelconques, la question du
» rapport n'a jamais souffert ni ne peut souffrir
» la moindre difficulté;

   » Considérant que, s'il y a faveur pour les
» commanditaires qui doivent connaître la nature
» et l'étendue de leurs engagemens, pour ces
» riches capitalistes alimentant le commerce,
» mais toujours avec la perspective d'un gain
» illimité contre une perte bornée, la même faveur
» est due à plus juste titre à des créanciers hon-
» nêtes et confians, qui souvent, pour une mo-
» dique rétribution, ont donné à la société leurs
» fonds, leurs marchandises, leur industrie et leur
» travail, etc., etc., etc.

Cet arrêt comporte toutes les raisons que l'on
peut donner pour le système du rapport des bénéfices. Ce système est le plus vrai, le plus conforme à l'esprit du législateur et à la justice. Je
crois que l'opinion contraire viole le texte précis de la loi. Que dit l'article 26? il ne condamne
le commanditaire que jusqu'à concurrence des
fonds qu'il a mis ou dû mettre. Eh bien! si on
l'exempte du rapport des bénéfices prélevés, bien
souvent il ne sera pas tenu jusqu'à concurrence
de sa mise. En effet, je suppose que pendant six
ans la société bénéficie considérablement, que

tous les ans les associés s'enrichissent par le prélèvement de riches capitaux, mais que la septième
année la société éprouve des revers supérieurs à
tous ses succès passés, tels enfin qu'elle tombe en
faillite. Les commanditaires qui n'ont mis que
10,000 fr. chacun dans le fonds social, ont retiré
par les prélèvemens annuels 5o,ooo f. de bénéfice ;
d'après l'arrêt de la cour de cassation, ils ne perdront après la faillite de la société que les 10,ooo f.
qu'ils ont apportés. Mais en ce cas, ils ne sont
pas tenus des pertes jusqu'à concurrence de leurs
mises ; car ils ont retiré leurs mises depuis long-
temps par les énormes bénéfices qu'ils ont faits.
L'article 26 se trouve évidemment violé, puisque
les commanditaires ne contribuent pas aux pertes.
Mais, me dira-t-on, il y a erreur dans votre
calcul, les commanditaires sont passibles des
pertes, ainsi que le veut le législateur dans l'article 26, puisqu'ils ne peuvent retirer les fonds
qu'ils ont mis ? Misérable subtilité, indigne de la
haute justice du législateur ! ils ne retirent pas à
mesure, il est vrai, les fonds qu'ils ont mis ; mais
n'ont-ils pas retiré depuis long-temps des valeurs
bien supérieures ? Ils gagnent... leur gain est proscrit par la loi quand la société est en faillite....
Quelle a été le but du législateur en portant les
dispositions de l'article 26 ? Je confesse que, pour
favoriser les commanditaires dans l'intérêt du
commerce, il a borné leurs chances de pertes ;

mais il n'a pas voulu qu'ils fussent passibles d'aucune perte, puisque, au contraire, il a eu soin d'indiquer clairement les charges qu'ils devraient supporter. Comme les associés en nom collectif, les commanditaires courent des chances de gain ou de perte. Si la société est ruinée, ils doivent perdre comme les commandités. La seule différence qui existe entre les complimentaires et les commanditaires, c'est que les uns sont solidaires pour tous les engagemens de la société, tandis que les autres ne perdent que jusqu'à concurrence de leur mise. Eh bien ! si, dans l'espèce proposée, on décide que les commanditaires ne sont pas tenus au rapport des bénéfices prélevés par anticipation, on décide, ainsi que je l'ai démontré, contrairement à la loi, qu'ils n'ont aucune part dans les pertes. Il y a erreur manifeste dans l'arrêt de la cour de cassation, il y a violation de la lettre et de l'esprit de la loi. Le système des cours de Paris et de Rouen est plus rationnel, plus légal, plus juste : aussi nous empressons-nous de l'adopter.

L'avis de M. Pardessus est encore préférable à celui de MM. Delvincourt et Locré. On y voit au moins cet esprit de justice qui doit toujours guider le juge qui applique la loi. (1° l'arrêt de la cour de cassation se trouve dans Sirey, t. 14, 1, pag. 105. Celui de la cour de Paris se trouve dans le même arrêtiste, t. 12, 2, pag. 25. Ce savant auteur proscrit la mauvaise foi des associés, le dole dont ils pourraient user envers les créanciers, puisqu'il veut qu'on décide la question d'après les circonstances et la bonne foi des parties.)

4. L'article 43 du Code de commerce veut que l'extrait, affiché pendant trois mois dans la salle des audiences, contienne l'énonciation des valeurs fournies en commandite. Si cette énonciation manque, quelle sera la peine de cette omission ? Regardera-t-on le commanditaire comme associé en nom collectif, et comme tel devra-t-il être passible des pertes au-delà de sa mise ?

Je crois que l'on ne pourrait porter une pareille décision sans blesser l'équité, la loi et l'intention des parties. En effet, ce serait faire supporter au commanditaire une peine qui se trouverait hors de toute proportion avec la faute, qui, bien souvent, n'est pas celle du commanditaire. Car, presque toujours, l'acte de société, ainsi que l'extrait affiché, est l'œuvre des associés en nom collectif. On blesserait donc l'équité si on faisait retomber sur le commanditaire les conséquences d'un acte qui ne lui appartient pas.

La loi pour cette omission de l'indication des valeurs fournies, garde le silence ; il est impossible de prononcer une peine, là où la loi n'a pas voulu en prononcer ; ce serait ajouter à ses dispositions. Tout au plus aurait-on le droit de demander la nullité de l'acte social, ce que je suis encore loin de concéder. Mais au moins, je concevrais la réclamation des tiers.

Si le contrat d'une société en commandite se règle par la disposition de la loi, il doit aussi se régler par la convention des parties. Eh bien! quelle a été l'intention du commanditaire? Évidemment elle fut de risquer une somme fixe d'argent dans l'espérance d'un gain considérable. Quand il livra son argent aux hasards du commerce, il connaissait toute l'étendue de ses engagemens. Il savait que si l'entreprise ne réussissait pas, cette somme était perdue pour lui; mais il savait aussi qu'en vertu de l'article 26, ses pertes ne dépasseraient jamais l'argent livré à la commandite. Il n'ignorait pas, du moins il était légalement censé ne pas ignorer, que dans un seul cas il se trouverait engagé solidairement pour toutes les dettes de la société, et que ce cas était prévu par les articles 27 et 28 du Code de commerce. Si on étend sa responsalibité au-delà des bornes prescrites par la loi, en le condamnant à la solidarité pour une faute qu'il ne commit pas, on viole et la loi et la convention des parties.

Enfin, je ne conçois pas les prétentions des tiers qui voudraient faire, dans l'espèce posée, regarder le commanditaire comme associé en nom collectif, et comme tel passible des pertes au-delà de sa mise! En effet, si l'article 28 condamne à la solidarité pour toutes les dettes sociales le commanditaire qui se mêle de l'administration, c'est que la loi a vu que par sa gestion il pourrait tromper le public, qui l'avait considéré comme associé responsable, et aurait, par suite de cette méprise, accordé à la société une confiance qu'il lui aurait refusée, si la vérité eût été connue. Rien de plus juste que cette disposition; il faut, autant que possible, éloigner la fraude des relations commerciales. Mais ici le public n'a pu être induit en erreur; car l'acte de société, quoique l'indication des valeurs fournies n'y fût pas relatée, ne présentait rien d'obscur ou d'ambigu. De quelque manière qu'on l'envisage, il demeure certain que le commanditaire n'a été annoncé que comme commanditaire. Une fois que cette qualité est connue par l'accomplissement de toutes les formalités ordonnées par la loi pour l'indication certaine du commanditaire, peu importe que, dans l'extrait affiché de l'acte, on ait omis de mentionner le montant de la mise. Une seule chose est nécessaire, c'est qu'il soit incontestable que l'extrait annonce la qualité de commanditaire. Si cet extrait paraissait incomplet, insuffisant aux créanciers, c'était à eux à ne pas traiter avec la société, ou à prendre de plus amples renseignemens. S'ils n'ont pas pris toutes les informations que la prudence leur conseillait de prendre, ils sont coupables de négligence, et s'ils ne trouvent pas dans l'actif de la société toutes les garanties qu'ils croyaient y trouver, tant pis pour eux ; ils portent la peine de leur incurie. Mais on ne doit pas faire supporter au commanditaire les conséquences fâcheuses de l'insouciance des créanciers. La loi n'applique au commanditaire, comme peine, la solidarité, quant aux dettes sociales, qu'au cas où il s'est mêlé de la gestion, parce qu'alors il a pu surprendre la confiance du public : c'est pour le châtier de cette surprise qu'elle prononce contre lui la peine exorbitante de la solidarité. Hors le cas de gestion , on ne peut appliquer l'article 28 du Code de commerce. Pour prononcer une peine dans l'espèce , il faudrait que la loi l'eût prononcée pour l'inaccomplissement de toutes les formalités portées à l'article 43. Elle garde le silence ; il n'existe donc aucune sanction pénale pour toutes les formalités qui n'étaient pas de l'essence du contrat de société, soit en nom collectif, soit en commandite. Selon moi, on ne serait pas mieux fondé à réclamer la nullité de l'acte social, que l'application de l'article 28, parce que les nullités ne se suppléent pas.

5. Un avis du conseil d'état, du 29 avril 1809, approuvé le 17 mai, a décidé que la défense portée aux articles 27 et 28 du Code de commerce, n'était pas applicable aux associés commanditaires qui ne font que des transactions commerciales réciproques avec les maisons comman-

ditées. (Voir le Journal du palais, an 1814, t. 2, pag. 196.)

ART. 27. L'associé commanditaire ne peut faire aucun acte de gestion, ni être employé pour les affaires de la société, même en vertu de procuration.

1. Cet article proscrit ces honteuses spéculations où des hommes, pour un modique bénéfice, vendaient leur nom et leur honneur, et se constituaient l'enseigne responsable de l'association. On a voulu mettre un terme à l'existence de ces compagnies où, pour certains individus, il n'y avait que profits à gagner sans aucune chance de ruine. Elles mettaient en avant un homme de paille... Ce dernier n'avait réellement aucune attribution d'un gérant; aux yeux des tiers, il semblait l'âme de la société, tandis qu'il servait de manteau à des gens intéressés qui usaient des véritables droits d'administrateurs. Ceux-ci jouaient les fonds sociaux avec d'autant plus d'audace qu'aucune responsabilité ne pesait sur eux! Si des bénéfices considérables répondaient à leurs avides spéculations, alors ils se montraient pour partager le fruit de leurs entreprises hardies, mais heureuses. Des revers venaient-ils affliger la société; pour le coup ils se dissimulaient derrière l'associé responsable, misérable vendeur de sa

réputation. Que perdaient-ils? Leur mise de fonds, souvent bien minime... Et, aux yeux du monde, ils conservaient l'honneur que leur refusait leur conscience.

La loi actuelle a mis un terme à toutes ces fraudes : elle a défendu tous ces marchés où l'honneur d'un seul était sacrifié aux avides calculs d'hommes qui se jetaient dans tous les hasards de grandes entreprises avec d'autant plus de fureur qu'ils savaient bien que leur fortune et leur nom ne seraient jamais compromis. Les commanditaires aujourd'hui ne peuvent pas abuser de leur qualité : car toute gestion, même en vertu de procuration, leur est interdite.

2. Il est permis de prouver par témoins que le commanditaire s'est mêlé de la gestion. En admettant le témoignage pour le fait d'administration, on ne viole pas l'article 41, qui proscrit la preuve par témoins *contre et outre le contenu dans les actes de société, et sur ce qui serait allégué avoir été dit avant l'acte, lors de l'acte ou depuis, encore qu'il s'agisse d'une somme au-dessous de cent cinquante francs.* Le législateur craint que, par le témoignage, on ne parvienne à changer facilement la nature de l'acte et à altérer ses dispositions. Quand il y a difficulté sur son interprétation, les éclaircissemens ne doivent être puisés que dans l'acte lui-même, dans des écrits où se trouve clairement expliquée l'intention

des associés. S'agit-il de prouver la gestion d'un commanditaire, on réclame la preuve d'un geste postérieur à l'acte, et qui en est entièrement indépendant. On ne demande pas de prouver plus que l'acte ne contient, mais seulement l'existence d'un fait qui change la qualité du sociétaire. Car, si le commanditaire a géré, il est devenu, par le fait prouvé de sa gestion, associé solidaire.

Dans la discussion sur le Code de commerce au Conseil d'état, ce principe fut admis. On avait même proposé un amendement ainsi conçu : *Dans le cas où un associé, primitivement en commandite, se serait immiscé dans le gestion des affaires sociales, la preuve, même testimoniale, d'un tel fait sera admissible selon les circonstances.* On rejeta l'amendement parce qu'il était inutile ; on prétendit que les termes de l'article 4 suffisaient pour constater l'admission du principe. (Voir M. Pardessus, t. v, p. 128 : M. Locré, art. 41.)

3. Si la loi montre une rigoureuse sévérité à l'égard du commanditaire, si elle lui défend tout acte de gestion, il ne faut pas étendre cette rigueur ; il ne faut pas, contre l'intention du législateur, l'annihiler à un tel point que son rôle ne consiste que dans l'apport de sa mise et dans le retrait sémestriel ou annuel des bénéfices. Intéressé au succès de l'association, il a le droit d'entendre les rapports sur l'administration des asso-

ciés gérans, d'examiner leurs actes, de contrôler leurs opérations ou d'y acquiescer, selon qu'il les trouve propres à satisfaire les intérêts sociaux. La loi l'exclut de la gestion, c'est-à-dire des rapports que les gérans ont avec les tiers : il lui est défendu de participer aux relations établies entre la société et ceux qui traitent avec elle; il ne peut leur proposer des achats ou des ventes; il doit, si je puis me servir d'une expression triviale, rester toujours dans la coulisse. Quant aux actes de l'intérieur, quant aux délibérations communes, il doit avoir sa place parmi les membres de la société, il a le droit de donner son avis. En un mot, si la loi lui commande de rester inconnu aux tiers, elle lui laisse le libre arbitre d'user de son titre d'associé dans les relations entre tous les membres de la même association.

4. Un avis du conseil vient fortifier l'opinion que nous avons émise au précédent numéro, à savoir que les articles 27 et 28 ne s'appliquent qu'aux actes faits par les commanditaires représentant, comme gérans, la maison commanditée. Voici la résolution du Conseil d'état : « Le Conseil » d'état, consulté sur la question de savoir si la » défense portée aux articles 27 et 28 du Code » de commerce aux associés commanditaires, de » faire aucun acte de gestion des affaires de la » société en commandite, sous peine d'être obli- » gés solidairement, s'applique aux transactions

» commerciales réciproques, étrangères à la ges-
» tion de le maison commanditée;

« Est d'avis que les articles 27 et 28 du Code
» de commerce ne sont applicables qu'aux actes
» que les associés commanditaires feraient en re-
» présentant, comme gérans, la maison comman-
» ditée, même par procuration, et qu'ils ne s'ap-
» pliquent pas aux transactions commerciales que
» la maison commanditée peut faire pour son
» compte avec le commanditaire, et réciproque-
» ment, le commanditaire avec la maison com-
» manditée, comme avec toute autre maison de
» commerce. » (Séance du 29 avril 1809; approuvé
par l'empereur, le 17 du même mois. Sirey, 9.
2. 381.)

ART. 28. En cas de contravention à la
prohibition mentionnée dans l'article précédent, l'associé commanditaire est obligé solidairement, avec les associés en nom collectif, pour toutes les dettes et engagemens de
la société.

1. Aussitôt que le commanditaire s'est immiscé
dans la gestion des affaires sociales, il a changé
vis-à-vis des tiers la nature de ses engagemens;
il n'est plus qu'un associé pur et simple, et,
comme tel, obligé solidairement pour toutes les
dettes et engagemens de la société. Il subit la

peine qu'il mérite pour avoir induit en erreur les tiers, en s'intitulant publiquement commanditaire, et en remplissant, en sous-main, les fonctions d'un associé en nom collectif.

2. De ce changement dans la position du commanditaire, naissent deux questions de la plus grande importance, traitées toutes deux par M. Pardessus avec la justesse et la science qui distinguent cet auteur.

3. Il s'agit d'abord de savoir si on attribuera à l'associé, commanditaire dans le principe, mais devenu associé pur et simple pour avoir géré, la qualité de commerçant. On sent toute l'importance de la question pour le commanditaire ; car sa position serait menacée au cas où l'affirmative viendrait jamais à prévaloir. Si on le regarde comme commerçant, dans le cas de non-paiement on pourra le faire déclarer en faillite, tandis que s'il conserve sa première qualification, il tombera seulement en déconfiture.

Je ne crois pas, avec M. Pardessus, que l'on puisse regarder comme commerçant le commanditaire qui aura usurpé les fonctions d'administrateur ; je ne le crois pas, pour trois raisons.

1°. Le commanditaire, usurpant, contrairement au vœu de la loi, les fonctions de gérant, ne prend pas légalement la qualité de commerçant. Il a fait, il est vrai, quelques actes commerciaux que l'on soumettra aux tribunaux de commerce, si quelques difficultés s'élèvent sur leur exécution. Mais ces actes de commerce ne sont pas suffisans pour constituer un individu commerçant : il faut plus que quelques actes pour posséder cette qualité aux yeux du législateur. En effet, que dit l'article 1er du Code de commerce? « Sont commerçans ceux qui exercent des actes de commerce *et en font leur profession habituelle.* » Ainsi quelques actes isolés ne donnent pas la qualité de commerçant; il faut faire profession habituelle des actes de commerce. Un commanditaire, étranger à la profession de commerçant, pour avoir fait, en se mêlant de la gestion de la société, quelques actes commerciaux, ne sera pas, en dépit de son libre arbitre, érigé en commerçant.

2°. Ce serait ajouter à la sévérité de la loi, que de déclarer commerçant le commanditaire qui a géré. Quelle peine lui inflige la loi pour avoir violé les dispositions qui lui interdisaient tout acte d'administration? L'article 28 le déclare associé en nom collectif, et, comme tel, obligé solidairement pour les dettes et les engagemens de la société. Nulle part on ne voit une autre peine infligée, nulle part on n'aperçoit une disposition qui puisse faire soupçonner que le législateur ait eu l'intention de le déclarer commerçant. Eh bien! donner au commanditaire gérant cette qualité avec tout le cortége de ses rigueurs, c'est arbitrairement le punir plus que la loi n'a voulu qu'il fût puni; c'est, de plein gré, violer cet axiôme des lois pénales : *Pour qu'une peine soit prononcée, il faut que le Code la prononce clairement : elle ne peut jamais être appliquée par induction.*

3°. Enfin les tiers seraient frustrés, car les créanciers et les femmes n'ont pas dû considérer les commanditaires comme commerçans. Si ceux-ci ne pouvaient pas payer les dettes sociales, et qu'ils fussent déclarés en faillite, alors les droits des premiers changeraient complétement; ils subiraient les dispositions de la loi commerciale applicables aux créanciers et aux femmes des commerçans faillis. Il y aurait souveraine injustice à les priver des garanties sur lesquelles ils devaient compter.

Je le déclare donc avec toute la conviction que prête toujours une cause juste, il ne peut y avoir de différence entre le commanditaire qui ne s'est pas mêlé de la gestion et celui qui, malgré la loi, a voulu faire acte d'administrateur, que celle établie par l'article 28. En d'autres termes, pour le premier son obligation ne dépasse jamais les fonds qu'il a versés ou dû verser; quant au second, le seul châtiment qu'on puisse lui infliger, est de le condamner solidairement avec les associés en nom collectif au paiement de toutes les dettes et engagemens de la société.

3. La seconde question ne laisse pas d'être

aussi d'une grande importance pour les intérêts du commanditaire gérant. Il s'agit de savoir si le commanditaire gérant solvable qui, poursuivi par les créanciers de la société, a payé toutes les dettes et satisfait à tous les engagemens, a un recours contre ses co-associés pour tout ce qui excède sa mise, ou s'il doit supporter les dettes sociales pour sa part et portion virile. L'intérêt de la question se fera mieux comprendre par une espèce. Je suppose qu'une société en commandite ait été formée entre Paul, Pierre et Jacques; que les deux premiers soient associés en nom collectif, que le troisième soit commanditaire. Jacques a géré, il devient par ce seul fait associé pur et simple. Les créanciers le poursuivent : il paie toutes les dettes qui s'élèvent à 100,000 fr. Il avait apporté 15,000 fr. dans la société. On demande s'il pourra exercer son recours contre Paul et Pierre pour 85,000 fr. ou seulement pour les deux tiers.

Pour résoudre cette difficulté, il faut voir dans quel intérêt on a défendu au commanditaire de se mêler de la gestion, et on a porté la disposition de l'article 28. Il est de toute évidence que la défense faite au commanditaire d'administrer, que la peine portée contre celui qui ne tient pas compte de cette prohibition, sont dans l'intérêt des tiers. La sanction pénale existe pour punir la tentative qu'on présume avoir été faite de les tromper.

Accordés pour l'avantage des créanciers, ces dommages-intérêts doivent profiter à eux seuls. Les accorder aux co-associés qui n'ont'pu être induits en erreur, qui bien souvent ont souscrit, du moins tacitement, à la gestion momentanée du commanditaire, c'est les faire jouir d'un bénéfice que, raisonnablement, le législateur n'a pas eu l'intention de leur concéder. Quand la société s'est formée, les sociétaires connaissaient l'étendue de leurs obligations respectives..., et les obligations n'ont pu changer pour un fait qui ne leur cause aucun préjudice. Au contraire, ils trouvent dans le commanditaire, obligé indéfiniment vis-à-vis des créanciers, une caution solidaire qui débarrasse l'association de leurs poursuites. Mais la caution, ainsi que le remarque M. Pardessus, t. iv, p. 132, doit être subrogée aux droits des créanciers, sauf aux co-associés à faire valoir les exceptions pour les comptes que le commanditaire avait à rendre de sa gestion, ou les torts causés par lui à la société.

En résumé, je pense que le commanditaire qui a désintéressé tous les créanciers a, dans l'espèce, un recours contre ses co-sociétaires pour 85,000 fr. qu'ils ne peuvent se refuser à payer sans vouloir s'arroger un bénéfice qui n'a pas été créé en leur faveur.

4. On demande si l'associé commanditaire qui, pour avoir fait un acte de gestion, est de-

venu associé pur et simple, doit satisfaire à toutes les dettes et engagemens de la société depuis le principe de l'association, ou seulement depuis le moment où il s'est immiscé à la gestion.

Il faut distinguer : si les dettes antérieures à sa gestion sont payées, le commanditaire, devenu associé pur et simple, reste toujours étranger à leur paiement. Car, comme nous l'avons vu dans le § précédent, il ne devient associé pur et simple qu'à l'égard des créanciers de la société, et une fois qu'ils sont désintéressés, il conserve toujours sa qualité de commanditaire relativement aux membres de l'association.

Mais si les dettes antérieures à l'administration du commanditaire, ne sont pas acquittées, alors il devient responsable pour elles comme pour celles qui auraient suivi la contravention à l'article 27. En effet, l'article 28 ne distingue pas; il le déclare obligé solidairement, avec les associés en nom collectif, pour toutes les dettes et engagemens de la société.

5. Toutes les fois que l'acte social attribue aux associés qui se prétendent commanditaires une part, si minime qu'elle soit, dans l'administration, ils doivent être considérés comme associés purs et simples. Lorsque, par exemple, une clause de l'acte leur réserve l'administration de la caisse sociale, l'inspection des livres et de la partie commerciale, que la surveillance réciproque de toutes

les opérations réparties entre eux se trouve stipulée, et que rien ne peut être fait que de leur
consentement mutuel, alors la qualité de commanditaires disparaît, et il ne reste plus que celle
d'associés purs et simples.

Sociétés anonymes.

ART. 29. La société anonyme n'existe
point sous un nom social : elle n'est désignée par le nom d'aucun des associés.

1. Cette société est de toutes les sociétés la plus
propre à favoriser les grandes entreprises. Tous
ceux qui, sous le nom d'actionnaires, ont un intérêt dans cette société, sont cachés sous le voile
de l'anonyme. Ils exposent leur argent, sans jamais exposer leur réputation. Ils ont plus de facilité encore que dans la société en commandite pour dérober aux yeux curieux du public
leur mise de fonds. En effet, il est très-rare que
dans cette dernière société on ne connaisse pas le
commanditaire aussi bien que le commandité. Et
si la société vient à faire faillite, il s'attache à elle
un mauvais renom qui suit même tous les intéressés, quoique leurs obligations n'aient jamais
dépassé leurs mises.

Dans la société anonyme on évite tous les dé-
sagrémens de la publicité ; car elle ne constitue

pas une association de personnes, mais bien une association de capitaux. Elle peut mettre en mouvement une grande masse d'argent, parce qu'elle appelle toutes les fortunes, et permet à tout le monde d'aspirer au partage de ses bénéfices. La société anonyme est bien moins désastreuse que la société en commandite. Dans celle-ci, le créancier trouve toujours une garantie dans la responsabilité indéfinie des associés administrateurs; et lorsque le malheur seul répond à leurs efforts, lorsque le sort, souvent injuste, récompense, par la faillite, des travaux hardis et soutenus, la misère et la honte sont le partage de ceux qui avaient livré leur nom au public et promis de répondre à toutes ses exigences. Dans la société anonyme, la garantie ne repose sur le crédit d'aucun associé, mais seulement sur les capitaux dont se compose le fonds social; aucun sociétaire, par la faillite de l'association, n'est frappé plus particulièrement que les autres. La perte de chacun se borne à sa mise; tous les associés se retirent sans bruit, sans être menacés dans leur existence, et plus tard ils peuvent se livrer à de nouvelles spéculations commerciales sans qu'on puisse leur reprocher d'avoir compromis leur réputation par une faillite antérieure.

Art. 3o. Elle est qualifiée par la désignation de l'objet de son entreprise.

Puisque le nom d'aucun associé ne pouvait désigner la société à la connaissance du public, il fallait bien la faire connaître par un signe particulier. Le législateur a voulu qu'elle fût qualifiée par la désignation de l'objet de son entreprise. C'est ainsi qu'on dit la Banque de France, la Compagnie d'Assurance mutuelle.

Art. 31. Elle est administrée par des mandataires à temps, révocables, associés ou non associés, salariés ou gratuits.

1. Les mandataires sont nommés par les statuts de la société. Ce sont aussi les statuts qui désignent la nature de leurs fonctions ; sinon, on a recours aux règles générales du mandat pour fixer leurs attributions.

2. Le mandat, donné à l'administrateur, associé ou non associé, est sujet à la révocation, à moins qu'il ne fasse partie du contrat social (art. 1856 du Code civil. Arrêt de la Cour de Bruxelles, 5. 9, 2, 16.)

3. L'arrêt de la Cour de Bruxelles décide aussi qu'en vertu de l'article 1856 on ne peut révoquer les mandataires, nommés pour une cause du contrat, que pour cause légitime. Quant à moi, j'a-

dopte entièrement l'avis de cette Cour. Cependant plusieurs auteurs décident que l'article 31 du Code de commerce déroge au principe exprimé par l'article 1856, que la révocation est de droit dans les sociétés anonymes sans qu'il y ait nécessité d'en exprimer le motif. Selon eux, si l'article 31 n'était pas entendu en ce sens, il serait tout-à-fait inutile, et on ne concevrait pas pourquoi le législateur aurait répété ce qu'il avait déjà appliqué aux sociétés en général.

ART. 32. Les administrateurs ne sont responsables que de l'exécution du mandat qu'ils ont reçu.

Ils ne contractent, à raison de leur gestion, aucun obligation personnelle ni solidaire relativement aux engagemens de la société.

1. Cet article établit clairement la différence qu'il y a entre l'administrateur et le sociétaire. Si ces deux qualités reposent sur le même individu, elles ne peuvent pas se confondre. Comme mandataire, il a une responsabilité; comme associé, il ne peut perdre que sa mise. Il était nécessaire, comme le remarque M. Locré, d'exprimer clairement cette différence entre le mandataire et l'associé : car, si les difficultés n'étaient pas à craindre pour le cas où la qualité de man-

dataire et d'associé reposeraient sur deux individus, il ne devait pas en être de même pour le cas où elles se confondraient dans la même personne. Il eût été facile de prétendre que la qualité d'associé, jointe à celle d'administrateur, chargeait ceux qui réunissaient dans leurs mains ces deux fonctions, d'une responsabilité indéfinie, repoussée par la nature de la société anonyme. Ces prétentions, d'après la disposition formelle de l'article 32, sont impossibles : et l'on doit remercier le législateur de cette sage prévoyance.

Art. 33. Les associés ne sont passibles que de la perte du montant de leur intérêt dans la société.

1. Nous avons déjà donné la raison de cet article. N'avons-nous pas dit que dans la société anonyme il s'agit seulement d'une association de capitaux, et non d'une association de personnes? Le capital seul doit donc répondre. Tous les associés sont censés commanditaires pour les pertes à supporter.

2. Cependant il existe des différences entre les commanditaires et les membres d'une société anonyme. En parlant, sous la rubrique de l'article 26, de la part du commanditaire dans les dettes, nous avons soutenu qu'il devait faire le rapport des bénéfices par lui perçus. Pour la société ano-

nyme nous n'appliquerons pas le même principe, parce que tous les engagemens sont plutôt la dette des actions sociales que des personnes, parce que le capital est le seul engagé, qu'il est la seule garantie pour les créanciers, qui ignorent presque toujours l'existence de ceux qui l'ont fourni.

On peut tirer une autre conséquence du principe admis pour la société anonyme, principe qui consiste à faire disparaître la responsabilité des actionnaires, pour n'exposer que le capital. La conséquence est que tout individu, vendeur de son droit dans la société, ne sera pas tourmenté pour les engagemens antérieurs à sa vente. Il devient tout-à-fait étranger à la société, et ne laisse que le capital pour répondre aux créanciers de l'association.

3. A propos du retrait d'un des associés, de la décharge complète que lui accorde la loi quand il présente son cessionnaire, M. Pardessus élève une difficulté que je résoudrai dans un sens contraire au sien. Si un souscripteur n'a versé en argent qu'une partie de son action, et l'autre en obligations personnelles ou billets souscrits par lui, et qu'il vienne à vendre son action avant d'avoir payé ses billets, sera-t-il légitimement déchargé de sa responsabilité par cela seul que les administrateurs de la société auront admis le cessionnaire? Les billets qu'il avait donnés peuvent-ils lui être rendus et remplacés dans le por-

tefeuille social, par ceux de ce même cessionnaire?

M. Pardessus (n° 1043) prétend que la société était créancière du souscripteur qui avait
fourni la moitié de son action en billets, que,
par suite, elle avait la libre faculté de faire novation en acceptant les billets du cessionnaire à
la place de ceux du cédant.

Je repousse de toutes mes forces une pareille
solution. Il y aurait, en effet, trop de danger pour
les tiers dans une pareille substitution de débiteur. Si la société a le libre arbitre d'user de son
droit de propriétaire en agréant un cessionnaire
au lieu et place du premier souscripteur, elle ne
peut en jouir qu'autant que les droits aussi sa-
crés des tiers ne courent pas le risque d'être vio-
lés. Souvent ils seraient respectés dans ces conventions, souvent aussi des abus existeraient.....
et la seule manière de les prévenir est de ne pas
permettre ces changemens de débiteur. Ne serait-
il pas facile, je le demande, à tous les membres
de la société qui auraient à se plaindre d'un créancier, de le frustrer en consentant à recevoir le
cessionnaire offert par un ou plusieurs sociétaires? En effet, je suppose que trois souscripteurs
n'aient versé en argent que la moitié de leur action, et que pour le surplus ils aient signé des billets. Plus tard, de concert avec tous leurs co-associés, ils cèdent leurs actions et présentent des ces-

sionnaires qui offrent des billets à la place de ceux signés par les cédans. Ces cessionnaires sont insolvables, et ne peuvent payer le montant de leurs billets nécessaire pour compléter leur mise. Eh bien ! le capital, seule garantie des créanciers, se trouve diminué à leur préjudice ; en fraude de leurs droits, et par la mauvaise foi des sociétaires, contens de pouvoir se venger, sans risque aucun, des tracasseries qu'ils leur avaient suscitées. Je ne conteste pas, répond M. Pardessus, la possibilité des abus, mais je dis que c'est au gouvernement à les prévenir dans les statuts et la surveillance qu'il exerce.

Il est impossible au gouvernement d'exercer cette surveillance dont M. Pardessus lui fait une loi. Est-ce le gouvernement qui rédige les statuts d'une société anonyme? Non. Il a seulement le droit d'inspection, de révision pour les articles qui lui semblent contraires à l'intérêt général. Eh bien ! de deux choses l'une : ou la faculté de pouvoir éteindre par la novation la dette des souscripteurs qui ne verseront pas le total de leurs actions, se trouvera articulée dans les statuts, ou elle n'y sera pas mentionnée.

Au premier cas, ou le gouvernement la biffera parce qu'il la croira contraire au bien public, alors pas de difficulté puisque l'article 37 prohibe toute société anonyme qui n'a pas l'autorisation du Roi. Ou bien le roi donnera son autorisation sans en

avoir ordonné le rejet, alors il faudra encore
prohiber cet échange de débiteur comme favori-
sant la mauvaise foi et facilitant la violation des
droits des créanciers. C'est en vain qu'on tâ-
cherait de tirer argument de l'approbation que
le gouvernement aurait donnée sur tous les articles du statut, puisque cette appprobation ne
leur confère pas force de loi, qu'ils peuvent être
déclarés inexécutables sans crainte de voir casser
l'arrêt ou le jugement en dernier ressort qui les
aurait transgressés. (Arrêt de cassation, Journal
du Palais, 1827, t. 1 p. 139.)

Enfin, si les statuts ne parlent pas de ce droit
de novation accordé à la société, à plus forte
raison doit-il être refusé. A plus forte raison encore doit-on décider que les billets constituent
de la part du premier souscripteur une dette vis-
à-vis de la société, dette dont il n'a pas le pouvoir
de se débarrasser en présentant un cessionnaire,
et en offrant les billets de ce dernier au lieu et
place des siens, parce que, je ne saurais trop le
répéter, il y aurait dans cette novation trop de
danger pour les intérêts des tiers que le législateur a toujours pris sous sa protection.

Art. 34. Le capital de la société anonyme se divise en actions et même en coupons d'actions d'une valeur égale.

1. La division du fonds social par actions, quoique s'appliquant aussi à la société en comandite, appartient plus particulièrement à la société anonyme. Elle est une formalité constitutive de cette dernière association. Aussi, quand on parle, sans autre désignation, d'actions commerciales, on est toujours présumé vouloir faire allusion à une société anonyme. Si vous promettez à un individu une action dans une société, vous êtes censé lui avoir promis une part dans une société anonyme, et vous ne pouvez vous libérer de votre obligation en lui abandonnant un intérêt dans une société en nom collectif. Il serait reçu à prétendre que le mot *action* lui avait persuadé qu'il allait entrer dans une société où la responsabilité des sociétaires se borne à leur mise, et non dans une association où la solidarité est essentielle. Que chaque chose s'appelle par son nom. *Action* représente le droit qu'on a dans une société anonyme; *part et intérêt* représentent les droits qui sont la conséquence d'une société en nom collectif.

2. La réunion de toutes les actions forme le capital de la société. Si, dans une société anonyme, on compte cent actions de mille francs chacune, il est clair que le capital de l'association a été dans le principe de 100,000 francs.

3. Tout porteur d'actions n'a pas une créance contre la société, mais un droit de co-propriété

indivise dans la proportion, bien entendu, de sa mise. De cette co-propriété indivise il ne faut pas conclure, quand bien même l'actif social se composerait d'immeubles, que chaque actionnaire a un droit immobilier, que ses créanciers pourraient s'emparer, par voie de saisie immobilière, de sa portion dans la société. Il n'en est pas ainsi : les actions d'une société, peu importe qu'elle se compose de meubles ou d'immeubles, sont toutes mobilières (Code civil., art. 529). Si parfois leur immobilisation fut permise, ce n'est que par exception clairement exprimée par une loi, ainsi que l'a permis, pour les actions de la banque de France, l'acte du gouvernement, du 16 janvier 1808 (1).

Mais ce caractère de meubles attaché aux actions sociales, ne reste pas au delà de la durée de l'association. A sa dissolution, la société cesse d'être un être distinct des associés; les droits de

----

(1) L'acte du gouvernement est ainsi conçu :

« Les actions de la Banque pourront faire partie des biens formant la dotation d'un titre héréditaire, qui serait érigé par Sa Majesté conformément au sénatus-consulte du 16 août 1806.

» Les actions de la Banque, au cas de l'article précédent, seront possédées, quant à l'hérédité et à la réversibilité, conformément aux dispositions dudit sénatus-consulte, et au § 3 de l'art. 899 de Code Napoléon.

» Les actionnaires qui voudront donner à leurs actions la

ceux-ci deviennent mobiliers ou immobiliers selon qu'il existe un partage de meubles ou d'immeubles. Alors se présente une question que traite M. Pardessus (t. IV, p. 58) dont j'adopte l'opinion. Cet auteur, se demandant si les acquéreurs postérieurs à la dissolution de la société devraient purger les hypothèques existantes contre chacun des associés, fait une distinction pour le cas où il y aurait eu licitation entre les sociétaires, et pour celui où il existerait une liquidation. Si l'acquéreur avait acheté par suite d'une licitation entre associés, il serait nécessaire qu'il purgeât les hypothèques qui pourraient grever les immeubles, parcé que les droits des associés ont pris, au moment même de la dissolution, la nature des objets auxquels ils s'appliquent. Si, au contraire, l'aliénation se faisait par le liquidateur, il en serait comme si elle avait eu lieu pendant l'existence de la société, parce que la société

---

qualité d'immeubles en auront la faculté; et, dans ce cas, ils en feront la déclaration dans la forme prescrite pour les transferts.

» Cette déclaration une fois inscrite sur le registre, les actions immobilisées resteront soumises au Code Napoléon, et aux lois de privilége et d'hypothèque, comme les propriétés financières : elles ne pourront être aliénées, et les priviléges et hypothèques être purgés qu'en se conformant au Code Napoléon, et aux lois relatives aux priviléges et hypothèques sur les propriétés foncières.

en liquidation n'est pas censée dissoute, mais seulement prorogée.

4. Pendant la durée de la société chaque actionnaire, dans la proportion de sa mise, vient au partage du montant des bénéfices, appelé dividende. On prélève tous les ans sur les bénéfices une réserve pour empêcher la réduction du capital primitif, ou même pour l'accroître. Cette réserve est fixée ou par les statuts, ou par l'ordonnance d'autorisation, au cas où les statuts n'en parlent pas. Toute répartition est interdite quand les pertes dépassent les bénéfices; il faut combler, autant que possible, le passif avec les profits. Si, plus tard, les pertes s'élèvent à un tel taux que la société n'offre plus de garantie aux tiers, alors sa dissolution doit être prononcée.

5. Non seulement le capital de la société peut être augmenté, ainsi que je l'ai expliqué au numéro précédent, par la réserve annuelle, il peut encore, outre la réserve, être élevé en suite d'une délibération prise par l'unanimité des sociétaires administrateurs : l'effet de cette augmentation du capital est de hausser la valeur des actions. Mais si un des actionnaires refuse de souscrire à cette augmentation, je partage complètement, malgré l'arrêt infirmatif de la cour royale de Nîmes, l'avis du tribunal de la même ville qui pense qu'on ne peut le forcer à payer une somme supérieure à celle qu'il a mise primitivement dans la société.

Je regarde la doctrine de la cour de Nîmes comme contraire à l'équité et à la loi des contrats. Que dit-elle? chaque actionnaire est tenu de souscrire à l'augmentation, *si mieux il n'aime se retirer de l'entreprise en renonçant à sa mise de fonds, au profit de la société.* De quel droit, je le demande, vient-on ainsi forcer la main à un actionnaire? Quoi! parce que sa fortune, qui lui permettait de faire, je suppose, un versement de 5ooo fr., ne pourra plus suffire à une mise plus forte, on le chassera de la société! bien plus on le forcera de renoncer à sa mise de fonds dans l'intérêt de la société! c'est là, je le répète, un injuste dépouillement de propriété, une véritable spoliation. Si encore on l'excluait de la société en lui rendant son argent, il y aurait violation du contrat primitif, mais au moins l'iniquité ne serait pas aussi criante, l'abus ne serait pas aussi révoltant. Il y aurait violation du contrat primitif, parce que, si les statuts premiers portent les actions à 5ooo fr., il en résulte l'obligation d'admettre tous ceux qui grossissent de cette somme le fonds social, au partage des bénéfices procurés par l'association. Cette obligation ne peut être révoquée que pour les causes que la loi autorise, par la commune volonté des parties contractantes (art. 1134, Code civil), par l'existence de cas prévus par les statuts sociaux, enfin par la dissolution de la société. Hors de là aucune exclusion d'un actionnaire n'est permise, surtout quand, en le chassant, on garde son argent. Ainsi, ⸱ ⸱e la majorité des actionnaires augmente la va- ⸱ ⸱ ⸱es actions si elle juge l'augmentation favo- ⸱ ⸱ ⸱ intérêts de la société; mais elle n'a pas le a⸱ ⸱ ⸱ ⸱uite de la délibération, de mettre la mino⸱ ⸱ ⸱ ⸱ans l'alternative ou de souscrire à sa décision ou de sortir de la société en abandonnant sa mise primitive. Seulement l'actionnaire qui re- fuse, selon le sage jugement du tribunal de Nîmes, ne doit toucher les bénéfices qu'au prorata de la somme qu'il a versée. (Sirey, 4. 2. 549.) (1)

6. Si les actionnaires ne peuvent être exclus de la société, ils ne sont pas contraints de con- server leurs actions durant toute son existence. Au contraire, ils ont la permission de s'en débar- rasser quand ils le jugent à propos, à moins d'une clause prohibitive de toute cession, insérée dans les statuts. Aussitôt que la cession est opérée, l'adjudicataire devient, au lieu et place de son

---

(1) La cour de Bordeaux a rendu, le 12 floréal an ix, un arrêt qui soutient implicitement les principes que je viens d'é- mettre. En effet, elle dit que les armateurs qui n'ont vendu des actions sur un navire que pour l'armement en course, n'ont pu, en changeant la destination du navire, par exem- ple en armant en lettres de marque, obliger les premiers ac- tionnaires à prendre des actions pour ce dernier objet, et les forcer à un genre de spéculation dans lequel ils ne voulaient pas s'engager.

cédant, membre de la société et co-propriétaire des fonds sociaux. Il succède à tous les priviléges dont jouissait l'ex-actionnaire. Si, par exemple, l'acte social affectait aux actions du cédant certains prélèvemens, le droit de prélèvement ne serait pas restreint au précédent propriétaire, mais passerait à l'adjudicataire. (Cour de cassation. Journal du palais, 1822, t. 2, p. 3o5.)

Puisque l'adjudicataire jouit de tous les avantages de la propriété, par suite de cet axiôme fondé sur la justice *ubi emolumentum, ibi onus*, il doit en supporter les charges. Ainsi les dettes sociales pèsent sur lui, comme elles pesaient sur le cédant jusqu'à concurrence de la mise faite par ce dernier.... et aucune clause de l'adjudication ne peut lui en procurer l'exemption. En un mot, le cessionnaire est le représentant parfait du cédant, il succède à toutes les charges qui pesaient sur lui, comme à tous les avantages dont il jouissait.

Art. 35. L'action peut être établie sous la forme d'un titre au porteur.

Dans ce cas, la cession s'opère par la tradition du titre.

Art. 56. La propriété des actions peut être établie par une inscription sur les registres de la société.

Dans ce cas, la cession s'opère par une déclaration de transfert inscrite sur les registres, et signée de celui qui fait le transfert ou d'un fondé de pouvoir.

1. Ces deux articles ne présentent aucune difficulté. Leur sens est clair, il établit d'une manière certaine la naissance du droit et sa transmission.

2. Il est pourtant besoin de dire que l'action dans la société anonyme prend le nom d'action au porteur, ou d'action nominative, selon qu'elle est établie sous la forme d'un titre au porteur, ou par une inscription sur les registres de la société.

3. Lorsque, par l'acte constitutif d'une société, les associés sont autorisés à disposer des actions représentatives du fonds social, avec la clause expresse que les cessionnaires partageront les profits et supporteront les pertes de la société, ceux-ci deviennent de plein droit sociétaires, quoique, d'après une disposition formelle de l'acte d'association, ils ne puissent avoir voix délibérative sans le consentement spéciale et unanime des associés. (Cour de cassation. Voir M. Dalloz, répert. v°. Société, page 134.)

ART. 37. La société anonyme ne peut existe qu'avec l'autorisation du Roi, et avec son approbation pour l'acte qui la constitue. Cette approbation doit être donnée dans la

forme prescrite pour les réglemens d'administration publique.

1. Nous avons déjà vu, dans les premières explications sur les sociétés anonymes, qu'il n'y
avait pas association d'individus, mais bien association de capitaux. Cette facilité accordée par le
législateur aux capitalistes de participer aux bénéfices d'une société, sans engager indéfiniment leur
responsabilité, sans crainte de voir leur fortune
dépassée par des pertes immenses, si elle présentait de grandes ressources pour le commerce,
offrait aussi des dangers. Ainsi , cette société di-
rigée par des mandataires qui ne se trouvent jamais
engagés au delà des termes d'un mandat ordinaire,
véritables hommes de paille, ne présentent souvent
aucune garantie. Ne pouvait-elle pas donner lieu
à beaucoup de fraude ? Ne pouvait-elle pas être
un piége tendu à la crédulité publique ? Quoi de
plus facile en effet, une fois les capitaux amassés,
que de les faire valoir sans aucun intérêt pour les
actionnaires, que de les exposer aux hasards des
jeux de bourse dans un simple intérêt privé, que
de tenter avec eux des entreprises d'autant plus
hasardeuses qu'il n'existait aucun péril pour celui
qui voudrait élever avec eux sa fortune ! Enfin
la fortune publique peut souvent être altérée par
l'insuccès de ces grandes entreprises ; véritables
gouffres où vont s'engloutir de nombreux capitaux. Aussi le gouvernement, qui doit surveiller

les intérêts de la masse, qui doit, autant que possible, porter un œil sévère sur toutes ces entreprises où l'intérêt de tous se trouve mis en jeu, a-t-il exigé que l'acte constitutif d'une société anonyme fût soumis à son approbation, et défendu qu'aucune association de ce genre s'élevât sans son autorisation préalable.

« Il faut que l'autorité publique, dit M. Locré, examine la valeur des effets que les sociétés anonymes mettent sur la place, et n'en permette le cours que lorsqu'elle s'est bien convaincue qu'ils ne cachent pas de surprises, et qu'ils n'exposent ceux qui les prennent qu'aux chances ordinaires du commerce. »

2. Avec l'autorisation du gouvernement et son approbation de l'acte d'association, la société anonyme ne présente plus les mêmes dangers. Mais il ne suffisait pas de demander l'autorisation du gouvernement antérieurement à la société ; il fallait encore, pour l'entière sécurité des capitalistes, qu'il eût droit de surveillance sur elle pendant toute son existence. Si des changemens se font aux statuts fondamentaux sans qu'ils aient été autorisés, ils sont nuls ; et même le gouvernement, qui d'ordinaire nomme un commissaire pour en surveiller l'exécution, peut révoquer les ordonnances qui accordent l'autorisation.

3. Quelles sont les formalités à observer pour obtenir l'autorisation ? Le Code de commerce

n'en indique aucune ; il se contente de dire *qu'elle sera donnée dans la forme prescrite pour les réglemens d'administration publique;* il semble se référer aux ordonnances que l'administration fera pour la présentation de l'acte.

Une instruction du ministre de l'intérieur, du 22 octobre 1817, rapportée par M. Pardessus, détermine les formes dans lesquelles l'autorisation du roi doit être demandée et accordée.

« L'acte de société et les statuts sont joints à
» une pétition adressée, pour Paris, au préfet de
» police, et, pour les autres villes, au préfet du
» département ; si le lieu de l'exploitation n'est
» pas le même que le domicile de la société, cette
» pétition et les pièces nécessaires sont présentées
» au préfet de chaque département. La pétition
» est signée de tous ceux qui ont souscrit l'acte
» social, à moins qu'une clause ne donne pou-
» voir de la présenter à une ou plusieurs d'entre
» eux. Elle doit être accompagnée d'une expédi-
» tion authentique de l'acte social.

» Les statuts de la société doivent être joints à
» l'acte constitutif. Souvent ils en font partie ;
» mais s'ils en sont séparés, et qu'ils n'aient été
» rédigés d'abord que sous seing privé, ils doivent
» être signés de tous les intéressés, et contenir
» soumission de faire rédiger le tout par acte pu-
» blic, lorsque le ministre de l'intérieur le re-
» querra. L'ordonnance d'approbation n'est pré-

» sentée à la signature du roi , que sur le vu de
» l'acte public. Une copie simple de cet acte doit
» être remise en même temps , pour rester dé-
» posée dans les bureaux du ministère.

» L'acte d'association doit énoncer : l'affaire ou
» les affaires que la société se propose d'entre-
» prendre ; la désignation de celle qui lui servira
» de dénomination, le domicile social , le temps
» de la durée de la société , le montant du capital
» qu'elle devra posséder , la manière dont il sera
» formé , soit par des souscriptions personnelles ,
» fixes ou transmissibles, soit en actions à ordre
» ou au porteur ; les délais dans lesquels le capi-
» tal devra-être réalisé , et le mode d'administra-
» tion. Si les souscripteurs de l'acte social , joint
» à la pétition, ne complètent pas à eux seuls la so-
» ciété qui doit être formée , et s'ils déclarent
» avoir l'intention de la compléter , seulement
» lorsqu'ils auront reçu l'approbation du roi , ils
» doivent composer au moins le quart en sommes
» du capital réel, non compris les actions qui
» auraient été concédées à des inventeurs ou ar-
» tistes dont les droits ou l'industrie formeraient
» la mise. Après avoir justifié de l'existence du
» quart en sommes du capital convenu, on peut
» demander et obtenir autorisation pour la mise
» provisoire en activité , avant que le capital ait
» été complété. Les préfets dans les départemens,
» et le préfet de police à Paris , transmettent la

» pétition à eux adressée, et les pièces précedem-
» ment indiquées au ministre secrétaire d'état de
» l'intérieur. Ils y joignent leur avis, informa-
» tions prises, sur les faits ci-après : 1° Si l'entre-
» prise n'est pas contraire aux lois, aux mœurs,
» à la bonne foi du commerce et au bon ordre
» des affaires, ou si elle ne présente pas quelque
» vice qui en rende le succès improbable et
» la proposition à des actionnaires, inconve-
» nante; 2° sur les qualités et la moralité des
» souscripteurs, particulièrement dans le cas
» où des intéressés pour le quart du capital à
» réunir, sont seuls connus et doivent chercher
» des co-associés, et spécialement sur le person-
» nel des administrateurs, s'ils sont désignés;
» 3° sur la suffisance des moyens des souscrip-
» teurs, de manière à s'assurer qu'ils sont en
» état de réaliser, soit à l'ouverture de la société,
» soit aux termes indiqués, la mise pour laquelle
» ils entendent s'intéresser.

» Les pièces produites et l'avis du préfet doi-
» vent mettre le ministre à même de reconnaître :
» 1° Si les conditions de l'acte social et des sta-
» tuts sont conformes aux lois, ordonnances ou
» instructions qui en assurent l'exécution ; 2° si
» l'objet de la société est licite; 3° si le capital est
» suffisant ; 4° s'il est bien garanti, surtout quand
» une portion ne doit être fournie que successi-
» vement, et si, en ce cas, la portion réellement

» versée offre assez de garantie ; 5° si dans les
» statuts relatifs à la gestion, à la reddition des
» comptes, au partage des bénéfices ou pertes,
» les intérêts et les droits de tous les membres de
» la société sont assurés convenablement, et dans
» toute l'étendue que comporte une société sans
» responsabilité personnelle ; 6° si l'administration
» de la société offre les garanties morales qui im-
» portent aux intéressés et au public.

» Lorsque la société proposée a pour objet de
» fonder une banque, l'avis du préfet, sur la
» convenance d'en permettre l'exécution, doit
» être particulièrement motivé sous le rapport
» de l'utilité publique. La loi du 24 germinal
» an II (14 avril 1803), soumettant ces établisse-
» mens à une autorisation spéciale, indépendante
» de celle des sociétés anonymes en général, les
» renseignemens doivent être tels qu'ils puissent
» éclairer à la fois les ministres de l'intérieur et
» des finances, que l'examen de la demande inté-
» resse concurremment. La nature particulière de
» certaines entreprises formées en sociétés ano-
» nymes, pourrait néanmoins apporter à cette
» marche des modifications qu'indiqueraient
» l'usage et les circonstances. »

ART. 38. Le capital des sociétés en commandite pourra être aussi divisé en actions,

sans aucune dérogation aux règles établies pour ce genre de société.

1. Cet article, dont le sens paraît si clair, offre cependant la question la plus difficile de toutes celles que peut soulever le Code de commerce.

Cette question, qui intéresse si vivement le commerce, n'a pas encore reçu une solution définitive. Elle n'a pas été soumise à la Cour de cassation, et n'a été décidée dans un sens affirmatif que par un jugement du tribunal de commerce de Paris, confirmé par la Cour royale.

Voici la question :

Le capital d'une société en commandite peut-il être divisé en actions au porteur, transmissibles par la seule remise des titres de la main à la main ?

Mon père, consulté sur cette question pendant la dernière année qu'il exerça la profession d'avocat, fit, le 18 mai 1830, une consultation où il se prononça fortement pour la négative. Il fut chargé avec Me Horson de soutenir la même thèse devant le tribunal de commerce. Ils avaient pour adversaire Me Dupin jeune, qui, à l'appui de son système, présentait une consultation, rédigée par Me Deveaux, avocat distingué du barreau de Bourges.

Quant à moi, abstraction faite des sentimens

de famille, j'ai examiné la question avec une scrupuleuse attention; j'ai pesé consciencieusement les motifs apportés par les habiles avocats... Je me suis décidé pour la négative. Mais, pour que tous ceux qui daigneront parcourir ce recueil aient à leur disposition tous les matériaux nécessaires pour se former une opinion, je rapporterai en entier la consultation de mon père, le plaidoyer de Me Horson prononcé dans le même sens, celui de l'adversaire, Me Dupin jeune, tels qu'ils se trouvent dans la Gazette des tribunaux, et le jugement rendu par le tribunal de commerce.

CONSULTATION DE Me PERSIL.

(Cette consultation fut faite pour divers actionnaires de la *Société* dite *des Messageries de commerce,* sous la raison Armand, Lecomte et compagnie.)

Le contrat de société, dit l'article 18 du Code de commerce, se règle par le droit civil, par les lois particulières au commerce et par les conventions des parties.

Le droit civil définit la société, en général, un contrat par lequel *deux ou plusieurs personnes* conviennent de mettre quelque chose en commun, dans la vue de partager le bénéfice qui pourra en résulter (art. 1832 du Code civil).

Dans ce contrat, les personnes jouent le principal rôle; c'est leur convenance personnelle, c'est le choix qu'elles font respectivement l'une de l'autre, c'est l'accord qu'elles attendent de cette réunion qui les ont déterminées à contracter; l'intervention d'un tiers que l'une d'elles seulement n'agréerait pas serait repoussée, ainsi que le décide l'article 1861 du même Code civil.

Les lois particulières au commerce ne dérogent pas à cette règle; il résulte même des définitions qu'elles donnent des diverses espèces de société, que, sauf l'exception relative à la société anonyme, où ce sont seulement des capitaux qu'on associe, chacune d'elles se détermine et se fixe d'après la considération des personnes.

Nous ne nous arrêterons pas à démontrer cette vérité relativement aux sociétés en nom collectif; le simple bon sens révèle que deux ou plusieurs personnes ne peuvent pas mettre en commun leur fortune, leur industrie, leur responsabilité personnelle, sans se connaître et s'agréer. Il faut faire, discuter et signer le pacte social, et tout cela ne peut avoir lieu entre des anonymes.

Il en doit être de même pour la société en commandite; c'est au moins ce que suppose la définition qu'en donne, en ces termes, l'article 23 du Code de commerce :

« La société en commandite *se contracte* entre
» *un ou plusieurs associés* responsables et soli-
» daires, et *un ou plusieurs associés* simples bail-

» leurs de fonds, que l'on nomme comman-
» taires ou associés en commandite. »

La considération des personnes entre encore
pour beaucoup dans la formation de ce contrat.
C'est parce que l'on connaît la moralité, la capacité, la fortune des gérans que l'on consent à
leur confier ses capitaux. C'est parce que les gérans son édifiés sur le caractère paisible des commanditaires, sur leur exactitude à remplir leurs
engagemens, qu'ils les reçoivent parmi eux. Les
uns et les autres consentent à se recevoir et à
contracter ensemble : or, pour contracter, il
faut se voir, se connaître, et signer, pour ainsi
dire, sous les yeux les uns des autres.

Dans les deux espèces de société que nous venons de définir, il y a société de *personnes* d'a-
bord et de *capitaux* ensuite, à la différence de
la société anonyme, dans laquelle il n'y a que
société de capitaux sans réunion de personnes,
et sans même qu'il soit besoin de l'indication de
leur nom.

De là cette différence que nous essayons en ce
moment de démontrer, entre les actions de l'une
ou l'autre espèce de société et leur mode de
transmission.

Dans la société anonyme, tout doit rester inconnu, hors le capital social. Quels que soient les
titulaires des actions, les choses n'en restent pas
moins ce que le pacte social et l'ordonnance

royale les ont faites : peu importe que les actions soient nominatives ou au porteur.

Dans la société en commandite, au contraire, les contractans ne peuvent pas ne pas se connaître. Dès qu'ils ont contracté des obligations respectives, il faut bien qu'ils sachent où se trouver pour se contraindre réciproquement à les exécuter. De là cette conséquence, que, si la commandite est divisée en actions, ces actions doivent être nominatives et non au porteur, et que, si elles sont transmissibles sans l'agrément de la société, la transmission ne peut s'opérer que par un acte qui fasse connaître le légitime titulaire.

Toutefois l'article 18 du Code de commerce, qui a servi de point de départ à notre discussion, porte que, outre le droit civil et les lois particulières au commerce, les conventions des parties doivent aussi régir le contrat de société; or, pourquoi ces conventions ne pourraient-elles pas établir que les actions d'une société en commandite seraient au porteur?

Parce qu'il y aurait incomptabilité absolue entre les actions au porteur et les règles de la société en commandite; parce qu'avec le caractère de ces actions et le mode de transmission, il n'y aurait jamais de société de personnes se connaissant et s'étant déjà agréées; parce qu'enfin cette stipulation et la facilité qu'elle donnerait de placer anonymement les actions contien draient une dérogation aux règles qui sont de l'essence des sociétés en commandite.

Attachons-nous de suite à prouver toutes ces propositions.

Que la société en commandite soit nécessairement une société de personnes d'abord et ensuite de capitaux, c'est ce qui résulte de tout ce qui précède. L'article 23 du Code de commerce, que nous avons transcrit, ne laisse rien à désirer à cet égard.

S'il en est ainsi, on ne peut pas (nous ne dirons pas *convenir*, car la convention suppose une proposition agréée par des personnes qui se voient ou au moins qui s'entendent), mais établir que les actions seront au porteur. Aucun lien n'existerait ni entre les commanditaires entre eux, ni entre les commanditaires et les gérans. Tous seraient inconnus les uns aux autres ; ils seraient en société sans avoir contracté ensemble, sans s'être vus, sans se connaître, et souvent quand il existerait une incomptabilité qui les éloignerait les uns des autres.

Lorsque la commandite est divisée en actions nominatives, le contrat est formé entre personnes qui se connaissent ; le nom des titulaires est dans les registres de la société. Si, plus tard, les actions passent dans des mains ignorées, c'est en vertu des pouvoirs que l'on a donnés aux premiers titulaires, auxquels on s'en est rapporté pour le choix de leurs successeurs; un nom est toujours remplacé par un autre nom, et l'on sait à qui s'adresser, soit pour l'accomplissement des conditions sociales, soit pour la responsabilité que la loi attache à la qualité de commanditaire.

Ceci nous conduit à notre seconde assertion, qui consiste à mettre en principe que les actions au porteur sont incompatibles avec les règles de la société en commandite.

Deux règles principales dominent et régissent cette espèce de société; ce sont les articles 26 et 28 du Code de commerce qui nous les fournissent.

L'article 26 oblige les commanditaires à faire leur mise, et les rend responsables des pertes sociales jusqu'à concurrence des fonds qu'ils ont mis ou dû mettre.

Lorsqu'en prenant les actions, les associés en paient intégralement le montant, il est sans doute indifférent, relativement à la mise sociale, de connaître le nom des actionnaires; mais si, comme cela arrive souvent, l'action ne se paie qu'en partie, si c'est par quart, comme dans la société Armand, Lecomte et compagnie, quel moyen aura-t-on, après la délivrance de l'action, pour faire payer les trois quarts restant dus; à qui s'adresseront les gérans et les tiers eux-mêmes? Si l'action est nominale, le souscripteur et le titulaire connus sont là pour répondre; si l'action est au porteur, il n'y aura personne à qui l'on puisse s'adresser.

On a cru parer à cet inconvenient dans l'acte de société Armand, Lecomte et compagnie, en disant, dans le § 2 de l'article 8, « qu'un mois » après l'échéance, les actionnaires en retard se-» ront déchus de leur droit, et le montant des » paiemens déjà faits sur le prix de leurs actions » sera acquis à la société. »

Cette précaution peut être bonne quand la société s'annonce bien, et qu'on peut en espérer des bénéfices; mais ce n'est pas le moment où l'on en aura besoin, parce que tout le monde paie dès qu'il y a des profits à recueillir. C'est lorsque la société est en perte, lorsqu'elle est en faillite, ou au moment d'y tomber, qu'il devient urgent pour les tiers, pour les créanciers de l'établissement surtout, d'avoir un moyen de forcer les commanditaires à verser leurs dernières mises.

A qui s'adresseront-ils quand les actions seront au porteur? Vainement la loi aura dit, dans l'article 26, que les commanditaires sont passibles des pertes jusqu'à concurrence des fonds qu'ils doivent mettre dans la société; vainement elle leur aura donné une action directe contre eux, on pourra la paralyser en ne nommant pas les commanditaires, et en les mettant à l'abri sous le voile de l'anonyme.

On dira que les porteurs d'actions perdront ce

qu'ils ont déjà payé ; mais ce n'est pas à une partie de leur mise que la loi fixe la perte que doivent supporter les commanditaires : ils sont passibles de toutes les pertes jusqu'à concurrence de leur mise intégrale ; et si quelque stipulation de l'acte social a pour effet nécessaire de restreindre cette responsabilité des commanditaires, elle est nulle, comme contraire à l'essence même de la société à laquelle on l'a rattachée.

L'article 28 du Code de commerce, qui contient la deuxième règle que nous avons déjà annoncée, vient à l'appui de cette démonstration, qui, du reste, ne nous semble rien laisser à désirer ; il dispose que l'associé commanditaire qui fait acte de gestion, ou qui est employé pour les affaires de la société, même en vertu de procurations, est obligé, solidairement avec les associés en nom collectif, pour toutes les dettes et engagemens de la société.

Cette règle, qui est de l'essence des sociétés en commandite, et qui est devenue la seule sauvegarde des tiers créanciers de l'établissement, est à rayer de notre législation si l'on tolère les actions au porteur dans ces sortes de sociétés. Les commanditaires, toujours inconnus, se joueront des dispositions pénales de la loi ; ils entreront dans l'établissement, ils le géreront en leur nom où comme porteurs de procurations, et lorsque la faillite arrivera, ils disparaîtront sans qu'on puisse leur prouver qu'ils étaient associés.

Évidemment, c'est la pensée de l'irresponsabilité qui seule doit amener les actions au porteur. Nous en trouverions au besoin une preuve dans la société Armand, Lecomte et compagnie elle-même, à l'occasion de laquelle nous sommes appelés à nous expliquer sur cette question.

Dans un acte passé devant Me Corbin, notaire à Paris, le 30 mars 1830, contenant des modifications à l'acte de société, on dit, à l'occasion de l'élection d'un commissaire, « que les employés » attachés à l'administration, *s'il en existe dans* » *la ville qui soient porteurs d'actions*, ne vote- » ront pas pour son élection. »

Certes, ces commis ne croient pas être responsables au-delà du montant de leurs actions; les gérans le leur ont dit, ils l'ont cru, et cependant ils sont commanditaires, ils gèrent en présence de l'article 28 dont ils ne peuvent pas ignorer les dispositions pénales. Leur confiance ne peut s'expliquer que par l'impossibilité où ils savent qu'on sera de leur prouver leur qualité d'associés commanditaires.

On dit que nous prenons ici une *difficulté* pour une *impossibilité*; qu'il peut être plus ou moins difficile de prouver à un homme qui s'est immiscé dans les affaires sociales, qu'il est associé commanditaire; mais enfin que cela n'est pas absolument impossible.

Nous accorderions qu'il n'y a qu'une difficulté extrême, que notre conclusion serait la même. La loi, en effet, n'a pas pu vouloir mettre une espèce de sauve-garde dans les mains des créanciers, sans leur laisser en même temps le moyen d'en user; et comme ce ne serait qu'à l'aide d'une espèce de miracle qu'ils pourraient parvenir à prouver la qualité d'associé dans un homme qui nierait avoir eu *pour son compte* la détention d'une ou plusieurs actions au porteur, on pourrait dire que la difficulté équivaudrait à l'impossibilité.

Mais nous maintenons ce que nous avons avancé; nous soutenons qu'il y a impossibilité légale de prouver qu'un homme est commanditaire, lorsque la commandite est divisée en actions au porteur.

« Toutes sociétés, porte l'article 1834 du Code » civil, doivent être rédigées par écrit, lorsque « leur objet est d'une valeur de plus de 150 fr. » Ce principe s'applique aux sociétés de commerce comme aux autres sociétés; c'est textuellement décidé par les articles 18 et 41 du Code de Commerce.

Une autre règle non moins certaine, puisqu'elle est littéralement écrite dans l'article 1353 du Code civil, dit que l'on ne peut admettre des présomptions que dans le cas seulement où la loi admet la preuve testimoniale.

En présence de ces principes, comment pourra-t-on arriver à prouver qu'un homme qui s'est immiscé dans la société, et qui en a fait les affaires, est devenu l'un de ses membres en acceptant des actions au porteur ?

On ne pourrait pas invoquer contre lui d'acte écrit, puisqu'il n'en existe pas. On ne pourrait pas davantage offrir la preuve testimoniale, ni invoquer des présomptions, puisque la loi, dans ce cas, n'admet ni l'un ni l'autre.

Nous avons entendu parler de livres de correspondance, de notoriété publique.

Les livres ! la correspondance ! C'est supposer qu'il n'y a que des commerçans qui puissent devenir actionnaires, tandis que les commandites ont pour but principal d'associer à l'industrie les *capitaux civils*. La loi, en frappant de responsabilité les commanditaires qui gèrent, a voulu punir une fraude, une qualité déguisée. Or, serait-il croyable qu'on allât consigner dans ses écritures la preuve de sa dissimulation ?

La notoriété publique ! C'est à peu près comme si l'on disait qu'à l'aide de la notoriété publique, on pourrait établir qu'à telle époque tel individu était possesseur de tel billet de banque.

Et quand, d'une manière quelconque, on arriverait à prouver que, dans un temps donné, un homme qui gère les affaires sociales a eu des actions, on n'aurait pas encore atteint le but ; il resterait à établir que c'était pour son compte qu'il les avait, et non pour celui d'un complaisant qu'il lui suffirait d'indiquer.

Répétons-le donc: il y a une véritable impossibilité légale à prouver l'association d'un porteur d'action non nominale, et, par cela seul, il y a incompatibilité de cette espèce d'action avec la société en commandite. La loi n'a trouvé qu'un moyen de soustraire les tiers aux grands inconvéniens que présente la société en commandite: c'est de rendre les commanditaires indéfiniment responsables lorsqu'ils font quelque acte de gestion; mais l'effet nécessaire des actions au porteur, dans cette société, étant de leur ravir cette garantie, il est de toute évidence qu'elles sont contraires à l'essence même de cette espèce de société.

Toutefois on fait une objection qui mérite d'autant mieux de fixer notre attention, qu'elle est prise dans le texte même de la loi; on dit:

« L'article 34 du Code de commerce s'exprime ainsi:

» Le capital de la société anonyme se divise en » actions, et même en coupons d'actions, d'une » valeur égale. »

L'article 35 ajoute: « L'action peut être établie » sous la forme d'un titre au porteur. Dans ce » cas, la cession s'opère par la tradition du titre.»

Enfin l'article 38 dispose que: « Le capital des

» sociétés en commandite pourra être *aussi* di-
» visé en actions, sans aucune autre dérogation
» aux règles établies pour ce genre de société. »

En permettant, continue-t-on, de diviser le capital des commandites en actions, comme dans les sociétés anonymes, la loi a placé sur la même ligne les actions de l'une et l'autre association. Elle en a toléré le même mode de transmission, puisque, après avoir dit que le capital des sociétés anonymes se divisera en actions nominales ou au porteur, elle ajoute qu'il en sera de même du capital des sociétés en commandite.

La réponse à cette objection se trouve dans l'article 38 lui-même, dans lequel néanmoins on l'a puisée. Cet article ne dit pas, comme on le suppose, qu'il en sera des actions dans les commandites comme des actions dans les sociétés anonymes ; il dispose seulement que le capital des sociétés en commandite pourra être aussi divisé en actions? Mais quel sera le caractère de ces actions? Seront-elles au porteur ou nominatives? Voilà ce que nous ne trouvons pas textuellement dans cet article, quoique ses dernières dispositions puissent nous mettre sur la voie pour connaître la pensée du législateur.

Après avoir décidé que le capital des sociétés en commandite pourra être aussi divisé en actions, il ajoute : *sans aucune autre dérogation* aux règles établies pour ce genre de société.

C'est donc une dérogation que cette division en actions; et en effet, suivant la règle générale que nous avons établie en commençant, c'est rompre l'association de personnes qui existe d'abord dans une société en commandite; c'est permettre, contrairement à l'article 1861 du Code civil, d'associer à la société une tierce personne sans le consentement des autres associés.

Mais l'article 38 ne permet pas *d'autre* dérogation: c'est son texte qui le dit; en cette matière tout est de rigueur, il n'y a de permis que ce qui est textuellement accordé.

Après cela, toute la question se réduit à ces mots: les sieurs Armand, Lecómte et compagnie, en divisant dans leur acte le capital social en actions au porteur, n'ont-ils pas dérogé aux règles établies pour les sociétés en commandite?

Certainement oui : ils ont consacré, contrairement à l'article 38 du Code de commerce, une double dérogation.

D'abord ils ont dérogé formellement à l'article 26. Par l'impossibilité où la société est placée de trouver les porteurs anonymes des actions, ils ont diminué la responsabilité des commanditaires qui, aux termes de cet article, étaient passibles des pertes sociales, jusqu'à concurrence de ce qu'ils *devaient* mettre dans la société, et qui, d'après cette division en actions au porteur, ne le seront néanmoins que jusqu'à concurrence de ce qu'ils auront versé dans la société au moment où elle fera de mauvaises affaires : le surplus sera à l'abri de toute poursuite, puisqu'on sera dans l'impossibilité de connaître ceux contre lesquels il serait permis de les diriger. Voilà une dérogation positive qui tourne contre les créanciers, que le législateur a néanmoins voulu protéger par l'article 26.

La seconde dérogation n'est pas moins certaine ; elle porte sur la condition vitale des sociétés en commandite, la responsabilité solidaire des commanditaires, en cas de gestion de leur part des affaires sociales. Nous avons déjà prouvé qu'en admettant les actions au porteur dans une société en commandite, on ouvrait l'établissement aux commanditaires, on les invitait à s'immiscer dans la gestion, à se présenter aux tiers comme responsables, et, au moment du danger, à décliner toute responsabilité par l'impuissance dans laquelle on serait de prouver leur qualité d'associés.

Cette dérogation est une de plus essentielles que MM. Armand, Lecomte et compagnie pussent faire subir à la commandite ; elle détruit l'essence même de cette espèce de société, et voilà pourquoi on peut dire avec assurance qu'elle n'est pas autorisée par l'article 38 du Code de commerce, qui ne permet qu'une chose, la division de la commandite en actions, mais en conservant du reste tous les autres caractères de cette association, et principalement la responsabilité à l'égard des tiers , condition sans laquelle la loi n'eût autorisé ni la division en actions, ni la commandite elle-même.

On objecte encore que, dans toute commandite, les actions peuvent se transmettre par voie d'endossement, et que , les inconvéniens étant à peu près les mêmes que ceux signalés pour les actions au porteur, il n'y avait pas de raison pour admettre un mode et rejeter l'autre.

Nous répondons que c'est argumenter d'un point contesté pour en décider un autre qui ne l'est pas moins. Rien en effet n'est plus sujet à discussion que la question de savoir si des actions d'une commandite peuvent être transférées par voie d'endossement. L'article 36 du Code de commerce semble au contraire supposer que ce n'est que par déclaration sur les registres sociaux que peut s'opérer la mutation.

Mais quelle que soit l'opinion que l'on embrasse sur cette question, elle doit être sans influence pour la solution de la difficulté qui nous occupe.

Il n'est personne qui ne comprenne qu'une différence capitale existe entre la seule tradition du titre et la transmission par endossement. Ce dernier mode laisse au moins des traces de chaque mutation, et la simulation, l'antidate, peuvent entraîner des conséquences devant lesquelles on pourrait souvent reculer.

D'ailleurs l'action contient le nom du premier titulaire, qui est aussi porté sur les registres; et en s'adressant à lui, on serait assuré de l'application de l'article 36, qui le rend passible des pertes jusqu'à concurrence des fonds qu'il s'était obligé de mettre dans la société. Comme il appellerait en garantie celui à qui il aurait endossé son action, on aurait la certitude d'arriver au véritable intéressé.

Ainsi nous ne trouvons aucune analogie dans les actions au porteur et l'endossement des actions nominatives; celles-ci font connaître les titulaires, les autres les classent dans le rang des anonymes, les dispensent à leur gré de l'obligation de faire leur mise, et les déchargent de la responsabilité solidaire en cas de gestion ou d'immixtion dans les affaires sociales. Cette double dispense est contraire à l'essence même des sociétés en commandite, et dès lors elle doit entraîner la nullité.

Telle est l'opinion des auteurs qui ont traité des affaires commerciales.

M. Locré, sur ces mots de l'article 35 du Code de commerce, *la cession s'opère par la tradition du titre*, s'exprime ainsi:

« Cette manière de devenir associé est parti-

» culière à la société anonyme, et contraire aux
» principes d'après lesquels se forment les autres
» sociétés. *Celles-ci ne peuvent subsister qu'entre*
» *associés qui se sont choisis.* D'où vient cette dif-
» férence? De ce que, dans la société anonyme,
» il y a, non pas une association de personnes
» qui, opérant ensemble, doivent s'assortir ou se
» convenir, mais une société de capitaux dont les
» propriétaires deviennent indifférens, parce
» qu'ils demeurent toujours étrangers les uns
» aux autres, et ne sont jamais appelés à admi-
» nistrer ensemble, du moins comme action-
» naires. »

Et sur ces mots de l'article 38, *sans aucune*
autre dérogation, M. Locré ajoute: « Le projet
» de la section, en permettant aux associés en
» commandite de diviser leur capital en actions,
» ajoutait *qu'elle ne serait pas pour cela réputée*
» *anonyme.*

» Cette addition a été retranchée; elle aurait
» offert un moyen d'échapper aux dispositions
» de l'article 37, en donnant la facilité de ca-
» cher une société anonyme sous les apparences
» d'une société en commandite, pour se dispen-
» ser d'obtenir l'autorisation du Gouvernement.

» Afin de mieux prévenir cette fraude, on a eu
» soin de déclarer que la faculté que l'article 38
» accorde aux sociétés commanditaires ne les dis-

» pense pas des autres règles établies par les con-
» trats de cette nature.

» On ne jugera donc pas de la nature de la so-
» ciété par la qualification qui lui aura été don-
» née ; on s'attachera à la substance de l'acte, et
» s'il en résulte qu'une société annoncée comme
» en commandite prend les caractères d'une so-
» ciété anonyme, elle sera réputée société ano-
» nyme. »

Conséquemment, elle sera nulle à défaut d'autorisation de la part du Gouvernement, ou tant
que la nullité n'en sera pas demandée, elle sera
réputée solidaire, et les porteurs des prétendues
actions seront indéfiniment obligés à toutes les
pertes sociales.

M. Pardessus, dans son Cours de Droit commercial, t. IV, n$_0$ 1033, professe la même doctrine.

« Cette faculté, dit-il, de diviser le capital par
» actions, ne va pas jusqu'à déroger aux règles
» que nous avons expliquées ci-dessus ; ainsi, il
» est indispensable que parmi les actionnaires il y
» en ait qui soient associés responsables et soli-
» daires. Un actionnaire ne pourrait même pas,
» par procuration, gérer la société ; ce seraient
» *autant de moyens de cacher, sous leur nom de*
» *commanditaires, une société anonyme, pour se*
» *dispenser de remplir les formalités dont nous*
» *parlerons dans le chapitre suivant, ou pour*

» *faire échapper le commanditaire qui aurait*
» *géré aux obligations qu'entraîne cet acte de sa*
» *part.* Il s'ensuit que la faculté de diviser la
» commandite en actions ne pourrait aller jus-
» qu'à permettre de créer ces actions au porteur,
» puisque ceux à qui elles appartiendraient pour-
» raient être employés comme mandataires de la
» société, sans que les tiers pussent prouver
» contre eux qu'ils étaient en même temps com-
» manditaires, et leur appliquer le principe de
» responsabilité indéfinie. »

Non-seulement, comme on le voit, M. Pardessus est d'avis qu'en divisant la commandite en
actions, on ne doit pas dire que ces actions seront au porteur, mais il donne les véritables
motifs qui semblent avoir déterminé la société
Armand, Lecomte et compagnie à choisir ce
genre d'actions.

En effet, la lecture de leur acte de société nous
a convaincu qu'ils s'étaient proposé deux objets :
le premier de faire une espèce de société anonyme, sans recourir à l'autorisation du gouvernement, et le second de mettre les commanditaires à l'abri de toute responsabilité, en cas de
participation à la gestion.

De pareilles clauses sont contraires à l'essence
de la société en commandite ; elles en rendent
nulles toutes les stipulations, et d'office même la
justice doit les proscrire, comme nuisibles à

l'ordre public et au véritable intérêt du commerce.

L'ordre public est intéressé dans toute société qui se forme par actions, parce que trop souvent ces entreprises ne sont qu'un piége tendu à la crédulité des citoyens ; c'est pourquoi les actions doivent être autorisées par ordonnances royales, ou si elles sont appliquées à des sociétés en commandite, il faut qu'elles laissent subsister toutes les garanties sans lesquelles on n'eût par permis ce genre d'association. Dès que la commandite n'est que dans la forme ou dans le nom et la société anonyme dans la réalité, la nullité de l'acte existe tant qu'on n'a pas obtenu d'ordonnance d'autorisation.

Les actionnaires eux-mêmes sont recevables à demander la nullité d'un pareil acte. Ils ont cru souscrire à une commandite, et c'est en définitive à une société en nom collectif qu'ils se trouvent engagés, ainsi que le remarque M. Pardessus. C'est donc tout à la fois erreur de droit et erreur de fait de leur part, erreur contre laquelle la loi leur permet de revenir en faisant prononcer la nullité de l'acte qui la contient.

Délibéré à Paris, le 18 mai 1830.

PERSIL,

Avocat à la Cour royale de Paris.

Me Horson, à l'audience du 17 juillet 1830,

devant deux sections du tribunal de commerce réunies sous la présidence de M. Ganneron , développa les principes émis dans la consultation (1).

En matière de société, disait-il , toutes les dispositions qui intéressent les tiers sont d'ordre public. Il n'est pas permis d'y déroger par des conventions particulières. Les principes de la commandite défendent aux commanditaires de s'immiscer dans la gestion. Cette défense, fondée sur l'intérêt des tiers, est d'ordre public. De cette prohibition il faut conclure que le nom des associés doit nécessairement être connu. Or, avec des actions au porteur le nom des associés n'est-il pas toujours inconnu ? Ces actions sont donc incompatibles avec un principe fondamental en matière de commandite.

Je pourrais m'arrêter ici : car ce raisonnement suffit à ma cause. Elle est plaidée ; cependant je consens à répondre à quelques objections que je trouve dans les consultations rédigées en faveur du système contraire.

On prétend qu'à l'aide des registres de la correspondance il sera facile de découvrir le nom de l'associé, et d'en faire la preuve. On suppose que tous les porteurs d'actions seront des com-

----

(1) Me Horson avait déjà émis les mêmes principes dans un excellent ouvrage sur le Code de commerce. Personne ne connaît mieux que Me Horson les matières commerciales.

merçans ayant des livres, une correspondance. Mais, ainsi qu'on le remarque dans une consultation produite par les adversaires, la société en commandite a été instituée principalement pour recevoir les capitaux des non-commerçans. Des particuliers ont-ils des livres ?

On oppose l'article 38 du Code de commerce, qui porte : « Le capital des sociétés en comman- » dite pourra être aussi divisé en actions, sans » aucune autre dérogation aux règles établies » pour ce genre de société. » *La loi n'exclut aucune espèce d'actions,* disent les adversaires. Mais ils oublient ces derniers mots de l'article : *sans aucune autre dérogation aux règles établies pour ce genre de société.* Quelle est donc la règle fondamentale d'une commandite, si ce n'est celle qui interdit aux commanditaires de gérer ? Ainsi la loi permet les actions compatibles avec cette règle, c'est-à-dire les actions nominatives. L'exclusion des actions au porteur est donc dans la dernière partie de l'article.

Nous puisons un second moyen de nullité dans l'article 26 du Code de commerce, qui oblige le commanditaire à réaliser sa mise sociale. Or, d'après les statuts, un premier quart est payable comptant ; les trois autres quarts sont exigibles à termes, avec des actions au porteur. Comment contraindra-t-on l'actionnaire, qu'on ne peut connaître, à compléter sa mise sociale ? De

10,000,000, le capital social peut être réduit à 2,500,000 fr.

Me Horson avoue, en terminant que, depuis plusieurs années, l'usage s'est introduit de créer des actions au porteur dans les sociétés en commandite. C'est une illégalité que le temps n'a pu rendre légitime.

SYSTÈME CONTRAIRE.

(La division du capital des sociétés en commandite en actions au porteur est permise.)

Le conseil soussigné, vu,

1° Deux consultations délibérées pour divers actionnaires de la société Armand, Lecomte et C , la première le 18 mai par Me Persil, et la deuxième par Me Dupin aîné, le 26 mai 1830 ;

2° Une consultation délibérée le 1er juin 1829 par MM^e Odilon-Barrot et Dupin jeune ;

3° L'acte de société du 10 décembre 1828 , un acte additionnel du 18 mars 1829, un troisième acte de modifications apportées au premier acte, un quatrième acte d'adhésion aux statuts de la compagnie Armand, Lecomte, en date du 4 mars 1829;

4° Un mémoire à consulter et divers actes ou notices à l'appui ;

Ensuite que la société en commandite peut diviser son capital en actions au porteur.

La société des Messageries du Commerce, sous

la raison Armand , Lecomte et Cie, est principalement critiquée, dans les consultations des 18
et 26 mai 1830 , sous le rapport de cette faculté
qu'on lui conteste en droit de diviser son capital
en actions au porteur : on prétend établir une
incomptabilité absolue entre la commandite et
les actions au porteur.

La consultation du 1er juin 1829 avait pour
but de réfuter l'idée de cette incompatibilité.

Les consultations des 18 et 26 mai 1830 ont
abandonné la question purement théorique pour
fortifier ensuite leur système prohibitif des actions au porteur dans la commandite , par une
critique détaillée des statuts de la compagnie Lecomte.

On se propose ici de traiter la difficulté abstrac-
tivement.

La faculté d'émettre des actions au porteur
étant une fois démontrée, les statuts de la compagnie Lecomte qui reposent sur ce principe ne
pourront plus être argués de nullité ; les inconvéniens attachés à certaines dispositions ou disparaîtront par la force du principe, ou seront
sans influence sur la validité du contrat social.

La commandite , en remontant à son origine
en France, a eu pour but de faciliter le commerce
à ceux qui ne voulaient pas le faire personnellement. La noblesse militaire , par sa nature en
France, répugnait aux idées du commerce ; la no-

blesse de charges, plus rapprochée des mœurs bourgeoises, et sentant mieux le besoin du commerce, n'osait pas s'y engager ouvertement, lorsque Colbert suggéra à Louis XIV l'édit de 1669, portant que le commerce ne dérogera à la noblesse. La commandite était de toutes les formes sociales la mieux appropriée aux préjugés de la noblesse contre le commerce : elle leur en procurait les profits, sans conpromettre leur dignité ; elle engageait seulement les *capitaux* et *jamais les personnes.* « La société en comman-
» dite, dit Savary (1), est ainsi appelée parce que
» celui qui *donne ses deniers à un autre* qui n'ap-
» porte en la société bien souvent que son
» nom, sous lequel le commerce se fait, et son
» industrie pour en avoir la conduite, *est toujours*
» *le maître;* car c'est lui qui maintient le com-
» merce que *l'autre fait par le moyen de son argent*
» et son crédit, sans quoi il ne pourrait sub-
» sister. »

Faire le commerce sous le nom d'un autre, donner ses deniers à un autre qui apporte son nom et son industrie, nulle institution n'était plus propre à faire entrer dans la réalité du commerce les capitaux de ceux auxquels ne convenaient ni la qualification ni les travaux du commerçant.

---

(1) *Parfait Négociant des Sociétés,* liv. 1, p. 13.

De cette première notion, puisée à l'origine des choses, résulte que la commandite est de ne former aucune société de personnes, soit entre les commanditaires et le commandité, c'est-à-dire entre les bailleurs de fonds et celui qui fait le commerce avec leurs fonds, soit entre les commanditaires eux-mêmes.

Savary donne pour principale raison des avantages de la commandite, celle d'exciter « les gen- » tilshommes et autres personnes de qualité à » faire de telles sociétés, parce qu'ils ne font point » le commerce, et ne font autre chose que donner » leur argent. »

Tout l'engagement personnel du commanditaire est donc de payer à la commandite ce qu'il a promis d'y verser : a-t-il acquitté cette promesse, aucun lien personnel ne l'attache au commandité ni à ses co-bailleurs de fonds.

La consultation du 18 mai 1830 pèche donc dans sa base en voyant dans la commandite une association de personnes, là où il n'y a qu'un engagement de capitaux : sans doute que les capitaux, matière morte, ne peuvent entrer dans la commandite que par la main des personnes qui les y versent; mais, ce versement opéré, la promesse personnelle du commanditaire ainsi accomplie, aucun lien personnel ne subsiste contre le commanditaire.

Sans doute encore que le commanditaire, avant

de promettre ses fonds, prendra en considération les qualités morales des administrateurs du commandité; mais ce ne sera pas pour établir avec lui des rapports personnels de société, comme dans la collective, mais pour calculer les chances de succès ou de perte auxquelles il expose ses capitaux.

Si l'art. 23 du Code de commerce dit que « la » société en commandite se contracte entre un » ou plusieurs associés responsables et solidaires, » et un ou plusieurs *associés, simples bailleurs* » *de fonds,* que l'on nomme commanditaires ou » *associés en commandite* », on a tort d'en conclure une société de personnes entre le commandité et le commanditaire : le mot associé appliqué à l'un et à l'autre, s'explique 1° par la nature de la commandite, où les capitaux seulement sont engagés; 2° par l'art. 26 qui dégage la personne du commanditaire de toute responsabilité, en la restreignant aux fonds mis ou promis à la commandite; 3° par la qualification de *simples bailleurs de fonds,* qui, dans l'art. 23, suit immédiatement la qualification d'*associés,* et la modifie en la réduisant à l'idée d'un simple engagement de fonds. La qualification d'associé n'est point, comme on le suppose, dans le sens d'une société de personnes; et l'art. 1832 ne reconnaît pas non plus que toute société est nécessairement une société de personnes : il définit la société « un contrat

» par lequel deux ou plusieurs personnes con-
» viennent de mettre *quelque chose en commun,*
» dans la vue de partager le bénéfice qui pourra
» en résulter. » Mettre *quelque chose en commun,*
telle est l'essence de la société en général ; mais
le mode de mettre quelque chose en commun
pour en recueillir le bénéfice, varie et imprime
un caractère spécial à chaque société.

Dans toutes les sociétés il y a une convention
des personnes sur ce mode, qui ne peut pas se
former de lui-même, et c'est en ce sens que ceux
qui mettent une chose en commun méritent la
la dénomination générale d'associés, puis reçoivent du mode convenu de mettre la chose en
commun une qualification correspondante à ce
mode : s'ils mettent en commun tous leurs biens
ou tous leurs gains, ils seront sociétaires univer-
sels ; s'il n'y mettent que certaines choses déterminées, ils seront sociétaires particuliers.

Dans le commerce, qui a fait imaginer certaines
spécialités pour mettre les choses en commun et
en partager les pertes ou les profits, tantôt les
personnes et les choses sont cumulativement ou
indéfiniment engagées dans une responsabilité
envers les tiers, comme dans la société collective ; tantôt la personne disparaît entièrement
pour ne laisser place qu'à la mise en commun de
la chose, comme dans la société anonyme, où la
chose donne elle-même son nom à la société ;

tantôt les personnes se combinent avec les choses, comme dans la commandite, où les gérans seuls sont en société de personnes, et où les choses, mises en commun, ont pour propriétaires des personnes étrangères à toute responsabilité personnelle.

Ces trois caractères principaux des sociétés commerciales produisent des conséquences analogues.

Dans la société collective, la considération des personnes prédomine. On ne s'associe pas à une responsabilité solidaire de tous les actes sociaux, sans se choisir, et, par conséquent, sans se connaître.

Dans la société anonyme où les choses seules sont responsables, les propriétaires de ces choses n'ont nul besoin de se connaître.

Entre ces deux sociétés, vient la commandite, qui participe évidemment de l'une et de l'autre ; elle emprunte à la collective la société de personnes et la responsabilité solidaire entre les gérans ; elle prend à l'anonyme la responsabilité des choses seulement pour les propriétaires qui les y engagent ; et si les gérans doivent se connaître, parce qu'ils se choisissent, comme dans la collective, les propriétaires des choses qui ne s'associent en rien à la responsabilité des gérans, n'ont nul besoin, pas plus que dans l'anonyme, de se connaître entre eux, ni de se lier avec les gérans par un lien de choix et de considération de personnes.

Ce n'est pas à dire que la considération des personnes n'entre pour rien dans l'anonyme ou dans la commandite : cette considération des personnes ne forme pas le contrat social, comme dans la collective, mais elle entre comme élément de spéculation de la part du capitaliste qui engage ses fonds dans la commandite ou dans l'anonyme. Assurément la moralité, le talent administratif, la capacité d'intelligence et la responsabilité d'un gérant peuvent déterminer un bailleur de fonds à entrer dans une commandite, comme les mêmes qualités de l'administrateur mandataire d'une société anonyme peuvent appeler les capitaux et donner de la valeur aux actions ; mais il y a cette extrême différence que si les qualités de fortune et de garantie morale et pécuniaire des gérans de la commandite ou des admistrateurs de l'anonyme influent sur la détermination des capitalistes à confier leurs fonds, les mêmes qualités ne sont pas considérées par les gérans de la commandite, ou les administrateurs de l'anonyme, comme cause de leur détermination à accepter les fonds de ceux qui se présentent pour entrer dans la commandite ou dans l'anonyme : qu'importe aux gérans de la commandite ou aux administrateurs de l'anonyme que le porteur d'une action, c'est-à-dire d'un titre d'une portion du capital social, soit riche de fortune, de la capacité administrative ou de moralité! Le commanditaire ou l'anonyme n'expose que la somme qu'il verse ou qu'il promet de verser dans l'entreprise; sa fortune personnelle est indifférente : il n'administre pas; qu'importe son talent administratif? il n'a nul rapport de société, d'habitude et de caractère avec les gérans ; que fait sa moralité ? quand il serait vrai qu'on prend en considération les qualités morales et pécuniaires du bailleur de fonds, du commanditaire, jamais il ne serait possible de dire que cette considération est un des élémens d'un contrat social où le gérant ne s'adresse au capitaliste que pour lui dire par la voie d'un prospectus, qui, en s'adressant à tout le monde, prouve qu'il n'est mu par aucune considération des personnes : *Qui veut souscrire pour tant d'actions à tel prix dans telle entreprise sous la gestion collective et solidaire de telles personnes ?*

Il doit donc paraître évident que la commandite n'exige pas plus que l'anonyme la manifestation publique des personnes qui confient leurs fonds aux gérans de la commandite ou aux administrateurs de l'anonyme.

Cette manifestation inutile pour la formation du contrat social de la commandite, soit entre les gérans, soit entre les bailleurs de fonds et les gérans, est-elle nécessaire au respect du public ?

Le public contracte avec les gérans de la commandite en considération seulement, 1° de la confiance personnelle qu'inspirent les qualités de moralité, de fortune, de talent administratif des gérans, et 2° des capitaux dont ils peuvent disposer, soit par eux-mêmes, soit par l'appel des fonds d'autrui, et dont se compose le capital social.

Le public a deux responsabilités à exercer, deux garanties à faire valoir : 1° la responsabilité qui pèse sur les gérans d'une manière indéfinie, et qui engage, non pas seulement leur mise sociale, mais même leur fortune individuelle; 2° la responsabilité qui absorbe tout le capital social, composé de toutes les actions prises par les capitalistes.

Tout capitaliste qui souscrit pour une action s'engage personnellement pour toute la somme promise au paiement de cette action : de là résulte qu'il y a une obligation de l'actionnaire envers le public de payer le prix de son action; mais c'est la seule obligation positive que contracte le bailleur de fonds.

Si le capitaliste paie sans délai l'action qu'il demande, il importe peu qu'on ne le connaisse pas. Toute obligation de payer qui s'accomplit sans intervalle entre la promesse d'une chose et la délivrance de la chose promise ne laisse aucune suite après elle. Tout ce qu'on achète en comptant ne laisse subsister aucun devoir de l'acheteur envers le vendeur : l'acheteur a souvent besoin de connaître le vendeur, parce que la délivrance de la chose n'éteint pas toujours et parfaitement les obligations du vendeur. Dans les contrats de vente ordinaires, il y a des garanties qui engagent le vendeur après la délivrance de la chose envers l'acheteur, tandis que celui-ci est totalement libéré par le paiement du prix de la chose. Les obligations du vendeur subséquentes au contrat de vente sont encore bien plus marquées lorsque, comme dans l'espèce, la chose vendue est une action dans une entreprise, parce que cette action renferme, 1° une part du capital social à délivrer lors de la dissolution de la commandite; 2° une portion annuelle des bénéfices de l'entreprise ; 3° un droit par conséquent inhérent à chaque action de faire rendre compte au gérant.

Si le capitaliste n'est que souscripteur d'une action qu'il s'oblige de prendre, il y a une obligation personnelle qui subsiste pendant tout l'intervalle de temps entre la promesse et son accomplissement par le paiement du prix de l'action : alors le souscripteur doit être nécessairement connu pour qu'il y ait possibilité de le contraindre à l'exécution de sa promesse.

Mais aussitôt que le souscripteur réalise sa promesse par le paiement, il est dans le même cas que celui qui, sans faire de promesse, se fait délivrer immédiatement une action en la payant.

Du principe que, dans la commandite, le bailleur de fonds qui paie comptant son action ne laisse survivre à ce paiement aucune obligation positive de sa part en faveur de la commandite, résulte que l'action de la commandite peut être au porteur; car l'action nominative ne pourrait se motiver que sur la nécessité de connaître le propriétaire de l'action pour le contraindre à remplir une obligation personnelle.

Sans doute l'action au porteur ouvre une grande facilité à s'introduire dans la gestion interdite au commanditaire; mais cet inconvénient ne détruit pas la faculté de diviser le capital de la commandite en actions au porteur.

Il n'est pas de l'essence de la commandite que le commanditaire ne fasse aucun acte de gestion; c'est une précaution contre la fraude que la loi trouve dans cette interdiction : or il ne faut pas confondre les précautions prises pour la garantie d'un contrat, avec ce qui est de l'essence d'un contrat. La précaution n'est venue que long-temps après la pratique du contrat de commandite : ce qui prouve que l'existence et la légalité de la commandite se concevaient très-bien postérieurement à la naissance de l'abus qu'elle tend à prévenir. Il y a un exemple célèbre de la commandite avec les actions au porteur dans l'édit du mois d'août 1717, portant établissement de la fameuse compagnie d'Occident, imaginée par Law.

La compagnie était expressément en commandite, et l'article 33 de l'édit établissait les actions
au porteur, non par une dérogation spéciale à
quelques lois antérieures, mais comme une faculté
naturelle à la commandite.

On conçoit très-bien en effet la compatibilité
des actions au porteur avec une société où le
commanditaire qui prend l'action, ou une part
d'intérêt social, peut rester inconnu : il serait
impossible de déduire de l'essence de cette société la prohibition des actions au porteur, car
l'essence d'une chose est ce sans quoi l'on n'en
comprend pas l'existence : il n'est pas même de la
nature de la commandite de défendre les actions
au porteur ; car la nature d'une chose est le
principe intrinsèque des opérations de chaque
être, ou la propriété particulière avec laquelle
naît chaque être.

Or, la propriété de la commandite est bien de
diviser son capital entre des intéressés, qui se
font connaître ces intéressés en inscrivant leurs
noms sur leurs titres de participation : la nature
de la commandite produit une distinction entre
les gérans et les commanditaires ou bailleurs de
fonds. Le public est en relation avec les commandités qui sont en société collective et avec
lesquels il contracte ; elle ne produit aucun rapport entre le public et les bailleurs de fonds, qui
ne sont, en réalité, que des prêteurs d'argent à

une société collective. On ne voit pas qu'il soit dans la nature de la commandite de faire connaître au public de quelles personnes proviennent les fonds dont la société collective se sert pour son commerce. On voit bien que le public a intérêt de connaître éventuellement les souscripteurs d'action, qui sont débiteurs du prix de leurs actions, pour faire rentrer cette créance de la société collective dans son actif à recouvrer, en cas de faillite; mais le porteur d'une action payée, ne devant supporter que la perte de son argent, n'a plus de rapport avec la masse des créanciers de la société collective des gérans, en cas de faillite de ceux-ci.

Si l'actionnaire, inconnu par son titre, s'immisce dans la gestion des affaires, il commet une contravention à la loi de police des sociétés; mais alors c'est une fraude, et la fraude se prouve, en ce cas comme en tout autre, par des présomptions. On demande que le titre de l'action désigne toujours le propriétaire de l'action, pour révéler avec certitude l'auteur de la contravention à la défense de s'immiscer dans la gestion. Mais dans les actes de la vie civile, les genre de fraudes sont si variés que tous les législateurs ont renoncé à la possibilité de les signaler, et les ont soumis à la conscience du magistrat qui en recherche les preuves non dans des documens fixés et déterminés, non dans des actes positifs, mais dans l'ensemble des circonstances présomptives propres à opérer non pas une preuve matérielle, mais une conviction morale, telle qu'on l'exige d'un jury. Pourquoi la fraude d'un actionnaire qui s'immiscerait dans la gestion de la commandite sortirait-elle du droit commun, quand la loi n'a point établi de formes spéciales pour en préserver la société ?

Ce système conduirait également à prohiber les actions nominatives transmissibles par endossement ; car le commanditaire qui aurait un endossement en blanc à son profit, pourrait ne pas le remplir de son nom ou passer un pareil endossement, propre à recevoir le nom de toute autre personne, à chaque instant, pour que la gestion et la propriété de l'action ne parussent jamais appartenir au même nom ; il faudrait même porter la prohibition jusqu'à interdire la transmission de l'action par acte sous seings privés, parce qu'étant sans date certaine, au respect des tiers, on pourrait toujours, au nom de ceux-ci, la supposer concertée pour déguiser dans l'actionnaire le nom du frauduleux gérant. Si dans tous ces cas on ne peut prouver la fraude que par les présomptions, le système de la loi n'est donc pas de prescrire un mode de transmission des actions, tel qu'il désigne toujours, et avec certitude, le propriétaire de l'action, afin de signaler avec la même certitude l'actionnaire qui se rendrait gérant. Alors que cette contravention est nécessairement, dans d'autres cas analogues, soumise à l'intervention consciencieuse du magistrat, opérant par la logique des présomptions, on ne voit plus la nécessité d'établir une prohibition de certaines formes, ou plutôt la prescription de certaines formes, qui ne conduisent pas à la découverte certaine de la fraude : car on voit que l'action au porteur et l'action purement nominative et à ordre diffèrent si peu dans leurs moyens de déguiser ou de révéler la fraude de l'actionnaire gérant, que, dans l'un ou l'autre cas, celle-ci ne peut être atteinte que par les présomption.

Ce te théorie s'accorde parfaitement avec la loi.

L'art. 25 du Code de commerce porte :

« Le nom d'un associé commanditaire ne peut » faire partie de la raison sociale. »

Si le nom du commanditaire ne peut figurer parmi les noms qui composent la raison sociale, son nom est donc indifférent au public : bien plus, il est dans l'intérêt public, comme le dit M. Locré, en expliquant cette prohibition de l'art. 25, « d'empêcher le public d'être trompé; ce qui » pourrait arriver si le public se persuadait que » l'associé commanditaire, dont il verrait le nom » employé dans la raison sociale, répond indéfi- » niment des obligations de la société, et, dans

» cette fausse idée, accordait à l'association un
» crédit et une confiance que peut-être il ne don-
» nerait pas aux vrais responsables. »

Cette prohition prouve qu'il est bien plus conforme à la nature de la commandite de taire le
nom du commanditaire ; aussi M. Locré déduit-
il de cet art. 25 :

1°. « Que l'associé commanditaire a le droit de
demeurer inconnu :

2°. » Qu'il ne peut être nommé *que quand il y
consent.* »

Si le public ne doit pas connaître les commanditaires que quand ils y consentent, l'action au
porteur, qui a pour but de ne pas révéler au
public le nom du commanditaire, est donc bien
conforme à la nature de la commandite.

L'art. 26 porte :

« L'associé commanditaire n'est passible des
» pertes que jusqu'à concurrence des fonds qu'il
» a mis ou dû mettre dans la société. »

La mise seule est donc responsable, et non la
personne, et, quand la mise est opérée, qu'importe la personne ? Tant que la mise n'est pas
réalisée, et jusqu'à ce qu'elle le soit, il y a, comme
on l'a fait observer, obligation personnelle du
souscripteur, et par conséquent connaissance nécessaire de la personne du souscripteur pour la
contraindre à réaliser sa mise ; mais la réalisation
consommée, la mise seule étant responsable,

qu'importe en quelles mains passe le titre de propriété de la mise? L'action au porteur est donc une juste conséquence du principe que la mise seule étant engagée dans la commandite, le nom du commanditaire n'a pas besoin d'être connu du public.

L'art. 34 porte :

« Le capital de la société anonyme se divise en » actions. »

L'art. 35 :

« L'action est établie sous la forme d'un titre » au porteur; dans ce cas la cession s'opère par » la tradition du titre. »

Pourquoi cette facilité de transmission manuelle du titre au porteur?

« Parce que dans la société anonyme il n'y a » pas société de personnes, mais une société de » capitaux dont les propriétaires deviennent in-» différens. » (M. Locré sur l'article 35.)

Il y a parité de raison dans la commandite qui se compose de deux sociétés différentes; 1° de la société collective de personnes entre les gérans, 2° de la société de capitaux pour les commanditaires.

Et la conséquence de cette parité n'a pas échappé au législateur, car l'article 38 porte :

« Le capital des sociétés en commandite pourra » être *aussi* divisé en actions, sans aucune autre » dérogation aux règles établies pour ce genre » de société. »

L'adverbe conjonctif *aussi* s'emploie, selon le

Dictionnaire de l'académie, pour marquer la conformité, le rapport d'une proposition à celle qui précède.

Quoique l'article 38 ne suive pas immédiatemant les articles 34, 35 et 36, qui parlent des actions et de leur mode de transmission, il est clair que c'est avec ces trois articles qu'existe la liaison de l'article 38, puisque l'article 37 ne concerne que l'autorisation du gouvernement pour les sociétés anonymes.

Il y a donc, par l'article 38, une conformité, dont l'adverbe *aussi* est le signe indicatif, avec les articles 34, 35 et 46.

Ainsi l'article 38 doit se lire ainsi :

Le capital de la société en commandite peut être divisé en actions, *aussi, comme, de la même manière* que le capital de la société anonyme peut être divisé en actions, et par conséquent en actions au porteur, selon l'article 35, ou en actions inscrites et transmissibles sur les registres de la société, selon l'article 36.

La restriction finale de l'art. 38 « sans aucune » autre dérogation aux règles établies pour ce » genre de société (la commandite) » ne peut pas produire une prohibition des actions au porteur, puisque l'idée première et principale de l'art. 38 est de reconnaître la faculté de diviser le capital de la société en actions : s'il ne s'agissait que d'une action ou part d'intérêt, établie nominativement dans le contrat social même de la commandite et cessible pour un transport ordinaire de créance, l'art. 38 était parfaitement inutile; car cette part d'intérêt qui constitue l'action était une propriété engagée dans une société de capitaux, et où la responsabilité tombe sur la mise sociale, et non sur la personne du propriétaire de la mise. D'après l'art. 26, il était naturellement évident que cette propriété était cessible, sans le consentement des gérans qui contractent bien entre eux, mais jamais avec les commanditaires, une société de personnes.

La restriction finale de l'art. 38 a donc un autre but que celui de réduire les actions dont il accorde la faculté d'émission à la forme spéciale de l'action nominative. Si telle avait été l'intention du législateur, il lui était bien facile, au lieu d'exprimer une restriction indéfinie, propre à préserver d'infraction les règles de la commandite, de dire :

« Le capital de la société en commandite pourra » aussi être divisé en actions transmissibles dans » les formes prescrites par l'art. 36; » c'est-à-dire en actions dont la propriété peut se transférer par une déclaration inscrite sur les registres de la société, en laissant la faculté indéfinie de créer des *actions* pour la commandite. Le mot *actions*, employé sans limitation à quelques formes spéciales, s'applique à toutes les formes d'actions dont la loi parle, et qui sont usitées dans le commerce.

Le but de la finale de l'article 38 est d'empêcher, dit M. Locré, de cacher une société anonyme sous l'apparence d'une société en commandite : « c'est pour cela qu'on a retranché du pro
» jet, après ces mots : « Le capital des sociétés en
» commandite pourra être aussi divisé en actions, »
» ceux-ci : *et elles ne seront pas pour cela réputées*
» *sociétés anonymes.* Afin de mieux prévenir cette
» fraude, on a eu soin de déclarer que la faculté
» que l'article 38 accorde aux sociétés en com
» mandite ne les dispense pas *des autres* règles
» établies pour les contrats de cette nature. »

En quoi la commandite ressemble-t-elle donc tellement à l'anonyme que l'on craignait que la première ne servît de masque à l'autre? Précisément et uniquement par la faculté que l'article 38 accordait à la commandite d'émettre des actions comme la société anonyme. Pour conserver à la commandite son caractère distinctif, on lui a prescrit l'obligation *des autres règles établies pour la nature de ce contrat.* Cette observation *des autres règles* suppose qu'il y a une règle commune aux deux sociétés dans l'article 38; et quelle est cette autre règle commune, si ce n'est d'émettre des actions?

Ces autres règles, imposées par la nature de la commandite, sont la nécessité d'une société collective entre les gérans, qui engage leur responsabilité personnelle et solidaire, et d'une société de capitaux à l'égard des simples bailleurs de fonds qui ne soumettent que leur argent à la responsabilité (art. 24 et 26).

Ces autres règles distinctives sont encore d'exclure de la raison sociale le nom du commanditaire et l'interdiction au commanditaire de faire acte de gestion, à peine de devenir solidairement obligé avec les gérans (art. 25, 27 et 28).

Mais l'action au porteur n'est point une dérogation à la règle pour le commanditaire de s'abstenir de tout acte de gestion; on ne fait pas acte de gestion, en prenant une action au porteur : on peut plus facilement, si l'on veut, faire acte de gestion sans être découvert; mais on a vu que cette faculté commune à l'action nominative transmissible par endossement ou par actes sous seings privés, prêtait le même argument pour interdire les actions autres que celles dont le transfert serait opéré sur les registres mêmes de la société, selon l'art. 36 : or une telle restriction de l'action à une seule forme ne peut concorder, 1° avec le texte de l'art. 38, qui appelle la commandite à émettre *aussi* des actions, c'est-à-dire des actions comme l'anonyme; 2° avec le principe que le commanditaire, exclu littéralement de la raison sociale par l'art. 24, a le droit de rester inconnu, et ne peut même être nommé sans son consentement.

Faire un acte de gestion, ce n'est pas violer le

contrat de société en commandite, c'est s'associer aux gérans ; c'est changer la responsabilité de sa mise en responsabilité personnelle et solidaire. Cela est licite en soi. La contravention à l'art. 27 n'est blâmable que quand le commanditaire veut dissimuler sa qualité de commanditaire et de gérant. Naturellement même un commanditaire pourrait rendre de très-grands services en acceptant un mandat des gérans, et le mandataire n'agissant jamais pour lui et toujours pour le mandant, on ne peut théoriquement justifier la prohibition de l'art. 27.

Dès lors elle ne dérive donc pas de l'essence et encore moins de la nature de la commandite ; elle n'est qu'une précaution qui interdit une chose bonne en elle-même, par la crainte de plus grands inconvéniens qui en peuvent résulter. Mais alors si c'est dans la dissimulation de la double qualité de gérant et de commanditaire qu'existe le mal, ce n'est pas dans la création de l'action au porteur : celle-ci n'a par elle-même aucune incompatibilité avec l'essence et la nature de la commandite : or le système contraire, en sentant la nécessité de s'appuyer sur cette prétendue incompatibilité entre l'action au porteur et le contrat de commandite, ne repose plus que sur une simple considération de l'abus qui peut résulter de l'action au porteur, dès qu'il est démontré que la prohibition de l'art. 27 n'est pas déduite de l'essence du contrat (auquel cas la prohibition n'aurait même pas besoin d'être exprimée); mais qu'elle se tire de la prévoyance du législateur contre les abus possibles : aussi l'ordonnance de 1673 ne portait-elle pas cette prohibition. Ce n'est pas la législation par elle-même qui a suggéré la prohibition comme incompatible avec la commandite; c'est l'abus fait de la gestion, surtout pendant la révolution; c'est ce qu'explique M. Locré sur l'art. 27 en disant : « Cet article est » destiné à mettre un frein à ces associations qui » n'ont aucun caractère, à ces entreprises de spé- » culations sous le nom d'un valet et dont on a si » étrangement abusé; combien n'a-t-on pas vu, » pendant le cours de la révolution, de ces com- » pagnies dont les intéressés, alternativement com- » manditaires et gérans, n'étaient connus que » lorsqu'il y avait des profits à faire, et n'étaient » plus associés quand il y avait des créanciers à » payer?

C'est donc de la facilité constatée par l'expérience d'abuser de la double qualité de commanditaire et de gérant qu'est née la prohibition de cumuler ces deux qualités; elle ne dérive donc pas de l'essence de la nature du contrat. La prohibition n'ayant produit dans la loi aucune disposition contraire aux actions au porteur, l'émission de ces actions est permise par cela seul que n'étant pas en opposition avec l'essence et la nature de la commandite, elles ne sont pas défendues positivement par le texte de la loi ; les prohibitions ne s'induisent pas. Loin de pouvoir induire rien de contraire aux actions au porteur, on a vu que l'article 38 assimilait la commandite à l'anonyme quant à la faculté de diviser son capital *en actions ;* que cette assimilation résultait d'un principe commun aux deux sociétés, de ne pas faire connaître les bailleurs de fonds.

Avec cette doctrine on va répondre aux objections proposées contre la société Armand, Le Comte, laissant la défense des faits à ceux qui doivent porter la parole dans cette affaire.

L'action au porteur, dit-on, fait qu'il y a absence de lien entre les gérans et les commanditaires qu'ils ne connaissent pas.

Dans les traités de la société Le Comte, on distingue des souscripteurs et des actionnaires. Les souscripteurs sont naturellement connus par leurs souscriptions, qui les engagent personnellement à prendre le nombre d'actions qu'ils ont demandé : s'il n'y avait point de souscripteurs, et seulement des actionnaires payant leurs actions en les prenant, le résultat serait le même ; car on n'a plus besoin de connaître ceux contre lesquels on n'a plus aucun droit à exercer ; or la société collective des gérans n'a contre les actionnaires que le droit de se faire payer les actions.

Mais on ajoute que les actions étant payables

par quart, et les deux derniers quarts étant sujets à une réclamation éventuelle, le droit d'appeler les trois autres quarts, après le premier
payé, se perd si l'on ne connaît pas le porteur de
l'action.

La réponse est dans le § 2 de l'art. 8 du traité
qui prononce la déchéance de l'actionnaire en
retard de répondre à l'appel publié dans les jour-
naux, et lui fait perdre son premier quart payé.
Le contrat établit donc, pour tout actionnaire,
la faculté de ne pas payer les 3/4 en perdant le
premier; cette faculté est-elle licite?

On prétend que non, en invoquant l'art. 26,
qui frappe de responsabilité l'actionnaire pour
tout ce qu'il *a mis ou dû mettre* dans la société.

L'art. 26 répond lui-même. La responsabilité
existe pour ce que l'actionnaire a mis, c'est-à-dire
pour le quart payé : elle n'existe pas pour les
3/4, puisque l'actionnaire n'a pas *dû* mettre les
3/4 s'il a voulu user de la faculté de renoncer à
la commandite, en perdant le quart qu'il a payé.

On insiste en disant : le commanditaire qui
verra de la perte ne voudra plus payer les autres
quarts; s'il aperçoit du gain, il répondra à l'appel
de fonds; cela est vrai, et précisément parce que
cela résulte manifestement du contrat, personne
n'est trompé : ne pouvait-on pas établir la commandite avec le fonds du premier quart seulement, et dire qu'il serait, en cas d'insuffisance,

fait un appel de fonds auquel ceux qui ne voudraient pas répondre perdraient leur première mise? La société qui se proposait de former un capital de 10 millions par le paiemens des 4/4 s'ils étaient nécessaires, marche avec un capital de 2 millions 500,000 fr. avec l'expectative d'un appel de fonds facultatif. Qu'y a-t-il d'illégal dans cette combinaison?

On reproche à l'acte additionnel du 24 mars 1830, § 2, sur l'article 15, d'admettre les employés à être en même temps porteurs d'actions ou commanditaires, lorsque l'art. 27 défend à ceux-ci de s'employer pour les affaires de la société.

C'est mal comprendre la prohibition : elle n'est point absolue, comme le serait celle d'une mauvaise action, elle est conditionnelle. Un commanditaire ne peut-il pas devenir gérant s'il le veut, et si la société collective des gérans l'admet? L'article censuré ne dit pas que l'employé actionnaire ne sera pas solidairement responsable comme gérant, ce qui serait contraire à la loi; il suppose ouvertement que, s'il y a des employés actionnaires, ils ne voteront pas pour l'élection du commissaire chargé, dans chaque ville où il y a pour 100,000 fr. d'actions, de correspondre avec les censeurs. Cette interdiction du vote est juste et morale.

La critique de l'association Le Comte s'est

égarée dans des objections de détail pour induire des abus possibles.

Les tribunaux n'ont pas la faculté de restreindre à leur gré les combinaisons des associations sous prétexte d'abus : les articles de ces conventions, qui seraient susceptibles d'une juste censure, ne pourraient même pas produire la nullité du contrat social, s'ils ne blessaient pas les lois et l'ordre public ou l'essence et la nature du contrat social. En ramenant le débat judiciaire à cette véritable et unique source de nullités, l'association Armand, Le Comte doit triompher.

Nulle loi ne prohibe l'émission de l'action au porteur dans la commandite; l'art. 38 du Code de commerce permet au contraire à la commandite d'émettre des actions. Le mot action tout seul emporte le genre et l'espèce, or l'action au porteur est comprise dans ce genre.

L'action au porteur n'a par elle-même rien d'offensant pour la morale publique, puisqu'elle est permise dans l'anonyme.

On conçoit très-bien une société en commandite divisant son capital en actions au porteur : ce n'est donc pas de l'essence de la commandite que l'on peut déduire l'incompatibilité de ce contrat avec l'action au porteur.

Ce n'est pas non plus de la nature ou de la propriété particulière de ce contrat; bien loin de là, la propriété de ce contrat étant d'associer des capitaux, sans égard pour les propriétaires qui les versent dans la commandite, l'action au porteur qui permet aux capitalistes de rester inconnus est dans la nature de cette société.

Délibéré à Bourges, lé 1er juillet 1830 (1).

Signé DEVAUX.

Mᶜ Dupin jeune á développé à l'audience les principes émis dans cette consultation..... Il a dit : le capital d'une société en commandite est divisible en actions au porteur; car il n'existe aucun article de loi qui le prohibe. Les principes autorisent cette division du capital d'une commandite. Le Code de commerce établit trois espèces de société; celle en nom collectif qui renferme un engagement de personnes et de biens; la société anonyme, qui est un engagement de capitaux seulement, espèce de caisse qui répond au public.

Ces deux sociétés ne suffisaient pas à tous les

-----

(1) Une consultation a été faite aussi dans ce sens par M. Troplong, un des premiers magistrats de Nancy. Il était intéressé dans la société Armand, Le Comte et compagnie; porteur de six actions, comme il l'avoue à la fin de sa consultation, il est à craindre qu'il ne se soit un peu laissé aigrir par l'intérêt personnel......, car, dans sa consultation, on trouve un profond savoir, mais souvent un peu trop de rudesse.

besoins du commerce; la commandite fut inventée, contrat mixte, qui renferme en la personne des gérans solidaires une société en nom collectif, et en celle des commanditaires une société anonyme. De là deux conséquences.

Entre les commanditaires il n'existe qu'une société de capitaux, ainsi que le démontre l'analyse des articles 23 et 26 du Code de commerce; le nom du commanditaire ne doit pas être connu du public; il ne doit pas figurer dans la raison sociale, selon l'article 25 du Code de commerce; il n'est pas publié dans l'extrait affiché d'après l'article 43.

Si le public n'a pas le droit de connaître le nom du commanditaire, qu'importe que les actions d'une commandite soient nominatives ou au porteur?

Puisque la commandite contient une société anonyme, n'en doit-on pas conclure que le capital de l'une et de l'autre est partageable en actions au porteur? Tel est le système du Code de commerce; car, dans ses articles 34 et 35, il explique que le capital d'une société anonyme est divisible en actions nominatives et au porteur. Puis, dans l'article 38 il ajoute: « Le capital d'une commandite pourra être aussi divisé en actions... La conjonction aussi lie cet article aux articles 34 et 35. La division en actions se fera de la même manière dans l'une et l'autre société.

L'article 38 eût été inutile, s'il n'eût permis que les actions nominatives; l'action nominative est le droit commun, l'action au porteur est le droit exceptionnel. En permettant les actions nominatives, le législateur ne dérogeait pas aux principes de la commandite; il y dérogeait en autorisant les actions au porteur. Mais cette dérogation ne devait pas en autoriser d'autres. Aussi le législateur a-t-il grand soin de le dire, en terminant l'article 38 par ces mots: « Sans aucune au» tre dérogation aux règles établies pour ce genre » de société. » Cette dernière partie de l'article n'aurait aucun sens, si la première n'admettait pas les actions au porteur.

On objecte qu'avec des actions au porteur, il est impossible de contraindre les souscripteurs à réaliser leur mise sociale, et qu'il est toujours possible aux commanditaires de s'immiscer impunément dans la gestion. Il y a erreur de fait de la part des adversaires, puisque chaque actionnaire a adhéré aux statuts par contrat notarié, et s'est engagé à payer sa part sociale. Il faut distinguer deux époques dans l'acte de société: celle où l'on n'est que souscripteur: il y a lieu de droit, car il y a une promesse signeé; celle où l'on devient actionnaire après le versement du premier quart.

Si l'on examine les statuts, on verra que le versement du premier quart est seul obligatoire ; le versement des trois autres quarts est facultatif. L'actionnaire en abandonnant son action et en perdant le premier quart versé, demeure quitte vis-à-vis de la société. Les trois quarts facultatifs sont un véritable appel de fonds ; leur versement en tient lieu. L'argumentation des adversaires est détruite par cette observation.

Il est très-vrai que les actions au porteur rendent possible l'intervention des commanditaires dans la gestion. Le même abus est possible avec des actions nominatives transmissibles par voie d'endossement. Avec un endos en blanc on pourra éluder la prohibition de la loi.

D'ailleurs, pour que le principe de la commandite fût violée, il faudrait que les actions au porteur emportassent immixtion de fait dans la gestion. Car la loi ne s'occupe pas d'une gestion possible, mais d'une gestion de fait.

Réplique de Me Persil.

Me Persil fait valoir tous les motifs développés dans sa consultation. S'attachant ensuite à la réfutation de la plaidoirie de Me Dupin, il soutient que le contrat est nul *pour défaut de lien de personnes.* La société en commandite est un contrat entre les gérans et les commanditaires. Or, l'action au porteur exclut l'idée d'un engagement vis-à-vis des gérans; la souscription et l'adhésion ne sont rien puisqu'elles sont échangées contre une promesse d'action qui est au porteur ; il s'opère une novation qui détruit le contrat.

Le contrat est nul pour défaut de lien de capitaux ; car il dépend des actionnaires de ne pas verser les trois quarts de leur mise sociale. Dire que le versement des trois derniers quarts est facultatif, c'est oublier l'article des statuts qui promet aux tiers un capital de dix millions, et qui fixe l'action à mille francs.

Jugement du tribunal de commerce.

« Attendu qu'en thèse générale, la société en
» commandite doit être considérée comme un
» contrat mixte, qui participe tout à la fois de la
» société en nom collectif et de la société anonyme ;

» Qu'il emprunte à la première ses gérans , à la
» seconde ses capitaux civils;

» Que la seule différence qui existe entre le
» contrat et la société anonyme réside dans l'autorisation du gouvernement et la responsabilité
» des gérans;

» Que, s'il est vrai de dire qu'il y ait un lien
» de droit indéfini pour les gérans, qui sont associés en nom collectif, il faut reconnaître qu'il

» n'y a qu'une association de capitaux pour les
» commanditaires :

» Qu'en effet, aux termes de l'article 23 du
» Code de commerce, ils ne sont que simples
» bailleurs de fonds ;

» Que, suivant les dispositions des articles 25
» et 43, leurs noms ne peuvent faire partie de
» la raison sociale, ni même être révélés dans les
» extraits des actes dont la publication est pres-
» crite ;

» Qu'enfin, après avoir posé dans les articles
» 34 et 35, que les sociétés anonymes peuvent
» être divisées en actions au porteur, le législa-
» teur, dans l'article 38, ajoute que le capital des
» sociétés en commandite peut être aussi divisé
» en actions ;

» Attendu qu'en posant ce principe, la loi n'éta-
» blit aucune distinction ;

» Attendu qu'il faut en conclure qu'elle a per-
» mis ce qu'elle n'a point défendu ;

» Que les nullités sont de droit étroit, qu'elles
» ne peuvent être suppléées lorsqu'elles ne sont
» pas écrites ;

» Attendu, au surplus, que, si, par l'effet du
» contrat de société, passé entre les sieurs Ar-
» mand, Le Comte et comp. il peut arriver qu'une
» grande portion de la commandite ne soit pas
» fournie, quelque grave, quelque dangereuse
» que soit cette éventualité pour le public, les

» tiers ni les associés n'en peuvent prétendre cause
» d'ignorance, puisqu'il leur a été loisible de con-
» naître les stipulations sociales avant de contrac-
» ter;

   » Attendu enfin qu'on ne saurait trop favori-
» ser l'esprit d'association en France, puisqu'il
» est une des causes de prospérité du commerce;
» Par ces motifs, etc.» (15 août 1830, *Gazette des tribunaux.*)

Un avocat distingué du barreau de Paris s'est encore constitué le défenseur de l'opinion admise par le tribunal de commerce. M. Mollot, dans son ouvrage sur les bourses de commerce, ajoute cette note: «On a mis en doute, dans une affaire
» récente, que les sociétés en commandite pussent
» émettre des actions au porteur. Pour moi, je
» n'avais pas conçu jusque là l'idée de cette con-
» troverse. La loi, en permettant de constituer
» en actions le capital de la commandite, ne dit
» point qu'elles seront nominatives (art. 38 du
» C. de comm.), et d'un autre côté, je ne vois
» pas que les actions au porteur répugnent aux
» règles de cette société. » (Mollot, Bourses de commerce, p. 200.) —

Toutes ces autorités, quelque imposantes qu'elles puissent être, ne changent pas ma conviction. Selon moi les argumens, que présente la consultation de Me Persil, n'ont pas été détruits; ils restent dans toute leur force. Il demeure constant pour moi qu'en permettant les actions au porteur dans la commandite, on laisse aux commanditaires, contrairement au vœu du législateur, la possibilité de s'immiscer dans les opérations sociales. On dit que, comme dans les cas ordinaires, ce sera une preuve à faire. Je réponds qu'il sera presque impossible de la faire, puisque bien souvent on ignorera le nom du commanditaire qui, de concert avec les co-associés, pourra toujours par des subterfuges criminels, bien difficiles à déjouer, échapper aux poursuites des tiers. Je crois pouvoir persister dans mon opinion, malgré le jugement du tribunal de commerce confirmé purement et simplement par la Cour royale de Paris, jusqu'à ce qu'on m'apporte des raisons plus convaincantes, ou jusqu'au moment où je serai forcé de courber la tête devant la décision unanime des Cours royales et devant l'arrêt souverain de la Cour de Cassation.

TITRE DEUXIÈME.

FORMALITÉS DES CONTRATS DE SOCIÉTÉS COMMERCIALES.

Art. 39. Les sociétés en nom collectif ou en commandite doivent être constatées par des actes publics ou sous signature privée, en se conformant, dans ce dernier cas, à l'article 1325 du Code civil.

1. Il faut remarquer que pour les sociétés en général l'écriture soit authentique, soit privée, n'est pas de l'essence du contrat, mais qu'elle est requise seulement pour la preuve.

Sous l'empire de l'ordonnance de 1673, le même principe s'appliquait aux sociétés commerciales ; on pouvait pour celles-ci, comme on le peut aujourd'hui pour les sociétés civiles, suppléer à l'acte social, soit par la preuve testimoniale aidée d'un commencement de preuve par écrit, soit par les reconnaissances des parties, soit par toute autre espèce de preuve non prohibée. (*Voir à ce sujet un réquisitoire remarquable de M. Merlin, t.* 12. *Répert.* verb. *Société.*)

Aujourd'hui le Code de commerce commande des formalités plus rigoureuses pour la preuve des sociétés. Pour les associés entre eux, rien ne peut tenir lieu de l'acte social ; les tiers seuls sont admis à fournir la preuve de l'association par tous les moyens qu'il leur sera possible d'employer. Cette rigueur à l'égard des associés est la conséquence de l'article 42, qui exige implicitement la rédaction d'un acte social, puisqu'il exige, sous peine de nullité à l'égard des intéressés, qu'un extrait de l'acte de société soit remis, dans la quinzaine de sa date, au greffe du tribunal de commerce, qu'il soit transcrit sur le registre, et affiché pendant trois mois dans la salle des audiences.

2. Le principe de la constatation des sociétés commerciales par acte public ou sous signature privée est général ; il s'applique à toutes, même à celles dont l'objet est d'une valeur inférieure à 150 francs.

3. Le législateur qui commandait, pour assurer plus de sécurité aux intérêts des associés, la rédaction de l'acte social, a senti qu'il y aurait trop de gêne pour les sociétaires s'il leur prescrivait un mode de constatation. Il a préféré laisser à leur libre arbitre la rédaction; pourvu qu'elle existât, peu lui importait de savoir quelle était sa forme. Aussi a-t-il proclamé que l'acte social serait rédigé soit devant notaire, soit sous signature privée. Pourtant, au cas où l'acte serait sous seing privé, il a pris encore des dispositions pour assurer les droits de chacun, et rendre la fraude impossible : il a voulu que les sociétaires

14

se conformassent à l'article 1325 du Code civil
qui est ainsi conçu : « Les actes sous seing privé
» qui contiennent des conventions synallagmati-
» ques , ne sont valables qu'autant qu'ils ont été
» faits en autant d'originaux qu'il y a de parties
» ayant un intérêt distinct.

. » Il suffit d'un original pour toutes les per-
» sonnes ayant le même intérêt.

. » Chaque original doit contenir la mention
» du nombre des originaux qui ont été faits.

» Néanmoins le défaut de mention que les
» originaux ont été fait doubles , triples , etc. ,
» ne peut être opposé par celui qui a exécuté de
» sa part la convention portée dans l'acte. »

ART. 40. Les sociétés anonymes ne peuvent être formées que par des actes publics.

1. On comprend facilement toute la sage prévoyance du législateur. Il n'aurait su prendre trop
de précautions pour les actionnaires d'une société anonyme. Il y avait un immense danger
pour ces derniers à permettre que l'acte des sociétés anonymes fût fait sous seing privé. On eût
donné à ceux qui forment l'entreprise, et qui
seuls apposent leurs signatures sur l'acte, la facilité de changer la conditions de tous les porteurs
d'actions. En astreignant l'acte social aux formalités
des actes authentiques, le législateur, gardien des
intérêts publics, ne craignait plus les fraudes

pour ceux qui apporteraient leurs capitaux dans les diverses entreprises, et favorisait le commerce que les grandes associations ne manquent jamais d'activer.

ART. 41. Aucune preuve par témoins ne peut être admise contre et outre le contenu dans les actes de société, ni sur ce qui serait allégué avoir été dit avant l'acte, lors de l'acte ou depuis, encore qu'il s'agisse d'une somme au dessous de 150 francs.

1. La prohibition, portée par cet article, de toute preuve testimoniale, montre clairement tout le crédit que le législateur a voulu que l'on accordât aux actes. Il a voulu assurer par cette défense la stabilité des stipulations faites entre associés et par suite les intérêts de tous les contractans.

2. Cependant il ne faudrait pas enchérir sur la sévérité de la loi; car on irait plus loin que n'a voulu le législateur. Toutes les fois que la preuve testimoniale aura pour but de faire déclarer la validité d'une société, elle ne doit pas être admise conformément aux dispositions de la loi. Mais si elle est demandée, non dans le but de faire déclarer la validité de la société, ni pour en tirer une action en faveur de l'héritier d'un sociétaire, mais bien pour constater le fait

matériel de l'existence d'une société quelconque, et arriver par là à la preuve de la spoliation de la succession du défunt, alors elle est admissible. (Cour de Cass. Journal du Palais, 1830. t. 1, p. 87.)

ART. 42. L'extrait des actes de société en nom collectif et commandite, doit être remis, dans la quinzaine de leur date, au greffe du tribunal de commerce de l'arrondissement dans lequel est établie la maison du commerce social, pour être transcrit sur le registre, et affiché pendant trois mois dans la salle des audiences.

Si la société a plusieurs maisons de commerce situées dans divers arrondissemens, la remise, la transcription et l'affiche de cet extrait seront faites au tribunal de commerce de chaque arrondissement.

Ces formalités seront observées, à peine de nullité à l'égard des intéressés; mais le défaut d'aucune d'elles ne pourra être opposé à des tiers par les associés.

1. Les dispositions de cet article sont toutes dans l'intérêt des tiers. Il fallait que le public ne pût pas être dupe de manœuvres mises adroitement en jeu pour exploiter sa sécurité : et, pour cela, il fallait qu'il connût toutes les conditions

de la société, la durée de son existence et surtout le nom des associés, parce que, comme le remarque M. Locré, le principal fondement du commerce est le crédit et la réputation des associés.

2. L'article 42 prononce la nullité d'une société qui n'a pas été publiée, mais seulement à l'égard des intéressés. Le législateur, avec justice, n'a pas voulu que les tiers souffrissent du défaut d'accomplissement de ces formalités, aussi a-t-il refusé aux associés le droit de se prévaloir contre eux de la non-publicité.

Il n'y a pas de difficulté sur l'application du 3me alinéa de l'article 42, relativement aux tiers : la pensée du législateur est claire, et s'il y avait ambiguité on devrait expliquer l'article dans un sens défavorable aux associés.

Mais il y a difficulté pour les sociétaires. Par rapport à eux, il s'agit de savoir si la nullité est radicale, substantielle, d'ordre public, ou bien si elle doit être considérée comme une sanction pénale ? En d'autres termes : on demande si la nullité est telle que tous les actes passés par les sociétaires soient annulés : ou bien si elle ne doit consister qu'en ce qu'aucun des associés ne peut être contraint de réaliser l'engagement d'entrer en société, si elle n'a pas commencé ; et que, si elle a commencé, chacun puisse la dissoudre quand il ne juge plus à propos d'y rester ?

Je pense que la question doit se décider conformément à l'équité, que sa solution dépend tout-à-fait de l'appréciation des faits. Si les magistrats découvrent des intentions de fraude dans les actes des sociétaires, ils doivent alors user d'un grande sévérité, entendre la loi dans son sens le plus rigoureux, réduire au néant tout ce qui a été exécuté par les sociétaires agissant dans un intérêt commun.

Mais, au contraire, si les intéressés, par une ignorance trop commune de la loi, ou par oubli, ont négligé d'accomplir les formalités prescrites par l'art. 42, les tribunaux alors ne peuvent se refuser de sanctionner tous les actes passés entre les associés, ils doivent ordonner le réglement et le partage du gain ou des pertes que la communauté a mis à la chargede tous, et enfin prononcer pour l'avenir la dissolution de la société.

3. Faisons bien attention que, puisque nous avons déclaré que la nullité pour défaut de transcription n'est pas radicale, substantielle, nous devons décider que les tribunaux ne doivent jamais la prononcer d'office. (Arrêt de la Cour de Bordeaux. Journal du Palais, 1830, t. 2, p. 62.)

4. Mais toutes les fois qu'un des associés réclame la nullité de l'association, on doit faire droit à sa demande. L'acte social est nul, s'il s'écoule plus de quinze jours entre sa rédaction et la remise de l'extrait au greffe.

Cette nullité serait-elle couverte par une publication ultérieure, et par l'exécution volontaire qui s'en est suivie de la part de tous les associés? M. Horson, s'appuyant sur un arrêt de la Cour de Lyon, se prononce pour la négative. Ce jurisconsulte distingué pense que la nullité est d'ordre public, et « non susceptible d'être couverte » par la publication postérieure, et l'exécution » volontaire donnée à l'acte par tous les associés. » Il pense aussi, avec la Cour de Lyon, que la » conséquence à tirer de la continuation de la » société après le délai prescrit par l'article 42 est » qu'il y a eu, de fait, entre les intéressés, une » continuité d'association de laquelle chacun était » libre de se retirer dès qu'il en aurait la volonté, » et qu'il n'y a lieu qu'à renvoyer les parties de- » vant arbitres pour le réglement du compte des » opérations qui ont eu lieu pendant toute la » durée de l'association. »

Je ne puis admettre l'opinion de M. Horson et la doctrine de la Cour de Lyon. Ma raison se refuse à prendre le texte de la loi à la lettre, je me réfère à l'esprit de sa rédaction. Il est de toute évidence que les dispositions de l'article 42 sont toutes dans l'intérêt des tiers. Le législateur a voulu ôter aux associés tous moyens de les duper, de faire leur fortune aux dépens du public : il a exigé la publicité. Toutes les fois que les intérêts des tiers n'ont pas été froissés pendant le temps qui s'est écoulé, jusqu'au moment de la publication et de l'exécution volontaire de tous les associés, je ne vois pas pourquoi on forcerait tous les associés à se séparer, pourquoi on prononcerait la dissolution qui n'est pas réclamée par les tiers, pour une nullité couverte par une ratification postérieure.

Si l'on admettait le système rigoureux de M. Horson, adopté par la Cour de Lyon, on tomberait dans une sévérité légale qui blesserait toutes les lois de l'équité. Car il faudrait, par voie de conséquence, décider que le délai de quinzaine est fatal, et que la remise faite le seizième jour n'empêcherait pas la nullité de la société. Ce qui serait absurde. L'article 42 est indicatif du délai pendant lequel la remise de l'acte au greffe doit avoir lieu; mais il n'est pas limitatif, d'autant mieux que souvent cette remise est retardée par la lenteur des notaires, ou des receveurs de l'enregistrement.

« M. Pardessus soutient la doctrine que je pro-
» fesse ; il pense avec raison que la nullité or-
» donnée par l'article 42 n'est pas d'ordre public:
» il reconnaît que l'acte social est présumé n'a-
» voir eu aucune existence légale, tant qu'il n'a
» point été rendu public ; que la demande en
» nullité, qu'un des associés formerait avant cette
» affiche, devrait être accueillie, sans égard à la
» publicité qui lui serait donnée postérieurement;
» mais que si, avant cette demande, l'affiche a

» été faite, les conditions de cet acte doivent avoir » leur effet. » Il fortifie son opinion d'un arrêt de la Cour de Grenoble, 21 juillet 1823; d'un arrêt de Cassation du 12 juillet 1825, (tous deux rapportés dans le recueil de Dalloz). On trouvera dans le Journal du Palais, 1826, t. 2, p. 192, un arrêt qui énonce la même doctrine.

5. Les formalités, prescrites par l'article 42 pour les sociétés en nom collectif et en commandite, ne sont pas les seules; il en est encore une prescrite par un décret du 12 février 1814. Suivant ce décret, l'extrait de l'acte social, outre l'affiche dans la salle des audiences du Tribunal de Commerce, doit être inséré dans les affiches judiciaires, et dans le Journal de Commerce du département.

6. Si la nullité de l'acte de société pour défaut de publications, réclamée par l'une des parties, est prononcée, entraînera-t-elle, comme conséquence, la nullité de la clause de dédit, stipulée en l'acte?

Pas le moindre doute sur la solution de cette question. Car le seul fait de l'exercice d'un droit ne peut donner lieu contre son auteur à une action en dommages - intérêts; d'ailleurs le dédit stipulé ne peut être réclamé en vertu d'un acte rendu nul par défaut de publicité, puisqu'il ne doit être payé que par celui qui se retira avant le terme convenu, ce qui suppose une société d'existence légale, et non une société qu'il ne s'agit pas de dissoudre, mais d'anéantir.

Enfin, les conventions insérées dans l'acte social ne doivent pas survivre à la société, *accessorium sequitur principale*. Les conventions accessoires sont nulles, sitôt que le lien de droit résultant du contrat ne subsiste plus; dès lors, aucun des sociétaires ne peut se prévaloir des stipulations que contenait l'acte social.

Art. 43. L'extrait doit contenir :

1°. Les noms, prénoms, qualités et demeures des associés, autres que les actionnaires ou commanditaires;

2°. La raison de commerce de la société;

3°. La désignation de ceux des associés autorisés à gérer, administrer et signer pour la société;

4°. Le montant des valeurs fournies ou à fournir par actions ou en commandite;

5°. L'époque où la société doit commencer, et celle où elle doit finir.

1. Toutes les précautions indiquées par cet article sont la conséquence de l'article 42, de l'intérêt que le législateur a témoigné pour les tiers qu'il prend sous sa sauve-garde. Ce n'était pas assez pour lui d'avoir ordonné la publicité de l'acte social, il a encore réglé les formalités à prendre pour arriver à la publicité. Cette publicité est parfaite, puisque l'on connaît les noms des associés, la raison sociale, les administrateurs,

le montant des valeurs fournies à l'association, le moment où la société doit commencer et l'époque où elle cessera d'exister.

2. Il était surtout important pour les tiers de connaître les administrateurs d'une société en nom collectif, puisque eux seuls, investis de la confiance des sociétaires, ont le droit de gérer les affaires sociales. (Art. 1856 et 1860, Cod. civ.) Cette désignation aura encore une plus grande importance dans les sociétés en commandite; car on n'a pas oublié que les commanditaires ne peuvent s'immiscer dans la gestion, sous peine d'être obligés solidairement, avec les associés en nom collectif, pour toutes les dettes et tous les engagemens de la société. (Art. 27 et 28, Code de comm.) (1).

____

(1) Il ne sera pas inutile de traiter une question qui, quoiqu'elle se rattache à des droits politiques, ne se trouvera pas déplacée ici, puisque je veux faire connaître toutes les difficultés qui se rattachent aux sociétés commerciales.

Il s'agit de savoir si le directeur gérant d'une société en commandite peut compter dans la formation de son cens électoral les contributions qui grèvent les immeubles par lui acquis pour la société : ou bien si ces contributions doivent, au contraire, être comptées à chacun des sociétaires, à raison de son droit de propriété ?

En faveur du directeur, on peut dire que le directeur-gérant est la société en commandite tout entière ; que les actionnaires n'y sont rien vis-à-vis des tiers ; ils ne font que prêter leur argent, et peuvent seulement devenir propriétaires des

3. C'est encore un grand avantage pour les tiers de connaître l'époque où l'association commence son exercice, et celle où elle doit se dissoudre.

Pourtant le Code n'exige pas que l'époque soit bien précisée ; car les intéressés peuvent subordonner leur association à la réalisation d'une condition : par exemple, on peut contracter une société de commerce avec stipulation qu'elle ne

---

immeubles après l'événement de la liquidation. En attendant ils n'en ont ni la jouissance, ni la possession légale, ni l'administration, ni la libre disposition, et n'en paient point l'impôt. C'est le directeur qui le paie ; et, s'il a la charge de la propriété, il doit en avoir les avantages : *ubi emolumentum, ibi onus.*

Cette doctrine doit être repoussée par les motifs suivans. D'abord il est un point certain, c'est que pour la formation du cens électoral, la contribution foncière ne compte qu'au propriétaire ou à l'usufruitier des fonds sur lesquels elle est assise (lois des 5 février 1817 et 29 juin 1820). Eh bien ! le directeur-gérant est-il propriétaire exclusif des immeubles acquis par lui pour le compte de la société ? Non ; en est-il au moins l'usufruitier ? Non. Les immeubles appartiennent à la société, et le directeur n'est que son mandataire puisqu'il est responsable envers les commanditaires, et leur doit compte des revenus confiés à sa gestion.

Puisqu'il n'est pas propriétaire absolu de ces immeubles, mais seulement co-propriétaire par indivis, la contribution foncière ne doit pas servir à lui seul, mais à chacun des sociétaires en raison de son droit de propriété.

C'est ainsi que l'a jugé la Cour de cassation. Elle rejeta un pourvoi formé contre un arrêt de la cour de Bourges qui avait adopté le système ci-dessus développé. (Voir le *Journal du Palais*, 1830, tom. 1, p. 490.)

commencera que lorsque tel navire sera arrivé aux Etats-Unis.

Si le temps que doit durer la société n'était pas fixé, et, par suite, n'était pas indiqué dans l'extrait de l'acte social, elle est censée stipulée pour toute la vie des sociétaires, sous la modification pourtant de l'article 1869.

4. Tout ce qui aurait été fait avant que l'extrait ne fût enregistré, ou depuis que la dissolution de la société aurait été prononcée, serait nul par rapport à ceux qui composent la société. Ceux-là seuls seraient tenus d'accomplir la négociation, qui l'auraient faite.

ART. 44. L'extrait des actes de société est signé, pour les actes publics, par les notaires, et pour les actes sous seing-privé, par tous les associés, si la societé est en nom collectif, et par les associés solidaires ou gérans, si la société est en commandite, soit qu'elle se divise ou ne se divise pas en actions.

1. Cet article explique clairement ce que le précédent avait omis d'énoncer, c'est-à-dire que le nom des commanditaires ne doit pas être inséré dans l'acte social, et que la somme donnée en commandite doit seule y figurer. Cette forme suffit, ajoute M. Locré; car c'est dans les fonds de la société que le public a confiance. Les noms

des associés, qui ne sont jamais obligés au-delà de leur mise, lui sont indifférens. (Voir les observations de M. Locré sur l'article 44.)

ART. 45. L'ordonnance du roi qui autorise les sociétés anonymes, devra être affichée avec l'acte d'association et pendant le même temps.

1. Cet article offre encore la preuve de la sollicitude du législateur pour les intérêts publics. Il a pris toutes les précautions imaginables pour assurer les hommes à capitaux contre les adroites spéculations des chevaliers d'industrie toujours prêts à duper les gens crédules qui se fient à eux. Que d'aventuriers auraient pu supposer une fausse autorisation, ou en laisser ignorer quelques clauses importantes, et attirer ainsi de riches actionnaires qui n'auraient pas manqué d'être victimes de leur facilité ! Maintenant, en présence des dispositions formelles de l'article 45, toutes ces supercheries, toutes ces spéculations sont impossibles, ou pour le moins très-difficiles. La grande publicité, exigée pour les sociétés anonymes, est pour le commerce un bienfait, dont on ne saurait trop remercier le législateur. Il a su garantir les intérêts des tiers contre les entreprises des spéculateurs sans, pour cela, gêner les associations.

ART. 46. Toute continuation de société, après son terme expiré, sera constatée par une déclaration des co-associés.

Cette déclaration, et tous actes portant dissolution de société avant le terme fixé pour sa durée par l'acte qui l'établit, tout changement ou retraite d'associés, toutes nouvelles stipulations ou clauses, tout changement à la raison de société, sont soumis aux formalités prescrites par les articles 42, 43 et 44.

En cas d'omission de ces formalités, il y aura lieu à l'application des dispositions pénales de l'article 42, 3ᵉ alinéa.

1. Les dispositions, pleines de sagesse, que présente l'article 46, forment le corollaire des articles précédens. En effet, ils auraient tous été complétement inutiles, si le législateur n'avait pas exigé pour les changemens insérés dans l'acte social les mêmes formalités que pour les dispositions primitives. Rien n'aurait été plus facile pour les faiseurs d'entreprises que de rendre la publication légale tout-à-fait illusoire. Ils auraient construit un acte, destiné à la publicité, et en aurait, peu de jours après, changé toutes les dispositions. L'article 46 pare à cet inconvénient, il

rend certaine l'explication de la loi, il empêche la réussite de toute escobarderie jésuitique, il réalise la publicité, cet épouvantail pour tous les hommes de mauvaise foi. Ainsi point de subterfuge possible pour la fraude... Les changemens, faits à l'acte social, sont soumis aux formalités des articles 42, 43 et 44. S'il s'agit d'une société anonyme, et que les actionnaires veuillent en modifier les clauses primitives, ils doivent demander pour ces nouvelles stipulations l'autorisation du roi.

2. La société contractée sous la raison *veuve un tel et fils*, entre la veuve et les enfans d'un négociant, lesquels ont continué, sans interruption, sans inventaire, sans liquidation préalable, le commerce que ce négociant faisait sous la raison un tel et compagnie, et qui, en outre, ont payé des dettes par lui contractées sous cette raison, doit-elle par cela seul être réputée une continuation de la société primitive, et rester passible des mêmes actions? les actions ne peuvent-elles être intentées que comme les actions ordinaires contre les héritiers détenteurs de la succession?

Voici l'arrêt que la cour d'Agen a rendu le 4 août 1807 :

(La dame Boscq — C. — Les héritiers Dullié.)

« La Cour, attendu que la société veuve Dullié

» et fils est une société distincte de la société Dul-
» lié et compagnie;

» Que cette dernière a pris fin par le décès de
» Dullié père, et que celle actuellement existante
» est composée de personnes qui n'ont point ap-
» partenu et qui n'ont pu appartenir à la société
» précédente;

» Qu'on n'a point dit, moins encore prouvé que
» Martial et Frenée Dullié fussent intéressés dans
» la société de leur père, et qu'il est certain que
» dans le fait et dans le droit, la dame veuve
» Dullié n'y était nullement intéressée et ne pou-
» vait même pas l'être;

» Qu'en effet, elle ne pouvait pas l'être à raison
» de sa dot que le mari n'avait pas le droit de
» compromettre, et qui devait toujours lui re-
» venir intacte;

» Que la stipulation d'une société d'acquêts,
» intervenue dans le contrat de mariage, est tout
» autre chose qu'une convention de société de
» commerce;

» Que la société d'acquêts entre le mari et la
» femme n'est pour celle-ci qu'un avantage éven-
» tuel dépendant d'une liquidation à faire au dé-
» cès du mari, et qui n'a rien de réel, s'il n'existe
» point d'acquêts faits durant le mariage;

» Attendu que la société veuve Dullié et fils
» *n'est nullement une continuation et une suite de*

» *la première*, puisqu'elle est faite avec des fonds
» propres aux nouveaux sociétaires, et que, sui-
» vant la maxime *le mort saisit le vif*, les enfans
» de Dullié ont été saisis, à son décès, de sa succes-
» sion, et que sa veuve a dû y trouver et reprendre
» ses apports dotaux et ses conventions matri-
» moniales;

   » Attendu que le défaut d'inventaire, si ce re-
» proche est fondé, ne peut obliger les enfans
» que relativement à la part de succession qu'ils
» auront amendée, et non relativement à leur
» nouvelle société, qui reste étrangère aux dettes
» de la précédente;

   » Qu'au reste si les enfans ont pu être astreints
» à faire faire inventaire, la veuve n'y était nulle-
» ment tenue, puisque des reprises sont d'ailleurs
» justifiées, et que les uns et les autres ont le
» droit d'insistance;

   » Attendu que la circonstance que les enfans,
» en appréhendant les effets de la succession, au-
» raient appréhendé les effets de la première so-
» ciété, ne peut induire contre eux une conti-
» nuation de la précédente société, à l'effet d'en
» payer les dettes; mais que cette circonstance
» les laisserait exposés à l'action des créanciers
» de la première société, non comme membres
» de la première, mais comme héritiers de celui
» qui la faisait valoir, et que cette circonstance
» ne peut atteindre la mère, qui n'est point héri-

» tière de sa succession, mais qui en est créan-
» cière seulement;

» Attendu que, n'existant de la part de nou-
» veaux sociétaires aucun engagement de solder
» les dettes de la précédente année, les paiemens
» volontairement faits par les enfans à quelques
» créanciers de la première société, n'obligent
» nullement leur mère, et ne les obligent pas eux-
» mêmes vis-à-vis d'autres créanciers de la même
» société avec lesquels ils n'auraient pas traité..

» Rejette les poursuites dirigées contre la maison
» veuve Dullié et fils, sauf à la dame Boscq, à
» agir, ainsi qu'elle avisera contre les héritiers du
» sieur Dullié. »

Ainsi, dans l'espèce, d'après l'arrêt de la Cour
d'Agen, il n'y a pas continuation de société, il
n'y a pas lieu à l'application de l'article 46 du
Code de commerce.

TITRE TROISIÈME.

ASSOCIATIONS COMMERCIALES EN PARTICIPATION.

ART. 47. Indépendamment des trois espèces de sociétés ci-dessus, la loi reconnaît *les
associations commerciales en participation.*

ART. 48. Ces associations sont relatives à
une ou plusieurs *opérations de commerce;*

elles ont lieu pour les objets, dans les formes, avec les proportions d'intérêt et aux conditions convenues entre les participans.

1. En étudiant dans le Code de commerce le titre relatif aux sociétés, la première observation que l'on fait, porte sans doute sur la division des sociétés. On se demande pourquoi les associations en participation ne se trouvent pas comprises dans la nomenclature de l'article 12. Mais quand on s'est rendu compte de la nature des diverses sociétés, on voit alors que le législateur avait une juste raison pour ne pas comprendre l'association en participation dans la division des sociétés. En effet, comme le remarque M. Locré, *l'association en participation n'est qu'un marché d'un moment relatif à quelque opération passagère, et en cela elle diffère de la société, dont le lien plus durable forme entre les associés une communauté d'intérêts continus.* (M. Locré, *Observations sur l'article* 47.)

2. Les associés, quelle que soit la dénomination de leur société, ont pour but de se livrer à des opérations successives pendant sa durée, tandis que les participans se réunissent pour mener à fin une seule affaire.

Les sociétés doivent être rédigées soit par acte authentique, soit sous seing privé, être rendus publiques : les associations en participation n'ont pas besoin, pour exister, de toutes ces formalités.

3. Le caractère de l'association en participation bien établi, il sera facile de la distinguer de toute autre société, et surtout de celle en nom collectif, avec laquelle souvent elle a quelque ressemblance. Toutes les fois que plusieurs individus se réunissent dans le but de terminer soit une, soit plusieurs affaires déterminées, il existe entre eux une association en participation : et, ce qui est digne de remarque, c'est que la valeur des opérations ne change pas sa nature. Ainsi on peut s'associer en participation pour des affaires d'une haute importance, quand une société en nom collectif peut n'avoir pour but que des opérations d'un mince intérêt. Cette société, au dire de Jousse et des autres commentateurs de l'ordonnance de 1673, était connue dans le monde commercial sous le nom de société anonyme. L'ordonnance n'en parlait pas.

4. La différence entre les sociétés et les associations en participation est d'un grand poids, et pour les intérêts des tiers et pour les intérêts des associés.

5. Si les tiers parviennent à prouver que, loin d'avoir voulu former une participation, les associés n'ont formé qu'une société collective, alors ils ont un recours contre tous les sociétaires qui, aux termes de la loi, sont tenus solidairement de tous les engagemens sociaux. Pour les associés en participation, la solidarité n'existe pas. Il faut

qu'ils l'aient promise, pour qu'on puisse l'invoquer contre eux. (Arrêt de rejet de la Cour de
cassation, 9 janvier 1821. Journal du Palais, 1822,
t. 1, p. 556.) Quand bien même ils auraient tous
signé un engagement sans faire mention de la solidarité, je crois encore contrairement à l'opinion
de M. Pardessus (t. iv. p. 160), qu'ils ne sont pas
engagés solidairement; car, dans le silence de la
loi, il faut se référer au principe général, et il est
de principe général que la solidarité ne se présume pas, qu'elle doit être expressément stipulée
(art. 1202, Cod. civ.). Cette règle ne cesse que
dans les cas où la solidarité a lieu de plein droit,
en vertu d'une disposition de la loi (*idem*). Ici
la solidarité n'est ni stipulée par les parties, ni
ordonnée par la loi, elle ne doit donc pas exister.
Mais, dira-t-on, les associés ayant tous signé, il
est de toute vraisemblance que, par cette signature collective, ils ont entendu s'engager solidairement. Où en est la preuve? N'est-il pas plus
juste de croire qu'ils ont voulu tous s'engager,
il est vrai, mais seulement pour leur part et portion? Dans le doute il faut interpréter l'acte en
faveur des débiteurs : car les créanciers *certant
de lucro captando*, tandis que les sociétaires *certant de damno vitando*. Il y a donc pour les associés en participation, signataires de l'engagement,
l'équité et le texte de la loi; c'est pour ce double
motif que je décide la question dans le sens qui

leur est favorable. Pothier pense aussi, avec la majorité des auteurs qui ont traité la matière, que les associés en participation, malgré leur signature collective; ne sont pas obligés solidairement.

6. Les créanciers d'une société en participation doivent-ils être payés sur l'actif social, par préférence aux créanciers personnels des participans? Cette importante question qui n'a pas encore reçu une solution définitive, offre de très-grandes difficultés. La jurisprudence de la cour de Paris a varié. Je vais rapporter ses deux arrêts, pensant bien que mes lecteurs me sauront gré de leur fournir toutes les autorités qui les mettront à même de prendre un parti.

Le 26 juin 1824, la troisième chambre de la Cour royale de Paris, présidée par M. Desèze, a statué ainsi :

« Considérant que la raison et l'équité, d'ac-
» cord avec la jurisprudence, indiquent que l'effet
» des associations en participation est d'obliger
» les associés les uns envers les autres pour le ré-
» sultat de leurs avances respectives, comme pour
» celui des bénéfices ou pertes, et de les obliger
» aussi, soit solidairement, soit personnellement,
» selon les circonstances, envers les tiers *créan-*
» *ciers spéciaux* de la société pour fournitures et
» avances de fonds employés au service social,
» *en telle sorte que les créanciers spéciaux ont un*
» *droit privilégié sur l'actif de la société, a l'ex-*

» *clusion des créanciers particuliers des associés ;*

» Que, s'il en était autrement, les créanciers
» d'une entreprise de fournitures en participation
» seraient à la merci des créanciers particuliers
» d'obligations personnelles du titulaire ou des
» participans, pour cause étrangère aux affaires
» sociales, inconvénient que le législateur a prévu
» et évité pour les sociétés commerciales ordi-
» naires, et que nécessairement il a voulu éviter
» pour les associations en participation, que la
» loi reconnaît aussi :

» Par ces motifs, la Cour confirme le jugement
» de première instance qui ordonnait que les créan-
» ciers de la société seraient payés par préférence
» aux créanciers particuliers des associés. »

La même question s'est représentée devant la
même chambre de la Cour, présidée cette fois par
le vénérable doyen des présidens, M. Lepoitevin.
Elle a reçu une solution différente.

Voici l'espèce rapportée par la Gazette des
Tribunaux du 4 août 1831 :

« Mouroult, spéculateur sur les terrains, avait
» acquis tous ceux situés entre la rue de Rivoli et
» celle Saint-Honoré. Il forma pour faire des
» constructions sur ce terrain, une société *en*
» *participation* avec les sieurs Vautier et Meslier.
» La mise de Mouroult consista dans les terrains
» qui lui appartenaient, estimés 800,000 fr.; les
» deux autres associés apportaient leur travail et

» leur industrie, et s'obligeaient à faire exécuter tous
» les travaux projetés; Mouroult devait fournir les
» fonds et faire les emprunts nécessaires, après
» s'être concerté avec ses co-associés. L'acte por-
» tait expressément qu'il ne serait pas *publié*, puis-
» qu'il s'agissait d'une société en *participation*.

» Mouroult succomba sous le poids des char-
» ges qu'il avait contractées, et, en septembre
» 1826, fut déclaré en faillite. Un syndicat fut
» formé, qui obtint l'administration de l'entreprise
» conçue par Mouroult. Bientôt un débat grave
» s'établit entre Vautier père, Meslier fils, Ver-
» gnon et Vautier fils. Ceux-ci se prétendant *créan-*
» *ciers* de la société, soutinrent qu'ils devaient
» être payés de préférence aux créanciers qui,
» n'ayant traité qu'avec Mouroult, *n'avaient que*
» *la personne de ce dernier pour obligée.* C'était
» établir, pour la société de commerce en parti-
» cipation créée par le failli, la séparation des pa-
» trimoines et la distinction entre les divers
» créanciers, que l'on adopte pour les sociétés
» en général.

» C'est ce système que repoussa le tribunal de
» commerce de Paris, par son jugement du 25
» février 1830, par les motifs qu'une association
» en participation, bien que reconnue par la loi,
» présente un caractère distinct des autres so-
» ciétés; que l'être moral, qui, dans toute société,
» existe en dehors de chacun des associés, ne re-

» pose, quand il s'agit d'une association en parti-
» cipation, que dans la personne qui, en son
» propre et privé nom , dirige les opérations de
» l'association;

   » Que si l'associé gérant doit *compte* à ses co-
» participans, de toutes les affaires intérieures
» de l'association, il est, vis-à-vis des tiers, le seul
» responsable; que lorsqu'il traite avec ces mê-
» mes tiers au profit de l'association, lui seul
» exerce les diligences contre eux; de même,
» pour les dettes directes de la société, il est le
» seul qui puisse être recherché;

   » Que le principe, d'après lequel chaque asso-
» cié est tenu des dettes personnelles qu'il a con-
» tractées au sujet de la part qu'il apporte dans
» l'association, et qui veut également qu'il soit
» tenu de parfaire la portion de mise à laquelle
» il s'était engagé, n'altère en rien la conséquence
» de droit, que, une fois dans cette association,
» toutes choses restent ouvertement, à l'égard
» des tiers, à la charge et conduite de l'associé
» gérant; qu'il peut les aliéner et en réclamer le
» prix;

   » Que si l'associé gérant a pu donner à des co-
» participans telle part que bon lui a semblé dans
» la participation, il ne saurait, quand il y a si-
» nistre, priver ses créanciers des droits qu'ils ont
» sur ses biens, surtout quand lesdits biens, res-
» tés ostensiblement sa propriété, ont entretenu ,

» agrandi même la confiance qui lui a été ac-
» cordée;

» Que du principe contraire, il pourrait résul-
» ter les plus graves inconvéniens pour la sécu-
» rité du commerce, puisque *sous le spécieux*
» *prétexte d'une association en participation*, de
» sa nature occulte, inconnue des tiers, on pour-
» rait à tout instant soustraire à des créanciers
» *un actif grossi à leurs dépens;*

» Que dans l'espèce, Mouroult était proprié-
» taire des terrains et bâtimens mis dans la parti-
» cipation; que les constructions faites depuis
» ont été payées en grande partie avec les deniers
» qu'il s'était procurés;

» Qu'enfin il était le seul obligé à faire face à
» tous les besoins d'argent, et que les autres par-
» ticipans ne devaient apporter que leur travail
» et leur industrie;

» Considérant, en outre, à l'égard de Vautier
» fils et Vergnon, que des faits et pièces il ré-
» sulte qu'il n'ont entendu travailler que d'ordre
» et pour le compte de Mouroult, etc., etc. »

M⁰ Horson, avocat de Vautier père et consorts,
appelans de ce jugement, combat devant la Cour
la doctrine qu'il consacre. « Il importe de bien
» fixer les principes en cette matière, dit-il; une
» association *en participation* est une véritable
» société. Il est de l'essence de toute société d'a-
» voir une individualité, de former par elle-même

» un être moral, que l'on ne saurait confondre
» avec les personnes qui la composent. *Societas*
» *vice personæ fungitur*, dit la loi romaine. D'où
» la conséquence qu'un associé peut être débiteur
» ou créancier de la société, que leurs droits sont
» distincts, et ne sont pas confondus.

» Si la société en participation diffère des so-
» ciétés en général, c'est dans les *formes* extrin-
» sèques ou intrinsèques; quant au *fond du droit*,
» il y a identité parfaite.

» On oppose que dans une société en partici-
» pation, un seul gère, est connu et responsable à
» l'égard des tiers. Cet administrateur n'est pas
» seul obligé; la société, dont la direction lui est
» confiée, contracte également et n'est pas moins
» soumise aux dettes contractées dans son in-
» térêt.

» On signale l'inconvénient qui peut naître de
» notre système, le danger de voir apparaître
» tout d'un coup une association en participation,
» de sa nature occulte et ignorée des tiers, qui
» aurait pour effet de soustraire à des créanciers
» un actif grossi à leurs dépens. Ce sont là des in-
» convéniens qui résultent de la force des choses;
» mais le système contraire n'a-t-il pas aussi ses
» dangers? il en résulterait que les créanciers
» d'une entreprise en participation serait à la
» merci des créanciers particuliers des partici-
» pans, porteurs d'obligations personnelles, étran-

» gères aux affaires sociales; qu'il y aurait une
» confusion d'actifs sur lesquels les créanciers de
» la société et ceux de l'associé auraient des droits
» égaux.

   » Un autre principe élémentaire domine cette
» cause et tranche la difficulté. La société en par-
» ticipation étant une véritable société, il en ré-
» sulte que l'objet mis en société cesse d'apparte-
» nir à l'associé qui l'a apporté, qu'il n'a plus sur
» la chose que les droits d'un *simple communiste,*
» *et que c'est la société qui est devenue pro-*
» *priétaire.* Les articles 1845 et 1851 du Code
» civil sont formels à cet égard.

   » S'il en est ainsi, la décision des premiers juges
» ne peut se soutenir; ils admettent l'existence
» de la société en participation, et cependant ils
» considèrent Mouroult comme demeuré *seul pro-*
» *priétaire* des terrains; ils allouent le prix de ces
» terrains à tous ceux qui ont contracté avec lui;
» c'est là une hérésie en droit. Les terrains sont
» devenus la propriété exclusive de la société;
» ils sont le gage propre des créanciers de cette
» société, et non des créanciers personnels de
» Mouroult.

   » La doctrine que nous établissons ici, ajoute
» l'appelant, n'est pas nouvelle; nombre d'arrêts
» l'ont consacrée, et deux consultations données
» dans cette cause par MM. Merlin et Pardessus,
» en signalent toute la justesse.

» Nonobstant ces raisons et les consultations
» des savans jurisconsultes, la Cour, sur la plai-
» doirie de Me Dupin, avocat des syndics Mou-
» roult, confirme, *par les motifs* y exprimés, la
» décisions des premiers juges. »

Quant à moi, j'adopte entièrement les motifs
du premier arrêt de la cour, si bien développé
par Me Horson. J'y vois l'application des vrais
principes en matière de société.

Il est certain que dans toutes les associations,
dans celles en nom collectif comme dans celles
en participation, toutes les mises cessent d'appartenir à ceux qui les apportent, et deviennent la
propriété d'un être moral, nommé société. Toutes les charges qui pesaient sur les choses mises
au fonds social, les suivent dans leur nouvelle
position; car la société est censée les avoir con-
nues et avoir consenti à s'en charger. Mais toutes
les dettes particulières qui frappent sur les sociétaires, leur mise une fois faite, n'atteignent
pas les choses communes qui ne sont pas la propriété des associés, mais de la société. Aussi les
créanciers particuliers des sociétaires ne sont pas
ceux de l'association, ils n'ont rien à prétendre
sur le fonds social. Je ne conçois pas la solution
de la question dans le sens du second arrêt de la
Cour de Paris : les créanciers particuliers des associés ne doivent pas se plaindre si les créanciers
de la société sont payés avant eux, car les pre-

miers n'ont rien à démêler avec les seconds, puisque ceux-ci seuls sont créanciers de l'association.

Enfin il est un autre principe non contesté, partout reconnu, qui fortifie notre opinion. Un créancier venant au lieu et place de son débiteur n'a pas plus de droit que lui; si, en cas de faillite, il prend part au partage, ce n'est que comme représentant du sociétaire son débiteur : il ne peut réclamer que ce que celui-ci pourrait réclamer. Eh bien ! que pourrait demander l'associé? Evidemment sa part dans ce qui resterait à partager après le paiement de tout le passif, *nam non bona intelliguntur, nisi deducto œre alieno.* Voilà des principes irréfragables en matière de société.

Toute la difficulté maintenant consiste à savoir s'ils sont applicables aux associations en participation? Pourquoi non? Qu'on me montre l'exception faite en leur faveur? Le législateur a posé au Code les principes généraux pour les sociétés; chaque fois qu'il a voulu y déroger, il a donné des explications formelles. N'a-t-il pas dit (article 18 Code de com.) que le contrat de société se règle par le droit civil et les lois particulières au commerce, et par les conventions des parties? Dans le titre des sociétés du code de commerce il a relaté toutes les exceptions faites aux principes posés dans le Code civil au titre des sociétés. Il a séparé les associations en participation des autres sociétés commerciales, parce qu'il a vu dans leur création un but tout-à-fait différent des trois autres. En effet, comme je l'ai dit au commencement, dans les trois premières, malgré la diversité qui existait entre elles, il y avait un point de ressemblance, c'est-à-dire l'intention d'opérations successives, tandis que dans l'autre on n'a en vue qu'un ou plusieurs objets désignés : pour les premières il commandait qu'elles fussent rédigées par écrit ; pour la participation il permettait la preuve par toute espèce de moyens ; pour les premières il ordonnait la publicité, pour la participation il ne l'exigeait pas. Avec des différences aussi tranchées il a traité la participation à part, il a clairement expliqué tous ces points de dissemblance, mais il n'a pas dit que pour tous les cas non prévus par lui, il ne s'en rapportait pas aux règles de la société en général. Il est clair, d'après l'article 18, qu'il a voulu qu'on recourût au Code civil chaque fois qu'il aurait gardé le silence ; s'il s'est tû sur le partage des bénéfices de la participation, s'il s'est tû sur la dissolution de la participation soit par faillite, soit par toute autre manière, évidemment il s'est référé au Code civil, qui traite ces matières en général. Vouloir ne pas reconnaître cette intime pensée du législateur, c'est dire qu'il n'a pas songé à poser des règles pour la dissolution de la participation, pour le partage des bénéfices produits par elle, ou des charges à supporter, ce qui est absurde, contraire à l'esprit et à la lettre de la loi (art. 18, Code de com.). On est forcé de reconnaître cette vérité légale, on est par suite forcé de reconnaître que le créancier de la société prélève par préférence aux créanciers particuliers des sociétaires participans : que ceux-ci n'ont aucun droit sur la masse sociale, qu'ils ne doivent pas prélever sur le restant de la masse après le prélèvement opéré par le créancier de l'association, mais qu'ils doivent attendre le partage, et prendre seulement la part revenant à leur débiteur.

7. Le principe que nous venons de mentionner, à savoir que le créancier d'un associé n'a jamais plus de droits sur la société que l'associé lui-même, se trouve consacré par un arrêt de la Cour de Rouen. Elle décide que si, de deux associés en participation, l'un fait faillite avant que l'opération, objet de la société, ait été mise à fin, le droit de la terminer appartient à l'autre associé, à l'exclusion des créanciers du failli. « Attendu, dit-elle que..... étant tombé en » faillite, ses créanciers ne peuvent pas exiger » plus de droit sur la chose qu'il n'en avait lui- » même ; et que, ne s'agissant que d'une société en » participation, la cause doit se juger d'après les » règles relatives aux contrats de société ;

» Attendu qu'en matière de participation » ou autre société, il n'y a lieu au partage » qu'après la consommation de l'opération pour

» laquelle l'association a été formée, et qu'aucun
» des associés ne peut avoir part, soit à la chose
» sociale, soit au prix qui en est la représentation,
» qu'à la charge de satisfaire à sa mise, et de sup-
» porter sa part dans les frais et pertes, etc. (Jour-
» nal du Palais, 1811, 1er sem. p. 61).

Les participans entre eux.

8. Plusieurs Cours ont décidé que celui qui
fournit les fonds à l'associé, chargé des ventes et
achats, est propriétaire des marchandises existantes, ou des prix provenans des ventes, jusqu'à concurrence de ses avances.

9. Toutes les règles que nous avons expliquées,
lorsque nous avons parlé des sociétés en général,
s'appliquent aussi aux associations en participation, sauf les règles spéciales, relatées par les articles 47, 48, 49 et 50.

Mais ces règles ne sont pas impératives; elles
ne sont que facultatives. Elles manifestent la pensée du législateur, qui n'a pas voulu employer
pour elles la même rigueur que pour les trois
autres espèces de sociétés commerciales. Quand
les parties n'ont pas inséré de conventions dans
l'acte social, il leur est permis de recourir aux
principes généraux, de les modifier par des dispositions particulières, pourvu qu'elles ne contiennent rien de trop contraire à l'esprit d'association (art. 48). Enfin il n'a pas exigé pour

elles la rédaction de l'acte comme formalité essentielle, ainsi qu'il l'avait fait pour les autres sociétés (art. 39 et 40). En effet, il a permis qu'elles fussent prouvées soit par la représentation des livres, soit par la correspondance, soit par la preuve testimoniale, si le tribunal juge qu'elle doit être admise (art. 49) : en n'exigeant pas la rédaction d'un acte social, par voie de conséquence il n'a pu exiger la publicité.

De ce que le législateur a distingué si clairement l'association en participation des trois autres espèces de sociétés commerciales, il ne faut pas conclure qu'il ait pensé à déclarer leurs formalités incompatibles avec elle. Dans une pareille conclusion il y aurait une grave erreur.

Dans une association en participation, les associés peuvent convenir que l'un d'eux ne supportera les pertes que jusqu'à concurrence de sa mise : cette clause, quoique tenant de la société en commandite, devra recevoir son exécution. (Pardessus, droit commercial, t. 4, p. 156.)

Art. 49. Les associations en participation peuvent être constatées par la représentation des livres, de la correspondance ou par la preuve testimoniale, si le tribunal juge qu'elle peut être admise.

1. Si, pour l'association en participation, la loi

n'exige pas la publicité comme pour les autres sociétés, si elle n'est pas aussi sévère pour les moyens de preuve, c'est que la participation ne compromet pas les intérêts du public comme les autres associés.

2. Les genres de preuves que notre article énumère ne constatent-ils l'existence de la société que par rapport aux sociétaires, ou bien aussi par rapport aux tiers avec lesquels ils ont traité?

Je crois que pour les livres il faut appliquer les principes posés au Code civil par les articles 1329 et 1330.

S'agit-il de la correspondance, il sera nécessaire de se référer aux dispositions de l'art. 1331.

Toutes les fois que les tiers réclameront contre les participans, on devra faire droit à leurs demandes si elles se trouvent justifiées par les propres livres de la société. Mais les associés ne pourront pas tirer avantage contre les tiers de la tenue de leurs livres, car il serait vraiment trop facile pour eux de se créer des titres. Cependant si les créances, que mentionnent les registres, sont consignées dans d'autres titres, alors je crois que les registres peuvent constituer un commencement de preuve par écrit, et servir à déterminer la conviction du juge, ébranlée par les premiers titres.

Dans cette matière le législateur n'a pas dû

marquer des règles certaines ; il a laissé beaucoup de pouvoir au juge, il n'a pas gêné sa conscience par des dispositions trop étroites, et il a bien fait, car, dans un Code de commerce, les dispositions trop précises sont dangereuses. « Les véri » tables règles du commerce, dit M. Locré, sont, » celles de la bonne foi et de l'équité : il faut bien » se garder de les affaiblir par des règles trop po » sitives qui, dans beaucoup de circonstances, en » gênent l'application. L'art, dans les lois de cette » espèce, est de poser des principes féconds en » conséquences, et qui, dans l'exécution, ne ré » sistent jamais à l'équité.

» L'article ne borne donc pas l'effet de la dis » position aux associés ; il ne l'étend pas aux tiers ; » mais il laisse aux juges, relativement aux preu » ves, une latitude qui leur permet de se déter » miner d'après les circonstances. (M. Locré, Ob » servations sur l'article 46, t. 1, p. 187.)

3. La preuve testimoniale peut être admise dans les sociétés en participation, quand bien même il s'agit d'un intérêt excédant 150 fr. Le législa teur a laissé voir ses intentions à cet égard, puis qu'il laisse la preuve testimoniale à l'appréciation du juge. Elle pourra être admise, dit l'article 49, si le juge croit qu'on peut en faire usage. Lui seul a capacité pour savoir si elle doit, ou non, être admise : son droit est étendu, il lui est permis de l'exercer sur toutes sociétés en participation,

quel que soit son intérêt, qu'il soit ou non supérieur à 150 fr. Le Code ne distingue pas, et là où
la loi ne distingue pas, on ne doit pas distinguer.
Il n'est pas possible de recourir aux principes posés pour les sociétés en général, puisque le législateur a parlé, à l'article 49, de la preuve testimoniale d'une manière générale, qu'il ne l'a pas
restreinte aux objets d'une valeur inférieure à
150 fr. et qu'il l'a seulement subordonnée à la volonté du juge. Bien, plus l'article 50 tranche formellement la question, puisqu'il dit que les associations en participation ne sont pas sujettes aux
formalités prescrites pour les autres sociétés.
(Ainsi jugé par la Cour de Paris, le 15 mai 1811.)

4. La cour de Colmar a été plus loin : elle a décidé que l'article 49 n'était pas limitatif, mais
seulement indicatif; que la société en participation se prouve par tous les moyens, tracés par
les règles du droit civil, pour suppléer à l'absence de toute preuve écrite. Appliquant le principe posé par elle, elle admet l'aveu comme
preuve des associations en participation. (Sirey,
15. 2. 154).

Art. 50. Les associations commerciales
en participation ne sont pas sujettes aux formalités prescrites pour les autres sociétés.

1. La différence entre les autres sociétés et la
société en participation est bien établie : mais il

ne faut pas la porter plus loin que le législateur n'a voulu qu'elle portât. De toute évidence, quand il a affranchi les sociétés en participation des formalités prescrites pour les autres sociétés, il a voulu parler des formalités fixées pour les sociétés commerciales, mais nullement des principes généraux en matière d'association. Ils restent dans toute leur force pour la participation : basés sur l'équité, ils règlent toutes les associations, abstraction faite des formalités particulières à chacune.

2. La nature de la participation exigeait cet affranchissement positif de toute forme : elle est moins une société proprement dite, qu'une opération fugitive, une spéculation éphémère, nécessairement circonscrite dans sa durée et dans son objet. Aussi la Cour de cassation, appréciant sainement la participation, la considérant comme destinée à n'avoir qu'un moment d'existence, la regarde comme n'ayant pas d'assiette ou d'établissement. En conséquence, elle décide que l'article 59 du Code de procédure civile, suivant lequel, en matière de société, l'assignation doit être donnée devant le juge du lieu où elle est établie, ne s'applique pas aux associations en participation, « qui, ne consistant pas dans une » série d'affaires, n'ont point d'assiette, et cessent » d'exister dès que la négociation particulière, » pour laquelle elles ont eu lieu, est finie : »

que si les participans sont domiciliés en des lieux différens, le demandeur doit les assigner au domicile de l'un d'eux à son choix (Art. 59, Code de procédure civil. Sirey, 10. 1. 207).

TITRE QUATRIÈME.

DES CONTESTATIONS ENTRE ASSOCIÉS, ET DE LA MANIÈRE DE LES DÉCIDER.

Arbitres.

1. L'arbitrage est, sans contredit, le mode le plus sûr de terminer les différends. Les plaideurs devraient, autant que possible, prendre cette voie pour mener à fin toutes leurs discussions d'intérêts privés. Les arbitres, hommes de conscience, s'empresseraient de réconcilier ceux qui se soumettent à leurs décisions ; ils conseilleraient aux parties un arrangement bien préférable, même pour la partie victorieuse, aux lenteurs interminables d'un procès. Mais, malheureusement, il se trouve toujours des hommes qui, guidés par la mauvaise foi et la cupidité, aiment mieux se cacher derrière les rigueurs inexorables de la loi, traîner en longueur un procès, que de se fier à des arbitres, qui, par un prompt et scrupuleux examen, termineraient rapidement les procès.

2. On ne peut forcer personne de souscrire à une nomination d'arbitres ; le compromis est tout-à-fait libre. Car, nous le savons tous, en

principe général , les tribunaux seuls ont le droit de juger les contestations qui divisent les citoyens ; et ce n'est que par une exception, portée dans l'intérêt général , que le législateur a permis à de simples citoyens de se constituer en tribunal. ₆ Si les plaideurs préfèrent soumettre leurs différends aux tribunaux ordinaires , rien ne peut les priver de ce droit, et les contraindre de compromettre (1). Il existe cependant un cas où l'arbitrage est forcé , c'est celui où des contestation s'élèvent, dans les associations commerciales, entre les sociétaires, et pour raison de la société.

ART. 51. Toute contestation entre associés, et pour raison de la société, sera jugée par des arbitres.

1. Aucune association ne peut se soustraire à cette nécessité légale , quand bien même tous ses membres comparaîtraient volontairement devant un tribunal ordinaire.

____

(1) L'ordonnance de 1560, confirmée par celle de Moulins, voulait que tous les différends qui naissaient entre proches en matière de partage , de compte de tutelle, de restitution de dot et de douaire , fussent renvoyés devant des arbitres parens communs. Ces dispositions, tombées en désuétude, furent, à peu de chose près, remises en vigueur par la loi du 24 août 1790, tit. 10, art. 12 et 13, et enfin abrogées par celle du 9 ventose an IV.

.L'arbitrage forcé pour les contestations entre associés, pour raison de la société, remonte à un temps déjà éloigné ; l'ordonnance de 16 3, qui l'ordonnait, n'avait fait que convertir en loi un usage consacré par plusieurs siècles.

. 2. Quelle est la raison de cette exigence ? Le législateur, sage appréciateur des intérêts des plaideurs, a eu en vue d'éviter les lenteurs si préjudiciables au commerce, et d'économiser les frais qui sont énormes pour toutes les formalités judiciaires.

3. Quoiqu'en matière de société de commerce, l'arbitrage soit forcé, les associés peuvent-ils néanmoins se faire juger par des arbitres amiables compositeurs ?

Dans ce cas, la décision arbitrale peut-elle être attaquée de nullité par une opposition à l'ordonnance d'*exequatur* ?

Je le dis franchement, j'ai toujours regardé comme une absurde hérésie en droit la prétention de ceux qui voulaient interdire pour les sociétés commerciales l'arbitrage volontaire.

« On soutenait devant la Cour de cassation,
» que l'arbitrage volontaire n'avait lieu que quand
» les parties étaient libres de ne pas nommer
» d'arbitres, et de rester soumises à la juridiction
» des tribunaux ; qu'en matière de société de
» commerce, il n'y avait pas de choix, la loi

» voulant impérieusement que les associés soient
» jugés par des arbitres. »

La Cour de cassation a fait justice de ce système (16 juillet 1817. Arrêt de la section civile).

En effet, prétendre que le législateur en for-
çant les associés de soumettre leurs contestations
à des arbitres, leur a interdit de nommer *des
amiables compositeurs*, c'est dénaturer sa pensée,
c'est contrarier le désir de hâter la décision des
procès, désir qu'il a partout manifesté. Arbitrage
forcé.... Cette expression signifie seulement que
les sociétaires ne pourront porter leurs discussions devant les juges ordinaires, qu'ils seront
contraints de prendre des arbitres, amiables
compositeurs ou autres,.... peu importe au législateur. A cet égard, il leur laisse une entière
liberté.

Toute la procédure qu'indique le Code de
commerce n'existe que pour les cas où les sociétaires ne sont pas convenus entre eux des formes
à suivre. Mais il n'a pas dû dire et n'a pas dit que
les règles tracées *aux titres des contestations
entre associés*, etc., etc., étaient obligatoires... Les
articles 1003 et 1019 du Code de procédure civile sont applicables aux sociétés commerciales,
puisque le Code de commerce ne contient rien de
formel contre leur application. Il est évident (et
c'est un point de quotidienne application en jurisprudence); que, puisque au titre qui nous oc-

cupe, le législateur a gardé le silence sur les amiables compositeurs; il a voulu se référer aux principes généraux de l'arbitrage.

« Attendu, dit la Cour de cassation dans l'arrêt » précité, qu'il n'est dans la lettre, ni dans l'esprit » de la loi, de priver les commerçans du droit » essentiel et primitif qui appartient à tous les ci- » toyens, de ne pas recourir aux tribunaux, et de » se faire juger par des arbitres volontaires, etc. »

La Cour de cassation a, le 15 juillet 1818, rendu un arrêt qui confirme sa doctrine. Elle a décidé que la clause sociale, par laquelle les sociétaires ont consenti à ce que les contestations qui pourraient s'élever entre eux, fussent jugées sans appel par des arbitres amiables compositeurs, s'étendait au cas où les parties n'ayant pu convenir d'arbitres, ils ont été nommés d'office par le tribunal de commerce. Selon l'arrêt, cette nomination d'office n'a pas enlevé aux arbitres le caractère d'*amiables compositeurs* qui leur était attribué par le pacte social.

La seconde question se trouve implicitement résolue par la solution que nous venons de donner à la première. En effet, si je décide que les règles de l'arbitrage, telles qu'elles sont établies par le Code de procédure civile, quand elles ne sont pas contredites par les règles posées par le Code de commerce pour l'arbitrage forcé, s'appliquent à ce dernier arbitrage, je décide par voie de conséquence que l'article 1028 est aussi applicable ; que la décision peut être attaquée pour tous les motifs énoncés en cet article, par opposition à l'ordonnance d'*exequatur*.

4. Les arbitres forcés ou nécessaires remplacent, dans les affaires qui leur sont soumises, les juges du tribunal de commerce ; ils ont tout le pouvoir que ceux-ci peuvent avoir pour les affaires ordinaires. Aussi ont-ils le droit de prononcer la contrainte par corps, dans tous les cas où la loi donne pouvoir aux tribunaux de la prononcer. Nommés pour prononcer sur des contestations qui résultent d'une société contractée, ils ne sont pas de simples experts, mais des juges véritables ; ils ont le pouvoir de juger, biens moins par la volonté des parties, que par l'autorité de la loi (1).

Il faut remarquer que ce droit appartient aussi bien aux arbitres nommés par les parties qu'à ceux nommés par le tribunal de commerce ; car les uns et les autres sont des juges véritables qui remplissent, en vertu de la loi, les fonctions du tribunal de commerce même. Peu importe même, selon un arrêt de la Cour royale de Paris, que les arbitres jugent sans appel.

5. M. Merlin pousse encore plus loin cette doctrine. Il pose, comme principe incontestable,

---

(1) Arrêts de cassation des 13 fructidor an VIII, 31 nivose an IX, et 14 octobre 1806.

que les arbitres volontaires, c'est-à-dire les arbitres nommés dans le cas où la loi ne fait pas une nécessité de l'arbitrage, peuvent prononcer la contrainte par corps dans les matières qui y sont sujettes.

Je crois que ce célèbre jurisconsulte a commis une erreur, en attribuant aux arbitres volontaires le droit que la Cour de cassation attribue avec raison aux arbitres forcés, qui, aux yeux de la loi, sont de véritables juges. J'adopte plus volontiers l'opinion de la Cour de Toulouse, qui refuse aux arbitres volontaires le pouvoir de prononcer la contrainte par corps, non-seulement dans le cas où ce droit leur aurait été concédé par les parties, mais encore dans le cas où la loi la prononce.

Les arbitres volontaires ne représentent pas, comme les arbitres nécessaires, les juges ordinaires ; ils ne tiennent pas, comme ceux-ci, leur pouvoir de la loi, mais seulement de la volonté des parties qui, sans autorité publique, ne pouvaient pas leur transmettre des droits dont elles ne disposaient pas. Si, pour un moment, ils ont eu la faculté de juger, ce n'est que par exception, ce n'est qu'autant que les intéressés ont renoncé à porter leurs contestations devant les tribunaux ; tandis que, en fait de sociétés commerciales, les arbitres seuls ont le droit de décider sur les contestations entre les sociétaires, ils constituent un tribunal spécial sur les attributions duquel le

tribunal de commerce n'a pas la liberté d'em-
piéter. La différence entre la nature de ces deux
arbitrages est immense; grande aussi doit être la
différence de leur pouvoir.

6. Les fonctions d'arbitres sont-elles facúlta-
tives? En général, n'est arbitre que celui qui veut:
mais cette liberté peut être restreinte suivant la
qualité de l'individu. Ainsi, les négocians ne
peuvent pas toujours refuser les fonctions d'arbitres. Il faut ici faire une distinction : ils sont
nommés ou par les parties, ou par le tribunal de
commerce. S'ils sont désignés par les parties, cette
désignation n'a rien d'obligatoire , parce que de
simples citoyens n'ont aucune puissance sur eux,
ne peuvent les contraindre d'agir contrairement
à leur volonté. S'ils sont désignés par le tribunal
de commerce, il n'y a pas pour eux possibilité de
se soustraire à la mission qu'on leur confie, c'est
une charge inhérente à l'état de commerçant; ils
ne peuvent se déporter sans des raisons plau-
sibles que le tribunal de commerce apprécie. Quel
est le motif d'une pareille décision? La célérité
qui est due aux affaires commerciales. En effet,
sans cette obligation, les arbitres en se déportant
rendraient interminables des procès qui exigent
de la promptitude; c'est certes dans l'intérêt des
négocians que les fonctions d'arbitres leur sont
imposées. Si aujourd'hui elles sont pénibles pour
eux, plus tard elles leur paraîtront un bienfait.

7. Remarquons que tous les différends entre associés ne se portent pas devant des arbitres; pour cela, il faut encore qu'ils aient lieu *pour raison de la société*. Les contestations qui s'élèveraient entre deux sociétaires, si elles étaient étrangères à la société, seraient soumises à la juridiction ordinaire. Par exemple, Paul et Jacques, tous deux associés de la société Joseph et compagnie, outre les fonds par eux versés dans la caisse sociale, possèdent par indivis une maison. Des difficultés d'intérêts naissent entre les deux propriétaires; ils plaident, quoique associés, non pas devant des arbitres, mais devant les tribunaux ordinaires.

8. Mais si les contestations ont lieu entre associés, *pour raison de la société*, elles sont jugées par des arbitres, quelle que soit la nature de la société; peu importe qu'elle soit société en nom collectif, société en commandite, société anonyme. C'est, dit M. Pardessus, une juridiction forcée, que les parties n'ont pas le droit de décliner, même lorsqu'elles seraient d'accord sur ce point.

L'incompétence du tribunal de commerce est, à cet égard, radicale, absolue; elle peut être proposée en tout état de cause; si elle n'était pas demandée, il devrait la prononcer d'office, et renvoyer les contestans devant qui de droit.

Cette règle s'applique partout avec tant de rigueur, que la Cour de Paris a décidé que les contestations entre associés, *pour raison de la société*, doivent être jugées par arbitres, quand bien même les sociétés auraient été contractées sous l'empire des lois qui n'exigeaient pas l'arbitrage forcé.

9. L'arbitrage, exigé formellement par l'article 51 pour les sociétés en nom collectif, en commandite, anonymes, est-il nécessaire pour les associations en participation ?

La difficulté provient de ce que l'article 50 exempte ces associations des formalités prescrites pour les autres sociétés. Mais cet embarras d'interprétation disparaît bien vite, si l'on prend la peine de réfléchir un instant. On voit facilement que ce n'est que par un malentendu, par suite d'une mauvais appréciation des vœux du législateur, que l'on transporte à la section des contestations entre associés des dispositions faites exclusivement pour la section précédente. Dans la première section du titre des sociétés commerciales, le législateur a classé les diverses espèces d'associations; il a établi pour chacune d'elles des règles particulières ; quant à la participation il l'a mise à part, il l'a distinguée complétement des trois autres sociétés, enfin, pour rendre sa pensée plus claire, il l'a déclarée non sujette aux formalités prescrites pour les premières. Evidemment cet article 50, qui parfait la distinction entre la participation et les trois autres sociétés, n'a eu pour but que de rejeter les formalités prescrites pour les associations en nom collectif, en commandite, anonymes, et non les règles établies pour les sociétés en général. Jamais il n'est entré dans la tête de personne de prétendre que cet article 5o mettait la participation hors la loi commune aux sociétés en général; tous les jurisconsultes le regardent comme le résumé de la pensée actuelle du législateur, qui s'occupait des associations commerciales, traçait les règles auxquelles il voulait les assujettir, et laissait plus de liberté aux participations qu'aux trois autres. Disons-le donc, cet article 5o s'applique à toutes les dispositions qui le précèdent, mais, hors la 1re section, il n'a plus d'autorité, et surtout il ne doit avoir aucune influence sur l'article 5i. Que contient ce dernier article? Maintient-il entre les trois premières sociétés et la participation, la différence posée par l'article 5i? Non, il s'explique ainsi : *toute contestation entre associés, et pour raison de la société, sera jugée par des arbitres.* Deux points seulement doivent être établis : 1° la discussion a lieu entre deux associés, 2° pour raison de société. Toutes les fois que deux ou plusieurs associés, quels qu'ils soient, l'article ne distingue pas, ont des contestations pour raison de la société, ils doivent se rendre devant des arbitres qui décideront à qui appartient le bon droit,

Pourra-t-on prétendre que le législateur a oublié de mentionner la distinction faite par lui entre la participation et les autres associations ? Je comprendrais ce système si le législateur avait décidé le mode de vider les contestations entre associés, long-temps après avoir traité des formalités relatives à chaque société. Mais ici cette prétention est insoutenable, puisqu'il désigne les juges des discussions entre associés *pour raison de la société*, immédiatement après avoir inséré les dispositions de l'article 50. Ainsi, il avait encore sous les yeux l'exemption qu'il avait prononcée en faveur de la participation ; son affranchissement de toutes les formalités ordonnées par les articles 39, 40, 41, 42, 43, 44, 45, 46, : s'il n'a pas prononcé dans l'article 51, ni dans aucun autre article de la deuxième section, la même séparation, c'est qu'il a pensé qu'il était de l'intérêt des participans, comme de celui des autres associés, de soumettre leurs contestations à des arbitres ; c'est qu'il a voulu, en connaissance de cause, rendre l'arbitrage forcé commun à toute espèce de sociétés.

En résumé, l'article 51 est applicable aux associations en participation, dans toute la rigueur qu'il comporte. Ainsi, attendu que cet article est conçu dans des termes impératifs, qu'il n'admet aucune distinction, qu'il renferme une exception formelle, *pour toute espèce de sociétés,*

à la compéetnce des tribunaux de commerce,
et que ces derniers n'étant que des tribunaux
d'exception , leur juridiction ne peut être prorogée , que le Code de commerce ne laisse rien
sous ce rapport à la volonté des parties , je
pense, que , pour la participation comme pour
les autres sociétés, l'incompétence du tribunal
de commerce est absolue : et que, quand bien
même les participans consentiraient à être jugés
par lui, il serait tenu de les renvoyer devant des
arbitres.

10. Lorsque les arbitres sont constitués, ils
représentent, comme il a déjà été dit, les juges
ordinaires, ils composent un véritable tribunal.
Aussi ont-ils, vis-à-vis des parties qu'ils doivent
juger, par rapport à l'affaire soumise à leur décision, toute la capacité accordée par la loi à un
tribunal ; c'est à eux seuls qu'il faut demander la
rectification des erreurs et omissions reprochées
à leur sentence. Il faut leur faire l'application de
l'article 541 du Code de procédure civile ainsi
conçu : *Si dans un compte il y a erreurs, omissions , faux ou doubles emplois, il faut former
la demande en révision devant les mêmes juges.*
On prétendrait inutilement que leurs pouvoirs
cessent avec l'affaire ; ils sont prorogés par les
reproches même adressés à leur sentence. Il faut
bien qu'il en soit ainsi, puisque le tribunal de
commerce est absolument incompétent pour

juger la contestation entre associés, et qu'une demande en rectification d'erreurs reprochées à une sentence arbitrale rendue sur un compte entre associés est la suite d'une contestation entre associés : on ne pourrait soumettre cette demande au tribunal de commerce sans violer la loi. Tout au plus serait-il permis de soutenir qu'il est nécessaire de nommer d'autres arbitres; mais il y aurait grave inconvénient pour les associés qui perdraient un temps précieux devant de nouveaux arbitres, qui, ignorant entièrement l'affaire, seraient obligés de l'étudier pour pouvoir statuer sur les rectifications réclamées. Il est donc bien plus sage, bien plus conforme aux principes de renvoyer devant les mêmes arbitres. (Arrêt de la Cour de cassation du 28 mars 1815. Journal du Palais, année 1815, t. 3, p. 190) (1).

11. Il est bon de remarquer que les contestations entre associés, pour raison de la société, doivent seules être soumises à la juridiction arbitrale. Les arbitres ne peuvent avoir mission de statuer sur la validité ou l'invalidité d'un acte; tout jugement qu'ils rendraient à cet égard, serait absolument nul.

12. Devra-t-on considérer comme contestation

---

(1) Il n'en serait pas ainsi en matière civile, attendu que les arbitres volontaires ne forment pas, comme les arbitres forcés, un véritable tribunal, ayant sa juridiction particulière.

entre associés la demande en dissolution faite par l'un des sociétaires, et par suite la soumettre à la décision des arbitres ? Ne s'agit-il pas plutôt de statuer sur une formalité essentielle de l'acte de société, et par conséquent la demande en dissolution ne comporte-t-elle pas plutôt la juridiction du tribunal de commerce ?

Pour l'intelligence de la question, il faut distinguer entre les sociétés illimitées et les sociétés à terme.

Les sociétés illimitées peuvent être dissoutes par la volonté de l'une des parties ; et la dissolution s'opère par un renonciation notifiée à tous les associés, pourvu que cette renonciation soit de bonne foi, et non faite à contre-temps. (Article 1869).

La renonciation, aux termes de l'article 1870, n'est pas de bonne foi, si l'associé renonce pour s'approprier à lui seul le profit que les associés s'étaient proposé de retirer en commun.

Elle est faite à contre-temps quand les choses ne sont plus entières ; et il importe à la société que sa dissolution soit différée.

La dissolution des sociétés à terme ne peut être demandée par l'un des associés avant le terme convenu, qu'autant qu'il y en a de justes motifs, comme lorsqu'un autre associé manque à ses engagemens, ou qu'une infirmité habituelle le rend inhabile aux affaires de la société, ou autres cas semblables, dont la légitimité et la gravité sont laissées à l'arbitrage des juges. (Art. 1871.)

Dans les sociétés illimitées, ou dans les sociétés à terme, toutes les fois que l'un des sociétaires demande la dissolution de la société, et que les co-associés constatent la possibilité de la dissolution, soit parce que le sociétaire poursuivant est dans l'exception prévue par l'article 1869, soit parce qu'il se trouve compris dans la généralité de l'article 1871, on rentre dans le cas de l'article 51. Il y a contestation entre associés pour raison de la société, pour un fait qui n'est que la conséquence de l'association : il y a donc lieu à l'arbitrage forcé, c'est ainsi que l'a décidé la Cour de Lyon par arrêt du 11 avril 1823.

« Attendu, dit l'arrêt, que si l'un des associés » s'oppose à la dissolution, il y a dès lors néces- » sité d'examiner et d'apprécier la légitimité des » motifs allégués à l'appui de la demande ;

» Attendu que cet examen et cette appréciation » ne peuvent, en matière commerciale, apparte- » nir aux tribunaux de commerce, puisque l'ar- » ticle 51 du Code de commerce prescrit en » termes formels que *toute contestation entre* » *associés, et pour raison de la société, sera* » *jugée par des arbitres ;*

» Que cette disposition impérative est absolue » et n'admet aucune distinction ; d'où il suit que » toutes les fois que l'existence d'une société est

» certaine, *et qu'il ne s'agit point de statuer sur* *la validité ou l'invalidité de l'acte qui la cons-* *stitue*, les tribunaux de commerce sont incom- pétens pour connaître des contestations qui peuvent s'élever entre les associés, et qu'aux arbitres seuls il appartient de statuer ;

» Attendu que, dès l'instant où une demande en dissolution de société est constatée, cette demande prend dès lors le caractère *de contes-* *tation entre associés pour raison de la société,* et tombe par là dans les attributions des ar- bitres, etc., etc. » (Voir M. Horson. Questions sur le Code de commerce, t. 1, p. 78.)

A RT. 52. Il y aura lieu à l'appel du juge- ment arbitral ou au pourvoi en cassation, si la renonciation n'a pas été stipulée. L'ap- pel sera porté devant la Cour royale.

1. Cet article est une des grandes différences qui existent entre l'arbitrage volontaire et l'arbitrage forcé. Il permet le pourvoi en cassation contre les jugemens arbitraux, rendus en matière de so- ciétés commerciales, tandis que l'article 1028 du Code de procédure civile le prohibe dans les arbi- trages volontaires. En effet, ne dit-il pas *qu'il ne* *pourra y avoir recours en cassation que contre les* *jugemens des tribunaux, rendus soit sur requête* *civile, soit sur appel d'un jugement arbitral ?*

La raison de cette distinction entre les dispositions des deux Codes est que, dans les contestations civiles, personne n'est obligé de confier ses intérêts à des arbitres, tandis que, pour les contestations entre associés, l'arbitrage est forcé. Si les contestans dans les affaires civiles ont à se plaindre de leurs arbitres, ils ne doivent s'en prendre qu'à eux-mêmes de leur mauvais choix; ils n'avaient qu'à se présenter devant les tribunaux ordinaires, ils avaient en effet des juges expérimentés et tous les recours légaux contre leurs décisions. D'ailleurs leur position n'est pas déjà si défavorable, attendu qu'indirectement la voie de cassation leur est toujours ouverte. Ils n'ont qu'à appeler de la sentence arbitrale, et se pourvoir devant la Cour souveraine contre le jugement ou l'arrêt confirmatif de l'opinion des arbitres. (Art. 1028, Code de procédure.)

Dans les arbitrages forcés, le recours en cassation était de rigueur; car, ainsi que le remarque M. Locré, « il ne fallait pas faire acheter aux » commerçans, par le sacrifice de l'intérêt du » fond de la contestation, l'intérêt qu'ils peuvent » avoir à être promptement jugés : en excluant » indéfiniment le pourvoi, en défendant aux » parties de se le réserver, on les abandonnerait à » la discrétion des arbitres. Rien ne serait plus dan- » gereux, surtout quand ces arbitres ignorent les » principes du droit. Il serait bien étrange que des

» hommes sans caractère public, constitués juges
» par un mouvement de confiance dont on se re-
» pent ensuite, pussent rendre des décisions plus
» irréformables que celles des juges établis par la
» loi ! si le recours en cassation devait être fermé,
» il valait mieux ne pas obliger à l'arbitrage. »
(M. Locré, Esprit du Code de commerce, t. 1,
p. 2o3.)

2. Le Code donne la faculté de l'appel et du recours en cassation ; mais il ne force pas d'en faire usage. Il permet de renoncer à ce droit, *cuique licet juri in favorem suum introducto renunciare.* Une fois que la renonciation a été stipulée, soit avant l'instruction, soit pendant le cours des débats, la convention lie les parties...., et la décision des arbitres est irrévocable (1).

3. Cependant le changement survenu dans l'état détruit le principe. « Les conventions tien-
» nent lieu de loi aux parties. » Par exemple, si une des parties décède antérieurement à la sentence arbitrale, laissant des héritiers mineurs, alors, la clause du compromis qui autorisait les arbitres à prononcer en dernier ressort est anéantie. L'article 1o13 du Code de procédure s'applique à cet égard d'une manière formelle. « *Le décès, lorsque*
» *tous les héritiers sont majeurs, ne mettra pas*

______

(1) Art. 1o1o, Cod. Procéd. civ.

» *fin au compromis :* le délai pour instruire et
» juger sera suspendu pendant celui pour faire
» inventaire et délibérer.

Cet article, quoique mis au titre des arbitrages volontaires, peut s'appliquer à la renonciation dont nous nous occupons maintenant. En effet cette renonciation est toute volontaire : le législateur permet, dans l'arbitrage, l'appel et le recours en cassation : et si on y renonce, comme ce n'est que par le simple effet de sa volonté, on doit, quant à cette partie du compromis, invoquer les règles établies pour les arhitrages volontaires.

4. Faut-il que la renonciation à l'appel et au recours en cassation soit expressément stipulée ; ou bien suffit-il que les termes mêmes du compromis ou son esprit la fassent présumer ? En général il faut, je crois, que la renonciation soit expressément stipulée, qu'il n'y ait aucun doute sur l'intention des parties de consentir à un jugement en dernier ressort.

Cependant il est une classe d'arbitres qui, selon la nature de son institution, doit toujours statuer sans appel. Je veux parler des amiables compositeurs.

« Considérant, dit la Cour de Nanci, que la
» conséquence naturelle de ces pouvoirs, con-
» férés légalement aux arbitres d'après les articles
» 1009 et 1019 du Code de procédure civile, est

» qu'ils ont dû prononcer en dernier ressort,
» qu'en effet, d'après l'article 1010 du Code pré-
» cité, les parties peuvent, lors ou depuis le com-
» promis, renoncer à l'appel; que la loi n'exigeant
» pas une renonciation expresse, il s'ensuit
» qu'elle peut être tacite, pourvu qu'elle résulte
» clairement des termes et de l'esprit du compro-
» mis; que la nomination d'amiables composi-
» teurs, dispensés de toutes formalités écrites,
» indique éminemment l'intention de renoncer à
» l'appel; qu'en effet, on ne peut présumer que,
» soit la législation (art. 1009 et 1019 précités),
» soit les parties, aient voulu conférer aux arbi-
» tres des pouvoirs sans objet, ainsi qu'ils le se-
» raient cependant si l'appel de semblables déci-
» sions était recevable, puisque, dans ce der-
» nier cas, les tribunaux, qui ne trouveraient
» d'ailleurs aucun élément d'instruction formali-
» sée, seraient obligés d'apprécier, d'après les
» règles strictes du droit, les jugemens rendus par
» des amiables compositeurs, et qu'ainsi la con-
» vention première des parties serait toujours
» méconnue, etc.» (Arrêt du 26 décembre 1825.)

5. Il reste à traiter une question importante que je place sous la rubrique de l'article 52, parce qu'elle a un rapport indirect avec ses disposi-tions. Il s'agit de savoir si le Français que l'or-donnance de 1629, art. 121, autorise à débattre de nouveau ses droits et prérogatives devant les tri-

bunaux français, nonobstant les jugemens rendus contre lui en pays étranger, jouit du même privilége relativement aux décisions arbitrales rendues soit en matière ordinaire, soit en matière de commerce?

Cette question est une des plus importantes qui puissent se présenter. Elle a plusieurs fois été soumise aux tribunaux, et presque toujours elle a reçu une solution affirmative.

Dans mon opinion, la décision, rendue par des arbitres étrangers, doit être revisée tout aussi bien que les jugemens rendus par des tribunaux étrangers. Au surplus, cette question a été largement traitée devant la Cour de cassation : je vais rapporter les faits qui lui ont donné naissance, la discussion et l'arrêt. (Voir Sirey, 1. 369.)

FAITS.

« Le 1er mai 1798, M. Lecouteulx de Canteleu,
» le sieur Laurent Lecouteulx et le sieur Chériot,
» formèrent, par acte passé et signé à Paris, une
» association ayant pour objet d'exporter en Amé-
» rique des denrées et marchandises d'Europe,
» et d'importer en France des denrées améri-
» caines.

» MM. Lecouteulx ne voulurent être que com-
» manditaires.

» La société devait durer huit années, à partir
» du 1er juillet 1793 jusqu'au 30 juin 1799 : les
» difficultés entre les associés étaient déclarées sou-
» mises à des arbitres. Le fonds social était de
» 120,000 dollars ou piastres effectives, somme
» égale à 600,000 fr., numéraire de notre monnaie.

» Le sieur Chériot se rendit en Amérique pour
» y établir la maison de commerce à New-Yorck ;
» il paraît que, dans l'intérêt de l'association, il
» se fit naturaliser Américain.

» Le sieur Chériot ne fut pas heureux… Il se
» trouva forcé de suspendre ses paiemens.

» Les co-associés, résidant à Paris, envoyèrent
» au sieur Dupont de Nemours, négociant français,
» procuration pour faire ce qu'il jugerait conve-
» nable à leurs intérêts, etc., etc. Des arbitres fu-
» rent nommés en vertu de cette procuration.

» Le 8 mars 1802, les arbitres rendirent leur
» décision.

» Entre autres dispositions est celle-ci :
. . . . » Et comme il y a plusieurs juge-
» mens en vertu desquels les propriétés et créances
» de la société sont exposées à être saisies et ven-
» dues à vil prix, et Chériot peut être arrêté, il
» est autorisé à tirer, dès à présent, sur M. Le-
» couteulx de Canteleu, 100,000 piastres effec-
» tives d'Espagne, à la charge par Chériot de
» verser dans la caisse de la société une somme
» proportionnée à celle-ci, le tout pour satisfaire

» aux engagemens les plus urgens de la société.

» Quand Chériot voulut exécuter sur Lecou-
» teulx, celui-ci forma opposition :

» Le tribunal de la Seine rendit, le 20 août 1806,
» un jugement qui, entre autres dispositions, por-
» tait celle-ci :

» Attendu que, suivant les lois de l'empire
» français, tous jugemens rendus en pays
» étrangers, soit par des tribunaux ordi-
» naires, soit par des *arbitres*, ne sont pas
» exécutoires en France, et que le Français
» est toujours admis à débattre ses droits,
» comme entiers, devant les juges de
» son territoire; d'où il suit que le juge-
» ment arbitral dont il s'agit, ne forme point
» un titre en faveur du sieur Chériot; qu'il
» ne lui donne que le droit de se pourvoir
» par action principale pour soumettre les
» demandes aux juges de l'empire français,
» seuls compétens pour en connaître :

» Le tribunal, au principal, renvoie les parties à
se pourvoir devant les juges de l'empire français,
à l'effet, par elles, de débattre devant eux, comme
entiers, leurs droits et prétentions.

» 27 juillet 1807, la Cour de Paris rend un arrêt
confirmatif.

» Le sieur Chériot se pourvoit en cassation,
» pour fausse application de l'article 121 de l'or-

» donnance de 1629. — Violation des articles 1,
» 2, 4 et 6 du titre premier de la loi du 24 août
» 1790, de l'article 1021 du Code de procédure,
» du droit naturel et des gens; enfin pour excès
» de pouvoir.

L'article 121 de l'ordonnance de 1629 porte :
« Les jugemens rendus, contrats ou obligations
» reçues ès royaumes et souverainetés étrangères,
» pour quelque cause que ce soit, n'auront au-
» cune hypothèque, ni exécution en notre
» royaume; ains (mais) tiendront les contrats
» lieu de simples promesses, et nonobstant ces
» jugemens, nos sujets contre lesquels ils auront
» été rendus, pourront débattre de nouveau leurs
» droits, comme entiers, pardevant nos officiers.

» Prenons cette disposition de la loi dans sa
» plus grande étendue, disait-on pour le sieur
» Chériot; écartons les opinions de Boullenois
» (Traité des statuts réels et personnels),
» d'autres savans jurisconsultes et commenta-
» teurs, sur les distinctions à faire entre le cas
» où le Français condamné a été demandeur de-
» vant le juge de la souveraineté étrangère, et
» le cas où il n'a été que le défendeur; entre le cas
» où les jugemens ont été rendus en matière pu-
» rement personnelle, et le cas où ils ont été
» rendus en matière purement réelle ou mixte;
» admettons que la loi ne fait pas d'exception
» pour les affaires de commerce de terre et de

» mier : il n'en sera pas moins vrai que la loi ne
» concerne que les jugemens rendus, contrats ou
» obligations reçues ès royaumes et souverainetés
» étrangères, c'est-à-dire les jugemens rendus par
» des juges en titre de la souveraineté étrangère,
» c'est-à-dire les contrats ou obligations reçus
» par des officiers publics de la puissance étran-
» gère.

» Cela résulte du texte de la disposition de la
» loi elle-même.

» En effet, la loi dispose que, nonobstant les
» jugemens, les sujets français contre lesquels ils
» auront été rendus, pourront de nouveau dé-
» battre leurs droits, comme entiers, par devant
» les officiers français; ce qui veut clairement
» dire qu'on ne pourra opposer au Français con-
» damné l'exception de la chose jugée contre
» lui, par le juge tenant son pouvoir de la puis-
» sance étrangère.

» Quant aux contrats et obligations, ils tien-
» nent lieu, en France, de simples promesses,
» et ne doivent conférer aucune hypothèque.

» Aussi l'article 546 du Code de procédure re-
» nouvelle-t-il la disposition de l'article 121 de
» l'ordonnance de 1629 : les jugemens rendus par
» les tribunaux étrangers, et les actes reçus par
» les officiers étrangers, ne seront exécutoires en
» France que de la manière et dans les cas pré-
» vus par les articles 2123 et 2128 du Code civil.

18

« Les motifs du législateur viendraient, au be-
» soin, accréditer le vérité de notre assertion.

« L'article 121 de l'ordonnance de 1639 tient
» essentiellement au droit public : la raison de la
» disposition qu'il contient, est que « la puissance
» publique des peuples ne peut s'étendre au-delà
» des limites de leur territoire. »

« Les arbitres ne sont que des personnes pri-
» vées : ils ne tiennent leur pouvoir que des par-
» ties ; et ce pouvoir de juger les différends à eux
» soumis ne comporte rien que de privé.

« Ce qu'ils font dans les termes de leur mission,
» quoique réglement absolu, entre et contre les
» parties comprómettantes, ne tient lieu que d'un
» acte arrêté sous signature privée ; mais il con-
» tient la preuve littérale des obligations libre-
» ment consenties à l'avance, d'une partie envers
» l'autre.

« Veut-on mettre la décision arbitrale à exé-
» cution ?

« Il est indispensable de recourir aux délégués,
» en cette partie, de la puissance publique : *Ma-*
» *gistratus publicus judicum arbitrorum senten-*
» *tias exequitur*, L. 15, ff. De re judicata. Car, de
» droit universel et commun, personne ne peut
» se faire justice.

« Les décisions arbitrales rendues en France ne
» peuvent également être exécutées sans l'inter-
» vention de la justice, et sans que leur exécution

» ait été ordonnée par le président d'un tribunal
» français.

» La Cour de Paris a décidé qu'il en était autre-
» ment des décisions arbitrales rendues en pays
» étranger, contre un Français, et que l'exécution
» ne leur était pas due en France.

» La Cour suppose que les arbitres sont des
» juges ayant une puissance publique et le droit
» de juridiction; c'est là une grande erreur : ils ne
» peuvent (dit M. Merlin, Nouveau Répertoire
» universel de Jur., v° Arbitrage) forcer les té-
» moins à venir déposer, parce qu'ils n'ont au-
» cune puissance publique, ni même les faire as-
» signer devant eux, parce qu'ils n'ont aucun
» droit de juridiction sur ces témoins.

» Les arbitres n'ont pas de territoire; ils n'ont
» donc pas de puissance publique, leurs décisions
» ne sont donc pas des jugemens proprement
» dits : *compromissum judicium imitatur*. L. 14.
» Code de judic.; *et ad similitudinem judicio-*
» *rum redigitur*. L. 1, ff. De recept. qui arbitr....
» La chose qui en imite une autre, la chose qui
» se fait à l'instar d'une autre, est en rapport
» d'analogie; mais il y a une grande différence
» entre une chose parfaitement semblable à une
» autre, et des choses qui n'ont entre elles que
» quelques rapports de ressemblance.

» Aussi tous les commentateurs du droit romain
» professent-ils que les arbitres ne sont que des

» personnes privées, et que leurs décisions ne
» sont pas des jugemens proprement dits.

» Aussi l'ordonnance de commerce de 1673,
» art. 13, tit. 4, en disposant que les sentences
» arbitrales entre associés pour négoces, mar-
» chandises ou banque, seront homologuées, s'en-
» suit-il que ces décisions ne confèrent pas d'hy-
» pothèque sans l'homologation, parce qu'elles
» n'émanent que de personnes privées; ainsi jugé
» par la Cour, le 25 prairial an 11, section des re-
» quêtes sur les conclusions conformes de M. le
» comte Merlin. (Affaire Merlino.)

» Aussi l'ordonnance de 1629 ne parle-t-elle
» que des jugemens rendus par les officiers pu-
» blics d'une puissance étrangère.

» Elle n'est donc pas applicable à une décision
» arbitrale intervenue, surtout entre associés,
» dans un pays étranger, où était établie la maison
» gérante de la société, et à la suite du plein et
» libre consentement de la maison gérante et
» correspondante de Paris.

» Les décisions arbitrales conservent leur ca-
» ractère particulier : elles sont un réglement ab-
» solu entre les parties; et sous ce rapport, elles
» tiennent un rang distingué que les parties leur
» ont assuré d'avance, et bien supérieur à la sim-
» ple promesse.

» Chez les Romains et en France, la force exé-
» cutoire des décisions arbitrales était et est atta-

» chée au sceau de l'autorité de la puissance pu-
» blique où on veut les mettre à exécution.

» Ici le défenseur cherche à prouver que la
» sentence arbitrale a été homologuée par le dé-
» légué de la puissance publique de France, par
» le commissariat établi aux Etats-Unis pour l'in-
» térêt des Français et du commerce français.

» Inutile d'objecter, ajoute-t-il, que la décision
» arbitrale est rendue par des étrangers, puis-
» qu'à supposer vraie cette allégation, les arbitres
» du choix des parties ne sont plus des étrangers,
» et que des étrangers capables en France, pour
» être les arbitres des citoyens français, ou d'un
» Français et d'un étranger, le sont, par droit na-
» turel et des gens, également en pays étrangers.

» Enfin, la voie de l'arbitrage résulte du droit
» général des nations policées, parce qu'elle a
» encore son principe dans le droit naturel, et
» par conséquent dans le droit général des na-
» tions, même non policées; et la justice réglée,
» chargée de connaître du fond des procès n'a été
» créée qu'à la suite de la dépravation des mœurs
» des peuples, comme réglement de police; de
» sorte qu'elle n'est qu'une institution supplémen-
» taire de la justice volontaire. — *Le bien est*
» *plus ancien dans le monde que le mal* (dit
» M. d'Aguesseau, dans son institution au droit
» public, sur le droit des gens, tom 1, pag. 548).

» Aucun législateur sensé n'a porté atteinte au

» droit sacré qu'ont toutes personnes de compro-
» mettre sur les droits dont elles ont la libre dis-
» position.

» Ce droit est consacré et par la loi du 24 août
» 1790, et par toutes les législatures qui succé-
» dèrent à l'assemblée constituante. Les lois sur
» la procédure, ou sur l'organisation judiciaire,
» n'en font mention que pour l'environner de
» quelques points de forme : ce qu'il ne faut pas
» confondre avec ce qui tient à l'essence du droit
» de l'arbitrage en lui-même.

» Or, il est de principe que les droits et les
» exceptions qui dérivent du droit des gens peu-
» vent être invoqués en France contre le Français
» au préjudice duquel ils sont ouverts, quoiqu'en
» pays étranger. (M. Merlin, question de droit,
» affaire Sphorer, v° Jugement, t. 5, p. 253. —
» Même opinion dans l'affaire des intéressés au
» corsaire l'*Aventurier*, contre les chargeurs du
» navire l'*Europe*, jugée par arrêt de la Cour du
» 29 mars 1809, au rapport de M. Coffinhal.)

» La décision arbitrale de 1802 a ouvert des
» droits et une exception de cette nature, en fa-
» veur du sieur Chériot. Rien ne pouvait en ar-
» rêter l'exécution en France.

» En effet, si les décisions arbitrales doivent re-
» cevoir, pour leur exécution en France, la sanc-
» tion de l'autorité judiciaire française, la déci-

» sion dont il s'agit a été revêtue de cette formalité.

» Si, aux termes de l'article 6 du titre premier
» de la loi du 24 août 1790, sous l'empire de la-
» quelle les parties ont contracté, le président
» était tenu de donner, sans examen, son ordon-
» nance d'*exequatur*, dans l'espèce; il y a plus
» le président du tribunal de la Seine n'a rendu
» son ordonnance qu'après communication au
» ministère public.

» Conséquemment, les tribunaux français de
» l'intérieur, ceux surtout de la situation de la mai-
» son correspondante et gérante de la société en
» France, et du domicile du Français condamné,
» ne pouvaient refuser l'exécution parée à la déci-
» sion arbitrale de 1802.

» C'est ce qu'a décidé la même Cour de Paris,
» le 16 décembre 1809.

» Dans cette cause, il s'agissait d'une sentence
» arbitrale rendue à Londres le 31 août 1801,
» entre le sieurs Lawnes (étranger) et Vochez
» (Français), et de son exécution en France.

» Arrêt. — La Cour, considérant, en ce qui
» touche la décision arbitrale du 31 août 1801,
» qu'une pareille décision rendue en pays étran-
» ger, mais appartenant *au droit des gens*, comme
» n'étant que la conséquence et le résultat d'une
» convention primitive et libre des parties, peut,
» sans contredit, être exécutée en France, pourvu
» qu'elle soit déclarée exécutoire par un tribunal

» français...., émendant, évoquant le principal,
» et y faisant droit, déclare exécutoire la sentence
» arbitrale du 31 août 1801.
« On voit bien que la Cour de Paris aurait pro-
» noncé de même, si le Français avait été lui-
» même condamné par la décision arbitrale, et
» eût prétendu vouloir débattre ses droits comme
» entiers pardevant les juges français.

» Telle avait été l'opinion de M. Mourre, pro-
» cureur-général, donnant ses conclusions dans
» cette affaire.

» On a répondu pour M. Lecoulteux,

» Que l'ordonnance de 1629 s'appliquait à des
» décisions arbitrales ; que les arbitres étaient de
» véritables juges, et leur décision un véritable
» jugement; que la décision arbitrale n'était pas
» volontaire, qu'elle était forcée; que tel est le ca-
» ractère des décisions arbitrales rendues, en
» matière de commerce et entre associés, que les
» arbitres tenaient en effet leur pouvoir de la loi;
» qu'ils n'étaient point, comme dans l'arbitrage
» volontaire, sujets à révocation ; qu'ainsi l'avait
» décidé la Cour par plusieurs arrêts; que d'ail-
» leurs cette décision arbitrale avait été rendue
» *en pays étranger*, que cela suffisait, aux termes
» de l'article 121 de l'ordonnance de 1629, pour
» la faire rejeter comme non avenue ; qu'enfin,
» les arbitres étaient des étrangers, et que, par
» cette seule raison, une décision arbitrale avait

» été annulée par, arrêt de la Cour de cassation
» du 7 floréal an v.

» M. Mourre, procureur-général, fut d'avis que
» l'ordonnance de 1629 n'était pas applicable à
» des décisions arbitrales quelconques. Il a re-
» produit les conclusions lumineuses qu'il avait
» portées devant la Cour de Paris, lors de l'arrêt
» déjà cité du 16 décembre 1809. Il a conclu à la
» cassation.

» La Cour a rejeté le pourvoi, sans s'expliquer
» sur la question de savoir si l'article 121 de l'or-
» donnance de 1629 s'applique aussi bien aux déci-
» sions rendues par des arbitres étrangers en pays
» étrangers qu'aux jugemens rendus par les tribu-
» naux étrangers. »

Quant à moi, mon opinion, ainsi que je l'ai
énoncé en commençant, est complétement conforme à celle émise par l'avocat de M. Lecoulteux.
Je ne vois pas pourquoi les décisions arbitrales ne
seraient pas soumises aux dispositions de l'ordonnance de 1629. On dit, pour rejeter l'assimilation
que tous les partisans de mon opinion établissent
entre une décision d'arbitres et un jugement ordinaire, que la loi n'attribue pas aux arbitres le
caractère de juges, que par conséquent leurs
actes ne sont pas soumis aux mêmes règles. Pour
détruire cette objection, il suffit de se demander
dans quelle vue a été portée l'ordonnance de 1629,
dite Code Michaud. Évidemment elle fut portée

dans l'intérêt des Français qui ont droit de réclamer le jugement de leurs pairs, dans lesquels ils doivent avoir plus de confiance que dans des juges étrangers, qui auront peut-être sacrifié ses intérêts à ceux d'un indigène. Eh bien ! on refuserait aux Français condamnés par des décisions arbitrales cette faculté en révision accordée pour les jugemens rendus par les tribunaux ! Mais si le législateur a rendu l'ordonnance de 1629, parce qu'il craignait que la fortune des Français fût sacrifiée soit par la précipitation des juges qui n'apporteraient pas aux affaires d'un étranger toute l'attention qu'ils pourraient mettre à l'examen des affaires de leurs justiciables, soit par la partialité qui les dominerait, malgré eux, pour un compatriote, à plus forte raison a-t-il voulu la rendre pour les décisions des arbitres, qui, plus faciles que les juges ordinaires à se laisser entraîner par leurs passions, seraient plus enclins à favoriser l'indigène aux dépens de l'étranger.

Voilà pour le cas où la décision arbitrale serait rendue contre le Français au profit de l'étranger.

Pour le cas où l'affaire, jugée par des arbitres étrangers, concernerait deux Français, la révision est encore de droit, si la partie condamnée la réclame, par un autre motif applicable aussi au premier cas.

En effet, *l'exécution d'un jugement est un acte de souveraineté : c'est un ordre donné par le souverain d'un état aux officiers préposés de faire exécuter les décisions de la justice. Cet ordre ne peut avoir de force que dans les limites de la puissance qui le donne ; partout ailleurs il est dépouillé de sa vertu essentielle.* (M. Duranton, t. 1, p. 98 , n° 155.)

Quoi ! un tribunal étranger ne pourrait pas faire exécuter son jugement en France, et de simples particuliers, constitués juges pour une seule affaire, imposeraient leurs décisions sur lesquelles l'ordonnance d'*exequatur* ne serait apposée que comme pure formalité ! Evidemment il ne peut en être ainsi ; *compromissum judicium imitatur,* a dit le demandeur en cassation : oui , un *compromis est l'imitation d'un jugement, ad similitudinem judiciorum redigitur,* c'est-à-dire qu'il n'y a pas identité parfaite ; mais il y a ressemblance , analogie , et il doit subir les mêmes nécessités dans tous les cas où la loi n'a pas établi d'exception.

J'ai donc la ferme conviction que le droit de remettre en jugement devant les tribunaux français ce qui a été décidé par des juges étrangers s'étend aux décisions rendues par des arbitres.

ART. 53. La nomination se fait

Par un acte sous signature privée,

Par acte notarié,

Par acte extrajudiciaire,

Par un consentement donné en justice.

1. Dans l'arbitrage volontaire, on appelle compromis l'acte qui porte la nomination des arbitres. On n'a pas voulu que dans les arbitrages forcés il eût ce nom, parce que le mot compromis comporte avec lui des formalités essentielles seulement pour les arbitrages volontaires.

Ainsi, le compromis doit, à peine de nullité, désigner les objets en litige (article 1006 du Code de procédure); tandis que l'acte de nomination des arbitres nécessaires n'est pas astreint à cette désignation.

2. Dans l'abitrage volontaire, le compromis se fait par procès-verbal devant les arbitres choisis, ou par acte devant notaire, ou sous signature privée (art. 1005).

Le Code de commerce, qui admet la nomination par acte notarié et par acte sous signature privée, n'exclut pas la nomination par procès-verbal, car le procès-verbal a nécessairement le caractère d'un acte sous seing privé ou d'un acte authentique. Mais il ajoute la nomination par acte extrajudiciaire, et la nomination par consentement donné en justice. Pourquoi le législateur a-t-il permis dans les arbitrages forcés la nomination par acte extrajudiciaire, quand il ne l'a pas accordée aux arbitrages volontaires ? Voici ses motifs : les arbitrages ordinaires sont essentiellement spontanés, aussi ne peuvent-ils exister qu'en vertu d'une convention ; tandis que, en matière de société, l'arbitrage étant forcé, chacune des parties a le droit de sommer l'autre de présenter ses arbitres.

Quant à la nomination par consentement donné en justice, elle prend naissance dans la nature des choses. Bien souvent un associé cite son co-associé devant le tribunal de commerce, pour contestation à raison de la société : le tribunal se déclare incompétent, et renvoie les parties devant des arbitres ; alors il est possible que les contestans nomment à l'instant même leurs arbitres, ou qu'une des parties fasse choix des siens.

3. Dans l'acte portant nomination des arbitres sont énoncées, comme dans le compromis, toutes les conventions des parties.

C'est dans l'acte de nomination ordinairement que les parties renoncent à l'appel, quoiqu'il leur soit loisible d'y renoncer depuis sa confection (art. 1010).

C'est aussi dans l'acte de nomination que le délai pour le jugement est fixé (art. 1007 du Code de procédure, et 54 du Code de commerce). Sans quoi, en matière ordinaire il ne dépassera pas trois mois, et en matière commerciale il sera fixé par le juge (*idem*).

4. Les arbitres volontaires peuvent se déporter

(art. 1012). Mais les négocians, nommés arbitres en matière de commerce, ne pourront, ainsi que je l'ai démontré plus haut, se déporter que pour des motifs graves, car les fonctions d'arbitres sont une charge inhérente à l'état de commerçant. (Ainsi jugé par la Cour de Bruxelles le 22 août 1810.)

Mais il est un principe certain, applicable aussi bien aux arbitrages volontaires qu'aux arbitrages forcés : c'est qu'ils ne pourront se déporter, si leurs opérations sont commencées (article 1014 du Code de procédure).

En matière ordinaire, le compromis finit, 1° par le décès, refus, déport ou empêchement d'un des arbitres, s'il n'y a clause qu'il sera passé outre, ou que le remplacement sera au choix des parties, ou au choix de l'arbitre ou des arbitres restans (article 1012).

En matière de société commerciale, il n'en est pas ainsi : le défaut d'un arbitre ne peut avoir d'autre effet que d'obliger à le remplacer de la même manière qu'il avait été nommé.

Le compromis finit encore par l'expiration du délai fixé par les parties, ou, à défaut de fixation de délai, par l'expiration des trois mois.

Dans l'arbitrage forcé, sans aucun doute les arbitres perdent leur pouvoir s'ils n'ont pas prononcé dans le délai fixé par les parties, par les juges, ou prolongé par eux-mêmes d'après le pouvoir que leur en donne l'article 58 du Code de commerce. Les parties et les juges, en effet, ne leur confièrent des pouvoirs que pour un temps limité ; et s'ils laissent expirer ce temps, sans avoir fait usage de leur mandat, ils n'ont plus de caractère pour l'exécuter. Mais alors les parties ont contre eux *la prise à partie*, pour les avoir privées, par leur refus de juger, de l'exercice de droits légitimes. Les arbitres forcés forment un tribunal de commerce, ils sont considérés comme de véritables juges, et doivent subir les mêmes peines quand ils manquent à leurs devoirs.

Récusation des arbitres.

5. Dans l'arbitrage volontaire, le compromis doit, à peine de nullité, désigner les noms des arbitres. Ceux-ci sont toujours convenus entre les parties.

Dans l'arbitrage forcé, il peut arriver que chacun fasse séparement le choix de ses arbitres. Ainsi, Paul peut, en sommant Pierre de désigner ses arbitres, nommer ceux qu'il a pris. Dans ce cas les arbitres ne sont pas convenus, comme ils le seraient, si la nomination eût été faite par acte sous seing privé. Obligera-t-on l'une des parties à prendre un juge de la main de son adversaire, quand, dans la même circonstance, il lui serait permis de repousser un juge ordinaire ? Non : il y aurait là une souveraine injustice, une position plus défavorable pour lui que s'il paraissait devant un tribunal. Que décidera-t-on, quand une des parties voudra exercer son droit de récusation ? Si les arbitres ont été convenus, on lui répondra par l'application de l'article 1014, ainsi conçu : « *Les arbitres ne seront pas récusés, si ce n'est pour cause survenue depuis le compromis.* »

Si les arbitres n'ont pas été réciproquement convenus, s'il n'existe pas un acquiescement à la nomination, alors il y a lieu d'appliquer le droit commun qui permet de récuser tout juge pour les causes déterminées par la loi. (Voir l'article 378 du Code de procédure civile.)

6. Qui statuera sur les causes de récusation ? Le tribunal de commerce lui seul a ce pouvoir. Car, l'article 55 du Code de commerce en lui conférant le droit de nommer d'office les arbitres en matière de société commerciale, lui accorde nécessairement le droit de juger de leur capacité et des causes qui s'opposent à ce qu'ils remplissent leur mission. « *Cui jurisdictio data est, ea quoque concessa esse videntur, sine quibus jurisdictio explicari non potuit.* » (L 2 , ff. De jurisdic.)

Révocation des arbitres.

7. Lorsque tous les arbitres ont été réciproquement convenus, soit par acte devant notaire ou par acte sous signature privée, soit par un ac-

quiescement donné à la nomination faite par
acte extrajudiciaire, alors il existe une obligation réciproque de se soumettre à leur décision,
obligation dont le seul consentement de toutes
les parties procurera l'extinction. Il y a lieu d'user
de l'article 1008 du Code de procédure civile,
qui dit que *les arbitres ne pourront être révoqués
que du consentement unanime des parties.*

8. Non-seulement l'art. 1008 doit être appliqué,
s'il s'agit de la révocation des arbitres, lorsqu'il
y a eu convention expresse ou tacite sur leur
nomination, mais encore s'il s'agit d'enlever des
pouvoirs que, d'un consentement unanime, les
parties leur ont confiés. C'est ainsi qu'a jugé la
Cour de cassation le 8 octobre 1806 : « Attendu,
» dit-elle, que, quand les parties ont consenti à
» être jugées sans appel par un tribunal de com-
» merce, elles ont formé un contrat judiciaire
» qu'aucune d'elles n'a le droit d'anéantir sans le
» consentement de l'autre ; qu'en conséquence,
» quand elles ont, comme dans l'espèce, donné
» le même pouvoir aux arbitres qui remplacent
» ce tribunal, elles ne peuvent le révoquer que
» d'un commun accord. » La loi ne pouvait pas
permettre que le caprice et l'humeur vinssent
briser un contrat légalement formé. Une telle facilité eût été contraire au but que s'étaient proposé
les rédacteurs du Code, de mettre le plus promptement possible fin aux différens.

Art. 54. Le délai pour le jugement est fixé par les parties, lors de la nomination des arbitres ; et, s'ils ne sont pas d'accord sur le délai, il sera réglé par les juges.

1. Les dispositions des articles 1007 et 1812, qui veulent que le compromis expire au bout de trois mois si un plus long délai n'a pas été fixé par les parties, ne sont pas applicables aux arbitrages forcés.

2. Si les parties donnent mission aux arbitres de prononcer sur l'affaire qui est soumise à leur décision dans un temps donné, ceux-ci doivent avoir rendu leur sentence arbitrale au jour fixé.

Si les arbitres, soit par mauvaise volonté, soit par suite de circonstances extraordinaires, ne pouvaient juger dans le délai, les parties auraient-elles le droit de porter leur affaire devant le tribunal de commerce ? Non : car il dépendrait des parties d'enlever, de connivence avec les arbitres, les contestations entre associés, à raison de la société, à l'arbitrage forcé. Les contestations ont, aux yeux du législateur, un caractère particulier qui n'est pas détruit parce que des arbitres ont refusé de statuer, ou n'ont pas eu le temps de rédiger leur sentence dans le délai fixé. Il n'y aurait dans ce cas qu'à convenir de la fixation d'un second délai, ou de la nomination de nouveaux arbitres : sous toute réserve, comme il a été dit plus haut, de tout recours et même de la prise à partie contre les arbitres pour le tort causé aux contestans.

3. Quand le délai commence-t-il à courir? Il ne court que du jour où les pièces ont été remises aux arbitres. Autrement il serait tout-à-fait inutile que la loi renvoyât devant eux les contestations entre associés pour raison de la société, puisque les parties auraient la faculté de l'éluder et de neutraliser la mission des arbitres, en refusant de produire leurs titres. Si les arbitrages, en matière de société commerciale, sont forcés, ils doivent recevoir leur exécution, indépendemment du fait et de la volonté des parties. Telle a été sans aucun doute l'intention du législateur ; telle doit être l'interprétation raisonnable du texte de la loi.

N'y aurait-il pour ce système que cet axiôme : *on doit plutôt entendre une disposition légale dans le sens avec lequel elle peut produire quelque effet, que dans le sens avec lequel elle n'en pourrait produire aucun*, qu'il triompherait auprès de tous les gens sensés.

4. On juge facilement de quelle importance est la constatation dans le jugement arbitral du moment où les pièces ont été remises. Les arbitres doivent donc toujours mentionner l'époque de la remise ; sans quoi ils sont présumés avoir

commencé leurs travaux aussitôt que la connaissance de leur nomination leur sera parvenue :
une fois que cette mention est insérée dans le
jugement arbitral , elle fait foi de la date de la
remise.

5. L'article 54 veut que, si les parties ne sont
pas d'accord sur le délai , il soit réglé par le tribunal de commerce.

Cette disposition est pleine de sagesse. Si elle
n'existait pas , il dépendrait d'une partie de mauvaise foi d'éterniser la contestation par des re-
tards sans fin , par des refus de nominations des
arbitres , refus déguisés sous la difficulté de
trouver des hommes auxquels on pût confier des
intérêts.

Ici s'élève une question d'une haute importance.

On a déjà vu que , si les arbitres ne jugeaient
pas dans le délai fixé, le tribunal de commerce
n'était pas saisi de la contestation , qui nécessairement devait être décidée par des arbitres ; que
seulement il y avait lieu à nomination de nouveaux arbitres ou à confirmation de ceux précé-
dement nommés.

On demande maintenant si, les arbitres n'ayant
point rendu leur sentence dans le délai fixé par
le tribunal de commerce , ce tribunal peut proroger leur juridiction , sur la demande de l'une
des parties , sans le consentement de l'autre ?

Cette question, d'un si grand intérêt pour les arbitrages forcés, divise les jurisconsultes et les cours.

MM. Pardesus et Locré, consultés dans la cause qui a donné naissance à cette difficulté, furent partagés d'opinion.

Je vais donner un extrait de leurs consultations telles qu'elles se trouvent au journal du Palais (année 1823, t. 2).

M. Pardessus, qui se prononce pour l'affirmative, établit ainsi son opinion.

« Il commence d'abord par prouver ce que moi-
» même j'ai dit plus haut, à savoir que la dispo-
» sition de l'article 1012, qui veut que le com-
» promis finisse par l'expiration du délai stipulé,
» est applicable à l'arbitrage forcé. Il s'appuie sur
» l'article 54 du Code de commerce, qui, selon
» lui, deviendrait tout-à-fait inutile, sans l'adop-
» tion de la règle portée par l'article 1012 du
» Code de procédure civile : car on ne verrait pas
» à quoi servirait la fixation d'un délai.

» La loi veut que les associés soient jugés par
» des arbitres; eh bien ! la loi ne sera jamais exé-
» cutée, si, dès qu'on a laissé écouler le délai sans
» que les arbitres aient prononcé, une partie peut
» s'opposer à ce que le tribunal fixe un nouveau
» délai.

» Cette objection est susceptible de plusieurs
» réponses :

» 1° La loi exige bien qu'on soit jugé par des
» arbitres, mais non par tels arbitres : ainsi l'in-
» térêt de la loi n'est aucunement compromis ;

» 2° L'expiration des pouvoirs des arbitres ne
» sera pas une raison pour qu'on porte la cause
» devant les tribunaux. Les individus qui avaient
» été nommés n'auront plus de caractère et de
» pouvoir ; mais la nécessité d'un arbitrage sub-
» sistera et les parties nommeront ou feront nom-
» mer d'autres arbitres ;

3° Les parties pourront laisser aux arbitres le
» pouvoir de les juger, et si aucune d'elles n'a mani-
» festé l'intention de les remplacer, la prorogation
» tacite de leurs pouvoirs s'induira de leur silence,
» souvent même de leurs défenses respectives de-
» vant les arbitres, après les délais écoulés ;

» 4° Si quelques inconvéniens naissent de ce
» qu'un long travail des arbitres sera en pure
» perte, et qu'une instruction nouvelle sera né-
» cessaire devant les arbitres nouveaux, ils sont la
» suite de toutes les institutions humaines ; mais
» le désir de les prévenir ne doit pas porter à mé-
» connaître les principes.

» Le tribunal de commerce ne peut pas, à la de-
» mande de l'une des parties, proroger le délai,
» parce que le législateur n'a pas voulu, parce qu'il
» a pensé qu'une partie ne refuserait pas sans de
» graves considérations, à consentir une proroga-
» tion devenue nécessaire par la force des choses et

» non par la faute des arbitres ; parce que, si le
» tribunal était appelé à prononcer sur cette pro-
» rogation demandée par l'une, refusée par l'autre,
» il faudrait entrer dans des détails, des explica-
» tions qui ne seraient pas sans inconvéniens.

» A ces importantes considérations se joint une
» raison plus décisive. En instituant l'arbitrage
» forcé pour juger les contestations, le législateur
» a créé une juridiction parallèle au tribunal de
» commerce, n'ayant comme lui, d'après l'article
» 52 du Code, de supérieur que la Cour royale et
» la Cour de cassation.

» En matière de société, les arbitres remplis-
» sent, non pas un acte de pure confiance, mais
» une attribution légale, et les fonctions mêmes
» des tribunaux de commerce. Ce tribunal con-
» court à les organiser, à résoudre les difficultés
» préliminaires à leur constitution ; mais une fois
» ses opérations commencées, le tribunal a son
» individualité, son indépendance. Les juges de
» commerce n'ont ni supériorité, ni surveillance
» à exercer sur les arbitres : le président est pu-
» rement passif dans l'ordonnance d'exécution
» qu'il est tenu d'accorder, et si des nullités sont
» reprochées au jugement arbitral, ce n'est pas
» au tribunal de commerce qu'il appartient d'en
» connaître comme le pourrait, d'après l'article
» 1028 du Code de procédure, le tribunal civil, à
» l'occasion d'un arbitrage volontaire. Ainsi l'ont

» jugé *in terminis* plusieurs arrêts de la Cour de
» cassation (1).

» En un mot, dès que les arbitres sont consti-
» tués, le tribunal de commerce leur devient
» étranger : jugent-ils dans le délai fixé, jugent-
» ils après, c'est à la Cour royale ou à la Cour de
» Cassation que les griefs, dans la forme ou au
» fond, pourront être portés. Ne rendent-ils aucun
» jugement, la partie la plus diligente, après
» l'expiration du délai convenu ou fixé, agit comme
» s'il n'existait pas de tribunal arbitral, puisque,
» dans le fait, il n'en existe plus, et provoque la
» nouvelle nomination.

» Sans doute, les parties peuvent convenir que
» les arbitres dont les pouvoirs sont expirés con-
» tinueront de les juger : c'est la conséquence du
» droit qu'elles ont eu de les choisir. Sans doute,
» on peut supposer qu'elles l'ont voulu, tant
» qu'elles ont laissé leurs pièces, titres et mé-
» moires entre leurs mains, sans manifester l'in-
» tention de former un nouvel arbitrage ; on s'en-
» gage par des faits qui supposent un consente-
» ment en termes exprès. Sans doute, si les par-
» ties veulent manifester cette volonté de conti-

---

(1) Plus haut j'ai émis une opinion contraire. J'ai prouvé,
en m'appuyant aussi sur des arrêts de Cour royale et de cassation, que l'article 1028 du Code de procédure s'appliquait
aussi bien aux arbitrages forcés qu'aux arbitrages volontaires,

» nuer leur confiance aux arbitres d'une manière
» moins équivoque, elles peuvent en demander
» acte au tribunal de commerce, et même une
» partie peut appeler l'autre devant ce tribunal
» pour y consentir la continuation des arbitres, si
» mieux elle n'aime en nommer de sa part, ou
» rentrer dans la même position qu'au moment
» où il a été question de les nommer pour la
» première fois , conformément à l'article 55 du
» Code de commerce. »

Voici comment M. Locré a combattu le système présenté par M. Pardessus.

« En matière d'arbitrage forcé, différent en
» cela de l'arbitrage volontaire, l'expiration du
» terme n'emporte celle des pouvoirs qu'autant
» que les arbitres et toutes les parties veulent lui
» donner cet effet ; lorsqu'on ne le lui donne pas,
» ce ne sont pas de nouveaux pouvoirs qui com-
» mencent , ce sont les mêmes qui continuent. »

» Détruisons les objections par lesquelles on
» combat ces vérités.

» On dit que l'article 54 du Code de commerce
» donne bien au tribunal le droit de fixer le délai,
» lorsque les parties ne parviennent point à en
» convenir ; mais qu'il ne lui donne pas celui de
» le proroger, lorsqu'il y a résistance de la part
» d'une des parties.

» A la vérité, l'article 54 aurait pu s'expliquer
» plus clairement ; mais ce n'est pas la seule ré-

» daction incomplète qu'on rencontre dans le
» Code de commerce. Dans le silence de ce Code,
» interrogeons donc et l'esprit de la loi et l'usage.
» D'abord, quel a été le but du législateur, lors-
» qu'il a forcé les associés de soumettre leurs
» contestations à des arbitres? Il a voulu ce qu'a-
» vaient voulu les législateurs qui l'ont précédé,
» ce qu'a voulu l'ordonnance de 1673, dont il n'a
» fait que répéter les dispositions, et dont *Jousse*
» explique les motifs en ces termes : *Si les contes-*
» *tations entre associés*, dit cet auteur, *se ju-*
» *geaient dans les tribunaux ordinaires, les frais*
» *seraient beaucoup plus considérables, et les*
» *affaires ne seraient pas sitôt terminées.* Ainsi,
» économie de frais, économie de temps, voilà
» le double but de l'arbitrage forcé. Dès lors, il
» n'est point douteux que celui des deux systèmes
» qui tendra vers ce but sera le système de la loi.
» Or, nous le demandons, si la seule expiration
» des délais faisait cesser les pouvoirs des arbitres,
» ne serait-il pas extrêmement facile à la partie
» qui craindrait une condamnation, d'éterniser
» l'affaire, en faisant naître des incidens et des
» difficultés nouvelles dont l'examen entraînerait
» les arbitres au-delà des délais? Il faudrait nom-
» mer d'autres arbitres, et recommencer l'instruc-
» tion ; on jouerait vis-à-vis de ceux-ci le même
» jeu que vis-à-vis des premiers ; où tout cela
» s'arrêterait-il ?

» A cela on oppose que, dans ce dernier sys-
» tème, les mêmes inconvéniens se présentent,
» quoique sous une forme différente ; qu'il est
» possible que le tribunal de commerce éternise
» aussi le procès, en accordant prorogation sur
» prorogation.

» Cette objection ne saurait être sérieuse. La
» présomption que les tribunaux ne feront pas
» leur devoir n'est jamais entrée dans les combi-
» naisons du législateur, ou plutôt c'est sur la
» présomption contraire qu'il se règle. D'un autre
» côté, le tribunal ne peut pas être surpris, puis-
» qu'il n'accorde pas la prorogation sans con-
» naissance de cause. Ainsi, dans le système où
» le délai serait fatal, le but de la loi serait
» manqué, et dans celui qui admet la prorogation,
» ce but est, au contraire, parfaitement atteint ;
» il n'y a donc pas à balancer entre l'interpréta-
» tion qui donne une cause à la loi et celle qui
» n'en suppose aucune.

» En effet, on voit très-bien pourquoi, dans
» l'arbitrage volontaire, les pouvoirs des arbitres
» expirent avec le délai; les parties n'avaient re-
» noncé que momentanément à leurs juges natu-
» rels, pour se donner des juges à leur choix ;
» elles l'avaient fait dans l'espoir et sous la con-
» dition d'être réglées plus promptement et sans
» appareil, *sine strepitu forensi*: quand cette con-
» dition manque, le compromis tombe dans son

» entier, et les parties se trouvent *ipso facto*, re-
» placées sous la juridiction ordinaire, toujours
» néanmoins, avec la faculté qu'elles reprennent
» de s'en distraire de nouveau en passant un nou-
» veau compromis.

» Dans l'arbitrage forcé, au contraire, ce mo-
» tif ne trouve pas de prise; les parties n'ont
» point d'option; elles ne peuvent échapper à
» l'arbitrage; il n'y a pas là de compromis; car le
» compromis se compose tout à la fois du con-
» sentement d'être jugé par des arbitres, à l'ex-
» clusion des tribunaux, et du choix de ceux
» par qui l'on veut être jugé; et le consentement
» d'être réglé par des juges convenus, est même
» la base fondamentale de tout le contrat. La dis-
» position qui attacherait la cessation du pou-
» voir des arbitres à l'expiration du terme, serait
» donc sans objet.

» Elle en aurait un, réplique-t-on; elle donne-
» rait la faculté de changer les arbitres.

» Cette considération ne saurait être d'aucun
» poids aux yeux du législateur. Pourquoi? par-
» ce qu'en nommant les arbitres, les parties les
» ont jugés dignes de leur confiance; que, si elles
» ont consenti à les recevoir de la main du tribu-
» nal, c'est vers le tribunal que leur confiance
» s'est portée d'abord, afin de retomber de là sur
» les hommes de son choix; qu'à moins que des
» faits postérieurs ne la détruisent, elle ne pour-

» rait être retirée que par l'effet d'une incons-
» tance et d'une légèreté que la loi ne doit jamais
» favoriser, et qu'elle ne favorise pas, même dans
» l'arbitrage volontaire (Code de procédure,
» 1014); que s'il survient des faits, la voie de
» récusation et de prise à partie est ouverte, et
» que ce moyen pare à tous les inconvéniens.

» Mais, dira-t-on, à quoi sert la disposition qui
» veut qu'un délai soit fixé, s'il est vrai que l'expi-
» ration de ce terme ne met pas fin aux pouvoirs
» des arbitres? La réponse est que cette fixation
» peut très-bien avoir des effets utiles, sans pro-
» duire celui qu'on veut absolument lui donner,
» et que ces effets, elle les a. Des pouvoirs indé-
» terminés seraient encore plus dangereux dans
» la main d'arbitres, que dans la main de juges
» en titres. Ils donneraient lieu au déni de justice,
» tel que le définit l'article 506 du Code de pro-
» cédure. Mais à l'égard des uns et des autres, les
» délais sont toujours subordonnés à la possibilité.
» La loi serait barbare en voulant être bienfai-
» sante, si, dans la vue d'abréger les procès, elle
» obligeait le juge de prononcer avant d'être par-
» faitement instruit.

» Nous avons déjà parlé de la facilité d'éterni-
» ser l'affaire que le système du délai fatal don-
» nerait au plaideur; mais il est un inconvénient
» plus grave encore; car si les arbitres ou le sur-
» arbitre, après un examen très-long et très-équi-

» table, avaient formé leur jugement à la veille de
» l'expiration du délai, si même ils n'avaient plus
» qu'à rédiger, il suffirait que l'une des parties
» en fût informée, pour qu'elle pût, à son gré,
» faire crouler tout ce qui aurait été fait, et se
» soustraire ainsi à sa condamnation, en refusant
» de proroger le délai. Et qu'on ne dise pas que
» nous nous jetons dans une vaine hypothèse; la
» cause actuelle justifie elle-même notre suppo-
» sition.

» Vient l'article 58 du Code de commerce. Ce-
» lui-là donne le droit de proroger aux arbitres
» eux-mêmes: *Les arbitres*, dit-il, *peuvent, sui-*
» *vant l'urgence des cas, proroger le délai pour*
» *la production des pièces.* On va objecter que
» l'article ne parle que du délai pour la produc-
» tion. Soit: mais cette faculté entraîne nécessai-
» rement celle de proroger le délai pour juger;
» c'est le résultat de la dérogation que les articles
» 57 et 58 apportent à l'article 1016 du Code
» de procédure. En effet ce dernier, qui concerne
» l'arbitrage volontaire, dispose ainsi: *Chacune*
» *des parties sera tenue de produire ses défenses*
» *et pièces, quinzaine au moins avant l'expira-*
» *tion du délai du compromis; et seront tenus les*
» *arbitres de juger sur ce qui aura été produit.*
» Rien de pareil dans l'arbitrage forcé; point de
» délai fatal pour la production, pas même de
» délai fixe; point d'obligation aux arbitres de

» passer outre, si les parties n'ont pas produit;
» les parties ne sont mises en demeure que par la
» sommation de produire, dans les dix jours,
» leurs pièces et mémoires; l'expiration de ce dé-
» lai n'oblige pas même de les juger par forclu-
» sion; les arbitres estiment si le défaut de pro-
» duction doit être attribué à la mauvaise foi ou
» à la négligence, et quand ils sont convaincus
» qu'il ne provient que d'impossibilité, ils proro-
» gent les délais. Et, comme l'article 58 ne li-
» mite pas, par le temps, la faculté de proroger,
» les arbitres peuvent en faire usage, la veille
» même de l'expiration du terme, s'il estiment
» qu'un retard pour la production soit juste et
» nécessaire. Dès-lors, par conséquent, cette fa-
» culté d'accorder un délai pour produire, ren-
» ferme virtuellement celle de proroger le délai
» pour juger, tant qu'il n'est pas écoulé.

» Toutefois, n'est-il pas à craindre que les ar-
» bitres n'abusent de cette faculté, pour prolon-
» ger la contestation dans l'intérêt de la partie
» qu'ils veulent servir? Si on les suppose capables
» de prévariquer, ils auraient une manière plus
» sûre de la servir, ce serait de prononcer en sa
» faveur; mais ils entreprendraient en vain de le
» faire par des lenteurs affectées: le Code de pro-
» cédure pourvoit au déni de justice, et le Code
» pénal y applique des peines très-sévères.

» Il serait fort extraordinaire que le tribunal

» n'eût pas le droit de proroger, lorsque ce droit
» est confié aux arbitres.

» Sous un autre rapport on ne saurait le lui con-
» tester : l'article 54 pose le principe que , dans ce
» que les parties peuvent faire relativement à la
» fixation du délai , le tribunal les supplée toutes
» les fois qu'elles ne parviennent pas à l'accorder.
» Or, puisqu'il est avoué que les parties ont le
» droit de proroger le délai expiré, comment lors-
» qu'elles ne peuvent pas s'entendre sur ce point,
» le tribunal n'interviendrait-il pas pour les ré-
» gler , pour proroger un délai qu'il n'a d'abord
» pu fixer qu'au hasard , et pour réparer une mé-
» prise en quelque sorte inévitable dans ce genre
» de contestation?

» Ce dernier système fut soutenu par MM. Toul-
» lier, Dupin , Delvincourt, Carré, Fournel et
» Berryer. »

La cour de Bordeaux et la cour de cassation ne
l'ont pas accueilli, malgré la puissance des argumens développés à l'appui et l'autorité des jurisconsultes qui y ont adhéré.

Pour moi , en dépit de l'opinion de la cour de
Bordeaux, adoptée par la cour de cassation, je
me range de l'avis de M. Locré.

Comme ce célèbre jurisconsulte, je ne vois
pas pourquoi on refuse au tribunal le droit accordé à de simples arbitres. Il est constant que
ceux-ci , ainsi que l'a démontré M. Locré, peuvent

toujours proroger le délai fixé par le compromis, par cela seul qu'ils ont le pouvoir de proroger le délai pour la production des pièces. Eh bien! pourquoi dénier au tribunal cette faculté? Lorsqu'il désigne le délai, qu'est-il? Rien autre chose que le représentant des parties qui n'ont pas été d'accord. Pourquoi, au défaut de conciliation entre les parties, charger le tribunal de fixer le délai? Parce qu'on le le suppose plus instruit, par suite plus à même de juger quel est le temps nécessaire pour mener à fin une affaire; parce qu'on le sait dégagé de toute l'irritabilité de l'intérêt particulier. On lui refuserait le droit de proroger le délai! Si les parties peuvent le renouveler lorsqu'elles l'ont elles-mêmes fixé pour une première fois, le tribunal doit jouir de la même prérogative lorsqu'il a fixé le délai à leur lieu et place en cas de désaccord entre elles.

Ces motifs, joints à ceux émis par M. Locré, me font embrasser avec conviction, l'opinion que ce jurisconsulte a soutenue avec une logique remarquable.

ART. 55. En cas de refus de l'un ou de plusieurs des associés de nommer des arbitres, les arbitres sont nommés d'office par le tribunal de commerce.

1. Il ne fallait pas qu'une partie pût, à sa guise, traîner en longueur des affaires dont la solution

en matière de commerce, plus qu'en toute autre matière, est de la plus haute importance. Le législateur a bien senti que les affaires éprouveraient de la difficulté dans leur marche, s'il ne donnait pas aux parties un moyen sûr pour déjouer la mauvaise foi des individus, qui reculeraient à dessein le terme des contestations. Il a donné au tribunal le droit de nommer les arbitres pour ceux qui refuseraient de faire un choix.

2. Comme il arrive souvent que plusieurs des parties ont le même intérêt, il serait alors dangereux de leur permettre de nommer autant d'arbitres qu'il y a d'individus ayant le même intérêt. Tous ceux donc qui agissent de concert parce que leurs intérêts sont les mêmes, doivent s'entendre sur la nomination d'un seul arbitre. Y a-t-il contestation entre les parties pour désigner celles qui feront une nomination commune ; c'est au tribunal de commerce qu'il appartient de les départager, de déterminer celles dont les intérêts sont communs, et de régler le nombre des arbitres. Mais si chacune des parties a fait son choix sans contestation aucune, tous les arbitres nommés par les associés jugent à la majorité, sans que jamais, par la suite, ils puissent prétendre, sous prétexte de l'identité d'intérêt entre plusieurs sociétaires, que leurs arbitres ne pouvaient compter que pour une voix.

3. Tout associé qui met de la lenteur dans la

nomination de son arbitre, et laisse prononcer contre lui un jugement par défaut portant nomination d'office d'un arbitre, peut y former opposition. Car la loi permet l'opposition à tout jugement par défaut, sans aucune distinction, et il n'y a nulle raison de l'interdire contre celui qui porte nomination d'arbitre.

4. Quand bien même ce jugement serait contradictoire, le tribunal arbitral n'a pas le pouvoir de se constituer, si l'associé, pour lequel un arbitre est nommé, a interjeté appel du jugement, nonobstant la règle posée par l'article 439 du Code de procédure civile, que les tribunaux de commerce peuvent ordonner l'exécution de leurs jugemens par provision. On conçoit sans peine le motif de cette dérogation. En effet l'article 439, comme tous ceux qui prononcent l'exécution d'un jugement par provision, ne l'ordonne raisonnablement que pour les cas où le jugement sera exécuté sans préjudice des droits de l'appelant. Autrement l'appel serait inutile, puisque l'appelant qui ferait infirmer la sentence qui le condamme, ne pourrait pas empêcher qu'un acte préjudiciable pour ses intérêts n'eût été consommé. En un mot, l'exécution provisoire ne doit jamais avoir lieu que lorsque le dommage causé est appréciable à prix d'argent et que l'appelant qui a gain de cause peut demander des dommages-intérêts qui l'indemnisent de tout ce qu'il a perdu par suite de

l'exxécution provisoire. Pour le jugement, portant nomination d'un arbitre, il n'est pas possible qu'il en soit ainsi, puisque le dommage causé consisterait dans la perte de temps, perte qui d'ailleurs seraient partagée par toutes les parties et que l'appelant ne trouverait personne à qui il pût réclamer des dommages-intérêts.

Enfin, ne serait-il pas ridicule que les arbitres se constituassent, se missent à même de juger l'affaire, prononçassent même leur sentence, pour plus tard entendre déclarer leur travail inutile, parce qu'un d'entre eux, par suite de l'arrêt infirmatif du jugement portant nomination, était incapable de connaître des contestations ? Il faut donc dire, avec la Cour royale de Paris, qu'il n'appartient pas aux arbitres de statuer jusqu'à ce que l'appel ait été vidé.

Instruction devant les arbitres.

Art. 56. Les parties remettent leurs pièces et mémoires aux arbitres, sans aucune formalité de justice.

1. Le législateur a voulu que tous ces débats entre associés fussent regardés comme de véritables comptes de famille, et qu'ils se terminassent avec le moins de frais possible. S'il avait exigé toutes les formalités de justice, onéreuses tant par les frais qu'elles entraînent que par le

temps qu'elles coûtent, l'institution des arbitrages forcés ne serait plus elle-même qu'une formalité judiciaire défavorable au commerce.

2. Si les parties veulent connaître les pièces et les mémoires déposés, elles peuvent en prendre connaissance auprès des arbitres. Leur signification serait inutilement coûteuse aux parties, aussi les co-associés sont-ils dispensés de les signifier.

ART. 57. L'associé en retard de remettre les pièces et mémoires, est sommé de le faire dans les dix jours.

ART. 58. Les arbitres peuvent, suivant l'exigence des cas, proroger le délai pour la production des pièces.

Jugement des arbitres.

ART. 59. S'il n'y a renouvellement de délai, ou si le nouveau délai est expiré, les arbitres jugent sur les seules pièces et mémoires remis.

1. Les arbitres, d'après l'article 1019 du Code de procédure civile, sont tenus de décider d'après les règles du droit, à moins qu'ils n'aient reçu des parties le pouvoir de prononcer comme *amiables compositeurs.*

Les dispositions de cet article s'appliquent à

plus forte raison aux arbitres forcés, qui, dans l'esprit du législateur, sont de véritables juges, tiennent leur mission de la loi, et constituent un tribunal suppléant, pour certaines matières, le tribunal de commerce.

2. Si les arbitres ne trouvaient pas les pièces et mémoires remis suffisans pour arrêter leur opinion, et qu'ils crussent de leur devoir de consulter des témoins pour éclairer leur religion, auraient-ils le droit de forcer ces témoins à venir déposer ? Non : car ils n'ont aucune puissance publique. Ils ne peuvent même les faire assigner à comparaître devant eux , parce qu'ils n'ont sur eux aucun droit de juridiction. Ils sont juges, il est vrai, ils constituent un tribunal, mais seulement pour l'affaire soumise à leur décision. Hors de cette mission bornée , leur qualité n'est autre que celle de simples particuliers. Il faut alors recourir à l'autorité des juges ordinaires qui sauront bien contraindre les témoins de déposer.

3. Les arbitres ne sont pas tenus de statuer par un seul et même jugement sur toutes les contestations soumises à leur décision , ils peuvent, en prononçant définitivement sur plusieurs points litigieux, interloquer sur les autres. En effet, comme les juges ordinaires, ils procèdent dans les formes établies par la loi : comme eux donc, ils ont le droit de statuer sur les points qu'ils trouvent en état d'être dé-

cidés, et ordonner sur les autres une plus ample instruction.

Dira-t-on qu'en rendant plusieurs sentences ils excèdent leur pouvoir, et font ce que leur acte de nomination ne leur donnait pas le droit de faire ?

La réponse est facile. L'acte fixait les points sur lesquels devait porter la sentence arbitrale : il fixait aussi le délai dans lequel la sentence serait rendue. Si les arbitres se conforment à ces deux clauses importantes, leur sentence est irréprochable. Il ne peut y avoir excès de pouvoir dans la division de leur jugement, puisque les articles jugés leur sont soumis comme les autres, et rendraient-ils autant de jugemens qu'il y a de points litigieux, on ne pourrait pas les attaquer, s'ils avaient prononcé sur toutes les contestations dans le délai fixé. (Arrêt de la Cour royale de Paris, Journal du Palais, 1815 ; t. 1, p. 111... Voir Merlin, *verbo* Arbitrage.)

4. Les arbitres ont le droit de faire, pour arriver à la découverte de la vérité, tous les actes d'instruction qu'ils jugent convenable de faire. Ils peuvent ordonner des expertises, des enquêtes, visiter les lieux, déférer le serment, entendre des témoins.

5. Tous les actes d'instructions, auxquels se livrent les arbitres, se font simultanément. Le plus jeune des arbitres rédige les procès-verbaux :

mais tous doivent être présens aux opérations consignées dans le procès-verbal qui fait pleine foi en justice.

6. Les arbitres doivent condamner aux dépens la partie qui succombe (art. 130, Code de proc. civ.), à moins que le cas qui se présente ne soit un de ceux où le juge a droit de les compenser (art. 131, *ibid.*).

Si les arbitres omettaient de prononcer cette condamnation , leur sentence ne serait pas nulle pour cette omission; mais celui au profit de qui elle aurait été rendue, pourrait se pourvoir devant les juges ordinaires, pour faire condamner sa partie adverse aux dépens.

7. Qui fixera les dépens? Sont-ce les arbitres ? Non. La taxe qu'ils feraient ne lierait pas les parties. C'est le juge qui taxera : c'est encore lui qui jugera toutes les contestations élevées sur ce point.

8. En aucun cas les arbitres ne peuvent condamner une partie à l'amende. C'est un droit qui n'appartient qu'aux juges institués par le souverain, et exerçant une portion de la puissance publique.

9. Toutes les fois que la puissance publique peut intervenir dans les affaires soumises à des arbitres, ceux-ci doivent se déclarer incompétens. Si, dans le cours du procès, une partie s'inscrit en faux contre une pièce produite par son adversaire, les arbitres ne connaîtront pas de cet in-

cident : car, s'ils connaissent des incidens qui s'élèvent dans le cours de l'arbitrage, ce n'est qu'autant que ces incidens se rattachent directement et nécessairement à l'objet de la contestation, parce que la juridiction arbitrale n'est pas susceptible d'extension, et qu'elle doit être étrangère aux matières d'ordre public.

10. Les arbitres ont le droit d'adjuger des dommages-intérêts, d'allouer des provisions, d'ordonner qu'une caution sera donnée, enfin de statuer sur tous les incidens qui sont la conséquence directe de l'affaire.

Art. 60. En cas de partage, les arbitres nomment un sur-arbitre, s'il n'est nommé par le compromis : si les arbitres sont discordans sur le choix, le sur-arbitre est nommé par le tribunal de commerce.

1. Dans l'arbitrage, forcé ou volontaire, comme dans toute sentence judiciaire, la sentence est prononcée à la majorité des voix de ceux qui y concourent. (art. 116, Code de procédure).

Si les voix se partagent également, alors en matière ordinaire on appelle un nouveau juge pour vider le partage ; dans l'arbitrage, on appelle un sur-arbitre. S'il y avait plusieurs arbitres, et que chacun embrassât une opinion différente, ils seraient tenus, avant de déclarer le partage, de se réduire à deux opinions (art. 118 du Code de procédure.)

2. Le tiers arbitre se trouve désigné par le compromis, si les parties dans leur prudent désir de hâter la conclusion de leurs contestations, ont prévu le partage : dans le cas contraire, le choix appartient de droit aux arbitres, à moins qu'ils ne s'entendent pas sur la nomination du sur-arbitre ; alors, seulement alors, celui-ci sera nommé par le tribunal.

3. On n'applique pas à l'arbitrage forcé l'article 1017 du Code de procédure civile ainsi conçu : « *En cas de partage, les arbitres autorisés à nommer un tiers, seront tenus de le faire par la décision qui prononce le partage : s'ils ne peuvent en convenir, ils le déclareront sur le procès-verbal, et le tiers sera nommé par le président du tribunal qui doit ordonner l'exécution arbitrale..... Il sera à cet effet présenté requête par la partie la plus diligente.* »

Aussi, la Cour royale de Paris par arrêt du 8 avril 1809, a-t-elle décidé qu'il n'y avait pas lieu de prononcer la nullité de la nomination d'un tiers-arbitre, par cela seul qu'il n'avait pas été dressé procès-verbal du dissentiment des deux arbitres.

D'ailleurs les seules dispositions de l'article 60 du Code de commerce prouvent suffisamment que le législateur n'a pas eu l'intention d'astrein-

dre la nomination d'un sur-arbitre ; en matière
de société, aux formalités de l'article 1017. D'abord il ne contraint pas les arbitres, autorisés à
nommer un tiers-arbitre, de le faire par la décision qui prononce le partage, première différence
importante. 2° En cas de dissentiment des arbitres,
il veut que le sur-arbitre soit nommé par le tribunal de commerce, tandis que pour les arbitrages ordinaires, il concède le droit de nomination au président du tribunal qui doit ordonner
l'exécution de la décision arbitrale, deuxième différence aussi importante.

Il paraît certain que, dans l'esprit du législateur, la nomination du sur-arbitre, pour les
contestations entre associés, doit être dégagée de
toutes les formalités ordonnées pour les nominations du tiers-arbitre dans les arbitrages ordinaires.

La Cour royale de Paris comprit bien l'intention du législateur en établissant la non-application de l'article 1017 aux arbitres forcés. Elle a
persisté dans sa jurisprudence ; le 22 mai 1813
elle décida que la seconde partie de cet article,
où il est dit *que les arbitres divisés seront tenus
de rédiger leur avis distinct et motivé, soit dans
le même procès-verbal, soit dans des procès-verbaux séparés*, était étrangère à la nomination du
tiers-arbitres dans les contestations entre associés :

« Attendu, dit la Cour, que le Code de com-

» merce, qui est et doit être la loi des parties,
» en prescrivant, par l'article 6o, la nomination
» d'un sur-arbitre, en cas de partage des
» arbitres nommés, n'ayant prescrit par au-
» cune disposition, ni aux arbitres divisés l'obli-
» gation d'établir leurs avis par écrit, ni aux sur-
» arbitres celle d'adopter l'un des deux avis (voir
» l'article 1018 du Code de procédure civile), il
» s'en suit qu'en cas de partage les arbitres divisés
» doivent se réunir au sur-arbitre pour procéder,
» délibérer et décider en commun et à la majo-
» rité, etc., etc., etc. •

4. Cependant, comme il faut fixer un délai au travail du sur-arbitre, dans le silence absolu du législateur, on a cru qu'il était raisonnable de donner celui qu'il avait fixé pour les arbitrages ordinaires. Aussi, la même Cour pensa-t-elle que l'article 1018 devait s'appliquer aux arbitrages forcés dans la disposition qui ordonnait au tiers-arbitre de juger dans le mois du jour de son acceptation.

5. Le tiers-arbitre conférera avec les arbitres divisés qui seront sommés de se réunir à cet effet.

Si tous les arbitres ne se réunissent pas, le tiers-arbitre prononcera seul : et néanmoins il sera tenu de se conformer à l'un des avis des autres arbitres (article 1018 du Code de procédure civile).

On conçoit sans peine pourquoi le sur-arbitre est obligé de prendre l'avis de l'un des arbitres.

Il n'est là que pour examiner les sentences émises par les arbitres et adopter celle qu'il croit la mieux fondée en équité et en droit.

Pourtant il n'y a pas obligation pour le sur-arbitre de choisir, dans son entier, l'avis d'un des arbitres, et de rejeter complétement les opinions des autres arbitres. Il peut se référer pour le premier chef de la contestation à l'avis d'un arbitre et, sur le second chef, adopter l'opinion d'un autre arbitre. Car c'est une maxime constante en procédure que dans un jugement il y a autant de décisions différentes qu'il y a de chefs de contestations, *tot capita*, *tot sententiæ*.

ART. 61. Le jugement arbitral est motivé.

Il est déposé au greffe du tribunal de commerce.

Il est rendu exécutoire sans aucune modification, et transcrit sur les registres, en vertu d'une ordonnance du président du tribunal, lequel est tenu de la rendre pure et simple, et dans le délai de trois jours du dépôt au greffe.

1. Les arbitres forcés, comme les arbitres volontaires, doivent juger d'après les formes établies pour les tribunaux, à moins que les parties n'en

soient autrement convenues (art. 1009 et 1019 du Code de procédure).

En règle générale, tout jugement est motivé (art. 141 du Cod. proc.); le jugement arbitral n'est pas dispensé de cette formalité essentielle à la rédaction de toute décision judiciaire.

2. Pour que la sentence arbitrale ne soit pas inutile, pour qu'elle offre toute la garantie possible aux parties et au président qui la revêtira de la forme exécutoire, il faut que l'on sache si elle émane d'individus ayant reçu mission de décider la contestation : la signature seule des juges donnera ce renseignement.

Aussi voyons-nous le législateur, toujours attentif à protéger les droits des justiciables, ordonner, par l'article 1018 du Code de procédure, aux arbitres de signer leur sentence. Dans le cas où il y aurait plus de deux arbitres, dit cet article, si la minorité refuse de signer, les autres arbitres en feront mention, et le jugement aura le même effet que s'il avait été signé par chacun des arbitres.

3. Un des arbitres-juges déposera au greffe, dans les trois jours, la minute du jugement (art. 1020, Cod. proc.). Ce délai n'est pas essentiel à la validité de l'acte : et le défaut de dépôt d'une décision arbitrale, dans les trois jours de date, ne peut en opérer la nullité, même d'après les dispositions du Code de procédure civile, concernant

les arbitrages volontaires; car, aux termes de
l'article 1o3o du même Code, aucun acte n'est
déclaré nul, si la loi n'en prononce pas formellement la nullité.

4. Mais un caractère public manque aux arbitres, ils ne peuvent pas imprimer à leur sentence
cette autorité qui prête force de loi aux jugemens
ordinaires : les officiers ministériels ne leur doivent pas obéissance. Aussi est-il nécessaire que la
justice ordinaire intervienne pour donner à leurs
décisions le caractère de publicité indispensable
pour leur mise à exécution. L'article 1o2ï du
Code de procédure porte textuellement que les
jugemens arbitraux, même ceux préparatoires,
ne seront exécutés qu'après avoir été rendus exécutoires par une ordonnance du président du
tribunal, nommée *ordonnance d'exequatur*. Cette
disposition se trouve répétée par l'article 61 du
Code de commerce, ainsi conçu : « *Le jugement*
» *arbitral est rendu exécutoire sans aucune mo-*
» *dification*, etc., etc., etc. » Sans aucune modification... Ces mots méritent toute notre attention.
Ils prouvent que, dans la volonté du législateur,
les arbitres sont de vrais juges pour les contestations entre associés : que leur ministère ne se réduit pas à donner un simple avis. Le juge n'in-
tervient pas pour homologuer la sentence arbitrale, mais seulement pour lui imprimer un caractère public.

5. Le jugement arbitral est encore transcrit sur les registres du tribunal de commerce, formalité que le Code de procédure n'exige pas pour les arbitrages volontaires. Ensuite le président revêt la sentence arbitrale de l'ordonnance *d'exequatur* : il est tenu de la rendre pure et simple dans le délai de trois jours du dépôt au greffe.

6. Lorsque le président a rendu exécutoire la sentence arbitrale, le tribunal de commerce est-il compétent pour statuer sur l'opposition à l'ordonnance d'exécution ? L'affirmative ne peut souffrir de sérieuses difficultés. En effet, l'affaire soumise aux arbitres, était commerciale. Ce n'est que par exception qu'elle a été soumise à des arbitres : comme elle est toujours de la juridiction commerciale, il faut bien, si l'on attaque le pouvoir des arbitres, que les seuls juges compétens examinent si les arbitres ont bien rempli leurs devoirs. En principe général, qui doit statuer sur l'opposition ? Evidemment, d'après l'article 1028, le tribunal dont le président aura rendu l'ordonnance d'exécution ? Quel est ce tribunal ? Le tribunal dans le ressort duquel le jugement arbitral fut prononcé. Quel tribunal ? Pour les matières ordinaires, le tribunal civil. Pour les affaires commerciales, le tribunal de commerce.

Ce principe ne peut être combattu : pour le combattre il faudrait nier l'existence de l'article 1028. On répondra peut-être que cet article ne s'applique qu'aux arbitrages volontaires. Erreur : le Code de commerce rejette le même principe qui, de toute nécessité, doit entraîner les mêmes conséquences. En effet, c'est le président du tribunal de commerce qui donne aux sentences arbitrales rendues en matière de société la forme exécutoire, comme le président du tribunal civil la donne aux arbitrages volontaires. On admet maintenant, d'après la jurisprudence de la Cour de cassation, que l'on peut former opposition à l'ordonnance d'exécution donnée par le président du tribunal de commerce comme à celle donnée par le président du tribunal civil; par suite dans les deux cas cette opposition doit être portée devant le tribunal qui aura rendu l'ordonnance.

Ceux qui prétendent que le tribunal civil a la faculté de statuer sur l'opposition à l'ordonnance d'exécution, disent : dans les contestations entre associés, le tribunal de commerce n'a pas droit de connaître du fond des questions; ils ne peuvent pas non plus prononcer sur des questions nées à l'occasion de ces contestations. Puis, quand bien même ils prononceraient légalement sur les contestations entre associés, ils ne pourraient pas statuer sur des moyens de formes, sur des questions relatives à la validité des jugemens arbitraux, questions qui ne sont pas basées sur des opérations de commerce.

A la première objection, je réponds que le tri-

bunal de commerce, en statuant sur les moyens
d'opposition, ne transgresse pas ses pouvoirs, puisqu'il n'attaque pas le fond de la contestation.
Qu'a-t-il à juger ? Il examine, 1° si le jugement a été
rendu dans les termes du compromis; 2° s'il l'a été
sur un compromis valable et non expiré; 3° s'il
a été rendu par tous les arbitres, ou seulement
par ceux autorisés à juger en l'absence des autres;
4° si le tiers-arbitre n'a rendu son jugement qu'a-
près avoir conféré avec les autres arbitres; 5° enfin si la sentence arbitrale ne prononce que sur
choses demandées (art. 1028, Cod. proc.).

Je ne vois rien qui attaque le fond de la question.

Quant aux moyens de formes, que l'on soutient être hors de la compétence du tribunal de
commerce, elles doivent être soumises à la même
juridiction que la contestation principale. Celle-
ci est, comme affaire commerciale, de la compétence du tribunal de commerce : par exception,
ce sont des arbitres qui la jugent, mais des arbitres représentant les juges consulaires, obligés de
recourir à eux toutes les fois qu'ils ont besoin du
secours de la justice. La question de forme suit
la contestation principale : l'une n'aurait jamais
existé sans l'autre : elles se lient... et c'est plus que
jamais le cas d'appliquer la maxime *accessorium
sequitur principale.*

La contestation entre associés, question commerciale, se trouve dans la juridiction du tribu-

nal de commerce représenté par le tribunal arbitral; comme affaire commerciale, toutes les
fois qu'elle excèdera la compétence des arbitres,
elle reparaîtra devant les juges ordinaires, et ici
les juges ordinaires de la matière seront les juges
consulaires. Pour l'opposition à l'ordonnance
d'exécution, les parties auront recours au tribunal de commerce comme les arbitres s'adressèrent
à lui pour qu'elle fût rendue. C'est ainsi que l'a
décidé le tribunal de commerce de Paris contrairement à la plaidoirie de Mᵉ Colmet-d'Aage.

« Considérant que si, en matière d'arbitrages
» forcés, il est interdit aux tribunaux de com-
» merce de connaître de ce qui serait statué au
» fond par des arbitres agissant en cette qualité,
» il n'en faut pas conclure que, dans tous les cas,
» ces tribunaux soient incompétens pour con-
» naître des actions en nullité introduites devant
» eux à l'occasion de ces arbitrages;

» Que la procédure relative à l'arbitrage forcé
» est réglée par le droit civil comme celle de l'arbi-
» trage volontaire, à moins qu'il n'y ait été dérogé,
» soit par les parties, soit par le Code de commerce;

» Que, dans l'espèce, si les arbitres ont reçu
» des parties le pouvoir de statuer en dernier res-
» sort sur toutes les contestations de la société,
» cette stipulation volontaire, autorisée par l'art.
» 52 du Code de commerce, ne déroge en rien
» aux règles de la procédure civile;

» Considérant que, par une sentence rendue le
» 22 septembre 1831, les arbitres ont épuisé leurs
» pouvoirs en prononçant des condamnations
» sur certains chefs de ces contestations, et en
» mettant les parties hors de cause et de procès
» sur tous les autres;

» Que leur autorité comme tribunal arbitral a
» complétement cessé avec le prononcé de ce ju-
» gement, si ce n'est pour établir le compte selon
» les termes et les réserves exprimées en la sen-
» tence précitée, compte que les arbitres ont réglé
» par décision du 27 octobre;

» Que les sentences des 20 et 29 octobre ont
» été rendues sur des matières étrangères au
» compte que les arbitres devaient établir;

» Considérant qu'il résulte formellement des
» dispositions de l'art. 61 du Code de commerce,
» que c'est au greffe du tribunal de commerce
» que doivent être déposées les sentences arbi-
» trales pour causes entre des associés et à raison
» de leur société commerciale;

» Que, conformément à l'art. 1028 du Code de
» procédure, c'est devant le tribunal qui a rendu
» l'ordonnance d'*exequatur* que la nullité doit
» être demandée;

» Que, dans l'espèce, ces principes de droit
» ont été reconnus par Fonvielle et la dame Dela-
» plaigne devant la Cour royale de Paris, en se
» défendant sur l'appel indûment interjeté par

» Monchoux à l'égard des sentences des 20 et 29
» octobre 1831 ;

» Que là, Fonvielle et la dame Delapleigne po-
» sèrent dans leurs conclusions : qu'aux termes
» de l'article 1028 du Code de procédure, Mon-
» choux ne pouvait attaquer qu'en nullité lesdites
» sentences par voie d'opposition à l'ordonnance
» d'*exequatur*;

» Que, par arrêt de cette cour, il a été jugé
» entre les parties qu'elles ne pouvaient attaquer
» lesdites sentences par voie d'appel, et qu'elles
» ne pouvaient en faire prononcer la nullité que
» par la voie indiquée par l'article 1028 du Code
» de procédure ;

» Par tous ces motifs, le tribunal reçoit Mon-
» choux opposant en la forme ; et pour le profit,
» statuant sur cette opposition, rejette la fin de
» non-recevoir invoquée par Fonvielle et la dame
» Delaplaigne, déclare nulles et de nul effet les
» ordonnances rendues par M. le président du
» tribunal de commerce le 24 octobre au bas
» d'une sentence rendue le 20 du même mois, et
» le 31 octobre, au bas d'une sentence rendue le
» 29 dudit mois ;

» Condamne Fonvielle et la dame Delaplaigue
» aux dépens. » (Gazette des Tribunaux du 15
décembre 1832.)

7. Comment se forme l'opposition à l'ordonnance d'*exequatur*? Dans les arbitrages volontai-

res, peut-elle être formée par requête d'avoué à avoué? L'ordonnance d'*exequatur* d'un jugement arbitral ne peut se comparer à un jugement par défaut, dont l'opposition se forme par acte d'avoué à avoué : c'est une ordonnance rendue extrà judicium, sur la seule représentation de l'avis des arbitres, et aupied de cet avis, sans ministère d'avoué et sans instance précédente, à la différence des jugemens par défaut, qui supposent une instance liée entre deux ou plusieurs parties. Quand l'instance n'existe pas, elle ne s'introduit pas par un acte d'avoué à avoué sans assignation, mais seulement par un ajournement à personne ou domicile (art. 61, Cod. proc), Il n'y a pas de distinction à établir pourl'opposition à l'ordonnance d'*exequatur:* elle est soumise à la règle générale, et, comme toute action, elle commence par une assignation.

8. L'opposition à l'ordonnance d'*exequatur* a un effet suspensif. Si cette opposition ne suspendait pas l'exécution de la sentence arbitrale, on ne concevrait pas pourquoi l'article 1028 renferme deux dispositions distinctes, à savoir l'opposition et la nullité. Cette dernière suffirait si l'opposition n'avait pas un effet suspensif : l'opposition, s'identifiant avec la demande en nullité, serait une disposition superflue et sans valeur, puisque la demande en nullité, venant à renverser la décision arbitrale, détruirait en même temps l'*exequatur*, par une conséquence nécessaire du

principe qui veut que l'accessoire suive le sort du principal. En portant ces deux dispositions distinctes, le législateur a manifesté clairement son intention de voir l'effet de la sentence suspendue jusqu'à ce que l'action en nullité ait été jugée.

9. Quand la sentence arbitrale est revêtue de la forme exécutoire, soit par le président du tribunal de première instance, soit par le président de la cour, si les parties ont compromis sur l'appel, elle a la force de toutes les autres décisions judiciaires. Alors, comme les jugemens ordinaires, le jugement arbitral emporte hypothèque (art. 2123, 553, Cod. civ.). Mais il n'entraîne point hypothèque tant qu'il ne porte pas l'ordonnance d'*exequatur;* car jusque là il n'a pas ce caractère d'authenticité qui distingue les actes emportant hypothèque. Si donc l'inscription était prise avant l'obtention de l'ordonnance, quoique après le dépôt et l'enregistrement de la sentence, la nullité devrait en être prononcée. (Sirey, 3, 1, 303.)

10. Les jugemens arbitraux ne peuvent jamais être opposés à des tiers (art. 1022, Cod. proc.). Il faut pourtant bien entendre cette disposition : elle ne signifie pas que ces décisions ne peuvent indirectement nuire à des tiers comme elles le font par hypothèque, mais seulement qu'il ne peut en résulter contre eux des condamnations onéreuses.

11. La sentence arbitrale, lorsque les parties ont nommé elles-mêmes leurs arbitres, n'est pas susceptible d'opposition (art. 1016, Cod. proc.). La raison est facile à saisir. L'opposition à un jugement par défaut a été permise par le législateur, parce qu'il a craint qu'il n'y eût surprise. Mais cette crainte ne peut exister dans l'arbitrage. En effet, par cela seul que la partie a consenti à nommer des arbitres, elle a consenti à les mettre à même de juger, elle a donc tacitement promis de produire des pièces; elle connaît les délais du compromis, elle ne peut donc alléguer les motifs de surprise.

Bien plus, je soutiens que la sentence arbitrale n'est pas susceptible d'opposition, lors même que les arbitres ont été nommés, en matière de contestations commerciales entre associés, par le tribunal de commerce. Il ne leur est pas possible de prétexter la surprise puisque, si l'une des parties ne remet pas ses pièces, les arbitres somment d'en faire la remise dans dix jours (art. 57, Cod. com.) : si elle ne répond pas à la sommation, il y a lieu de penser qu'elle consent à être jugée sans donner connaissance de ses moyens de défense.

12. La requête civile pourra être prise contre les jugemens arbitraux, dans les délais, formes et cas désignés pour les jugemens des tribunaux ordinaires. (Voir l'article 480, Cod. proc.)

Elle sera portée devant le tribunal qui eût été compétent pour connaître de l'appel (art. 1026, idem).

13. Un jugement arbitral n'est pas susceptible de requête civile, lorsque dans le compromis les parties ont déclaré que le jugement à intervenir aurait force de transaction sur procès.

14. Une fois que les arbitres ont déposé leur sentence, ils ont perdu tout pouvoir. Leur tribunal se trouve dissous de plein droit; ils ne connaissent pas des suites de l'affaire. Ainsi, en matière ordinaire il appartient au tribunal qui a rendu l'ordonnance d'*exequatur* de statuer sur les contestations qui s'élèveraient sur l'exécution de la sentence arbitrale (art. 1021, Cod. proc.).

15. Si la sentence arbitrale accorde à la partie qu'elle condamme des délais pour la mise en exécution: y aura-t-il lieu d'appliquer l'article 123 du Code de procédure civile qui s'exprime ainsi: « Le délai courra du jour du jugement, s'il est contradictoire, et de celui de la signification, s'il est par défaut. » Il ne peut y avoir de difficulté que sur la première partie de l'article, puisque les sentences arbitrales ne sont jamais susceptibles d'opposition. Toutes sont réputées contradictoires. Eh bien ! l'article 123 n'est pas applicable, parce que la disposition qui fait courir le délai du jour du jugement n'est rendue commune par aucune disposition législative aux décisions d'arbitres; et il n'y a pas parité de motifs pour appliquer l'ar-

ticle 123. Les sentences arbitrales ne sont pas, comme les jugemens des tribunaux, prononcées publiquement, en présence des parties ou de leurs avoués : bien plus elles n'acquièrent d'authenticité et de force exécutoire que par le dépôt au greffe et par l'ordonnance d'*exequatur*, par conséquent les délais qu'elles prescrivent ne doivent courir que du jour de leur signification. Pour les arbitrages forcés c'est aussi le tribunal civil qui commande l'exécution de la sentence arbitrale, puisqu'au termes de l'article 442 du Code de procéd. civ. les tribunaux de commerce ne connaissent jamais de l'exécution de leurs jugemens.

16. Les arbitres forcés ont-ils droit à des honoraires ? Cette question a de l'importance. Il existe un principe qui semblerait autoriser une pareille réclamation, ce principe est celui-ci : « Tous ceux qui donnent leur temps à des opérations longues et pénibles doivent être indemnisés de leur sacrifice. La justesse de ce principe équitable se comprend à sa seule énonciation, mais il est repoussé par un principe plus généreux : voici cet autre principe : *aucun juge ne peut exiger des plaideurs un salaire à raison de ses fonctions;* or, les arbitres forcés, nommés en vertu de l'article 51 du Code de commerce, participent au caractère de juge, et, à raison de ce caractère ils doivent exercer gratuitement leurs fonctions momentanées.

La Cour royale de Montpellier a, par un savant

arrêt, contre lequel on s'est en vain pourvu, fort
bien apprécié la position des arbitres forcés, et
les mettant au rang des magistrats, elle leur a
refusé le salaire réclamé, et a déclaré leurs fonctions gratuites.

Voici cet arrêt :

« Attendu qu'en fait de contestation entre as-
» sociés et à raison de leur société, il y a juridic-
» tion spéciale de compétence en faveur des ar-
» bitres (Art 51, Cod. com.); de telle sorte que
» les arbitres choisis individuellement par cha-
» cune des parties litigantes, nommés par juge-
» ment du tribunal de commerce, mais investis,
» par la toute-puissance de la loi, du droit exclu-
» sif de terminer leurs différends, forment un tri-
» bunal forcé et légal, qui participe de la na-
» ture du tribunal de commerce, dont il n'est
» pour ainsi dire qu'une section, et dont les juge-
» mens ne sont pas soumis à la sanction des tri-
» bunaux de commerce, mais bien au contraire
» ne pouvant plus être attaqué que devant la
» Cour, par la voie de l'appel ou en cassation, et
» réformés ou confirmés par son autorité supé-
» rieure; que les arbitres forcés ainsi considérés
» sont donc réputés constituer eux-mêmes le tri-
» bunal de commerce pour les matières qui leur
» sont soumises, et, comme tous ses membres,
» doivent remplir les fonctions qui leur sont dé-
» léguées par une disposition expresse de la loi,
» avec cette indépendance qui n'attache à l'exer-

» cice de ces mêmes fonctions aucune rétribution
» ni honoraire;

» Que telle a dû être nécessairement l'inten-
» tion du législateur lorsque, après avoir institué
» des tribunaux de commerce qui exercent leurs
» fonctions gratuitement, il a, par une exception,
» érigé les arbitres en tribunal forcé;

» Qu'en effet, en créant cette exception il a dû
» considérer que, dans l'intérêt des justiciables
» et d'une prompte expédition des affaires com-
» merciales, et vu leur multiplicité, les difficul-
» tés qu'elles présentent, le temps qu'elles exigent,
» il était impossible que les tribunaux de commerce
» seuls pussent suffire aux besoins de la société,
» et que dès lors il était indispensable de créer au-
» près d'eux des juges spéciaux qui, n'ayant à con-
» naître que des affaires qui leur seraient particu-
» lièrement soumises, activeraient d'autant plus
» la marche de l'administration de la justice com-
» merciale;

» Que, de plus, l'intérêt du commerce et le
» maintien du crédit et de la confiance qui en
» est la base, voulaient que les discussions qui
» pouvaient survenir entre associés fussent sou-
» mises à la juridiction toute paternelle des arbi-
» tres, qui, agissant dans le secret, hors des dé-
» bats publics, pourraient bien mieux, sans com-
» promettre aucun intérêt, rapprocher les parties,
» les concilier, et juger leurs différends;

» Que, si ces intentions, qui indiquent si bien
» la sagesse du législateur, ont déterminé l'insti-
» tution des tribunaux d'arbitres, elles repoussent
» aussi la pensée qu'il ait été également dans sa
» volonté que ces juges, choisis pour l'ordinaire
» parmi les négocians les plus recommandables,
» appelés successivement et à leur tour à compo-
» ser le tribunal de commerce lui-même, pussent
» en cette qualité, réclamer un salaire qu'il leur
» refuserait comme membres des tribunaux de
» commerce, lorsque entre eux il y a identité
» de pouvoir, de fonctions, dont ils sont les uns
» et les autres investis par l'autorité de la loi, et
» auxquels les parties ne peuvent se soustraire ;
» Que, s'il en était autrement, il faudrait que
» le législateur, après avoir institué, par une
» disposition générale, les juges de commerce,
» auxquels nulle rétribution ne serait accordée,
» eût immédiatement, par une disposition excep-
» tionnelle, distrait les justiciables des juges natu-
» rels qu'il venait de leur donner, pour les appe-
» ler forcément devant un tribunal d'exception
» que les parties elles-mêmes serait tenues de sala-
» rier ; disposition qui ne peut sans doute se con-
» cilier avec la volonté de la loi, qui a proclamé
» que l'administration de la justice était gratuite
» en France, et qui y aggraverait la condition
» des négocians, lorsque aucun texte de loi ne
» les prive de l'utilité de ce principe, devenu une

» des bases essentielles du droit qui nous régit.

» Attendu qu'à ces considérations, puisées
» dans le caractère légal des arbitres et la nature
» de leurs fonctions, identiques avec celles des
» juges des tribunaux de commerce, toutes es-
» sentiellement gratuites, vient se joindre celle,
» non moins puissante, déduite de l'inconve-
» nance morale et publique que présenteraient
» des arbitres qui, comme dans l'espèce, d'abord
» taxeraient eux-mêmes leurs honoraires, et sous
» ce rapport seraient en même temps, et dans
» leur propre cause, juges et parties, et qui, en-
» core à peine dépouillés de leur qualité de juges,
» prendraient immédiatement le rôle de deman-
» deur envers ces mêmes parties qu'ils viennent
» de juger, pour poursuivre contre elles devant
» les tribunaux civils, et par tous les moyens de
» droit, le paiement de leurs honoraires qu'ils
» auraient eux-mêmes fixés;

» Attendu que, ces principes, en harmonie avec
» la noble indépendance essentiellement inhé-
» rente aux fonctions de juges, sont consacrés
» par l'ancienne jurisprudence;

» Attendu que, si de cette doctrine dérive la
» crainte alléguée qu'on ne puisse à l'avenir com-
» poser un tribunal d'arbitres, cette objection
» est repoussée d'abord par cette considération
» morale que toujours il se trouvera des citoyens
» qui, plus sensibles à l'honneur qu'esclaves d'un

» vil intérêt, ne se refuseront pas à des fonctions
» d'autant plus flatteuses qu'elle seront gratuites
» et qu'elles sont toujours la preuve et le gage de
» l'estime et de la confiance ;

» Que, de plus, il est dans l'esprit de la loi,
» dans l'intérêt et l'usage du commerce, que les
» arbitres soient choisis de préférence parmi les
» négocians qui figurent sur les listes dressées par
» les préfets, en exécution des articles 618 et 619
» du Code de commerce, qui sont les plus re-
» commandables par la probité, l'esprit d'ordre
» et d'économie, et leur fortune, et qui sont ap-
» pelés successivement et à leur tour à devenir
» membres titulaires du tribunal de commerce,
» et que, quant aux arbitres choisis dans cette
» classe, l'offre d'un salaire pour des fonctions
» toutes de confiance serait une insulte ;

» Que, relativement à ceux pris dans une classe
» inférieure, moins distinguées par leurs lumiè-
» res et leurs droits à la confiance publique, puis-
» qu'ils acceptent bénévolement le caractère de
» juges, ils doivent aussi en subir toutes les consé-
» quences, et que certes on ne pourrait en leur
» faveur enfreindre la disposition de la loi qui a
» déclaré, sans exception, que toute justice était
» gratuite ;

» Attendu enfin que, si cette même doctrine
» amenait à sa suite des conséquences telles que
» celles que l'on paraît craindre, ces conséquen-

» ces échappent au domaine du magistrat ; qu'au
» législateur seul appartient de les apprécier ; que
» lui seul peut juger si elles sont assez graves
» pour nécessiter, pour amener une dérogation
» au principe qu'il a solennellement proclamé ;
» que lui seul peut ordonner que des juges de
» même nature, exerçant des fonctions analogues,
» tous investis de pouvoirs par autorité de la loi ,
» et l'effet de la puissance souveraine ; qui doit à
» tous ses sujets une égale protection , seront les
» uns rétribués et salariés par les parties, tandis
» que les autres exerceront leurs fonctions gratui-
» tement ; mais que le magistrat, qui n'a d'au-
» tre règle que la loi, d'autre base que les prin-
» cipes qu'elle a elle-même posés, ne peut en
» faire une application différente à des fonctions
» qui, d'après l'intention du législateur, présen-
» tent le même caractère ;

　　» La Cour, émendant, rejette la demande
» des sieurs Constant et consorts, arbitres forcés,
» tendante au paiement de leurs honoraires. »

M. Delangle, avocat distingué du barreau de
Paris, auteur de l'article ARBITRAGE dans le Répertoire de M. Rolland de Villargues, s'exprime ainsi :
« En général les arbitres n'ont pas droit à des ho-
» noraires. L'arbitrage est une mission de con-
» fiance, un véritable mandat. Or, le mandat est
» gratuit, s'il n'y a stipulation contraire. (Code
» civil, art. 1986.) D'ailleurs, les arbitrages sont

» *instar judiciorum;* et les jugemens se rendent
» gratuitement.

» Quid si c'étaient des avocats qui eussent été
» chargés de l'arbitrage? Pourraient-ils réclamer
» des honoraires pour leurs peines et soins? L'af-
» firmative avait été jugée par un arrêt du parle-
» ment de Paris, du 18 juin 1696, rapporté au
» *Journal des audiences* dans l'ordre de sa date.
» Mais le parlement de Besançon s'était pro-
» noncé en sens contraire par l'arrêt de 1698,
» cité supra, et qui porte: La Cour fait défense à
» tous arbitres, greffiers, *avocats* et procureurs
» employés, choisis et convenus par les parties
» pour servir aux arbitrages, de se taxer aucun
» salaire, épices et vacations, se faire consigner
» aux parties aucune somme pour paiement de
» leur travail, ni de retenir les pièces des parties
» à quelque prétexte que ce soit, sauf à elles de
» payer volontairement à ceux qu'elles auront em-
» ployés ce qu'elles trouveront convenir. » Telle
est l'opinion qui doit être suivie. Rodier, des
sent. arbit. tit26 de l'ord. de 19. Merlin, répert.
loc. cit. Carré, n° 3332. — etc.

« Tout ce que nous avons dit paraît applicable
» en cas d'arbitrage forcé. Dalloz, ibid. »

17. Mais si les arbitres ont avancé des fonds
dans l'intérêt de la cause, les parties doivent être
condamnées solidairement à les couvrir des dé-
boursés qu'ils ont faits pour elles. Car, relative-

mnet aux avances pécuniaires, les arbitres sont considérés comme les mandataires des associés, et ils peuvent réclamer le bénéfice de l'article 2002 du Code civil ainsi conçu : « Lorsque le mandataire a été constitué par plusieurs personnes pour une affaire commune, chacune d'elles est tenue solidairement envers lui de tous les effets du mandat. »

ART. 62. Les dispositions ci-dessus sont communes aux veuves, héritiers ou ayant-cause des associés.

1. Si l'un des associés vient à décéder, la société se trouve dissoute par son décès; il y a lieu alors de liquider la société. Des contestations peuvent s'élever sur la liquidation entre la veuve ou les héritiers de l'associé défunt et les associés restant, le différend doit se vider par la voie de l'arbitrage. Toutes les règles, faites pour terminer les contestations entre associés, s'appliquent à leurs représentans pour toutes les affaires sociales; c'est la disposition précise de l'article 62.

2. Quand même les héritiers de l'associé seraient tous mineurs, cette minorité ne mettrait pas fin au compromis, ainsi que cela existerait dans l'arbitrage volontaire. *Car*, comme le remarque M. Locré, *toutes les fois que la loi elle-même renvoie les parties devant des arbitres, ces arbitre deviennent leurs juges légaux et naturels,*

comme le sont, dans les autres cas, les tribunaux réguliers que la loi institue.

3. Il est utile de remarquer ici que le délai pour instruire et juger demeure suspendu pendant le délai pour faire inventaire et pour délibérer.

ART. 63. Si des mineurs sont intéressés dans une contestation pour raison d'une société commerciale, le tuteur ne pourra renoncer à la faculté d'appeler du jugement.

1. De toute évidence le législateur a voulu parler seulement des mineurs qui, héritiers d'un des sociétaires, le représenteraient dans la liquidation. Cet article est étranger au mineur commerçant. Alors il est réputé majeur pour tous les faits relatifs à son commerce (art. 487, Cod. civ.); il agit par lui-même, et il peut stipuler tout ce qu'il croit convenable à sa position.

2. Mais si, comme nous le disions en commençant les développemens de cet article, il est question d'un mineur intéressé dans une société commerciale en qualité d'héritier, le législateur a voulu qu'on ne le privât d'aucun des secours qu'il avait autorisés au titre de la tutelle. Ce principe, salutaire pour les intérêts des mineurs, a tant de force que la cour de Rouen a décidé que, lors même que les associés seraient convenus de liciter

entre eux les immeubles, au cas de dissolution, la licitation serait faite en justice dans les formes voulues par le Code civil, aux articles 460, 1686 et 1687, s'il y avait des mineurs lors de la dissolution.

TITRE CINQUIÈME.

DISSOLUTION DES SOCIÉTÉS.

Le Code de commerce se tait sur les causes de dissolution des sociétés : il faut donc recourir aux règles tracées par le Code civil. Car il est de principe constant que toutes les fois que le législateur, dans le Code de commerce, tout-à-fait exceptionnel, passe sous silence une règle qu'il a émise au Code civil, c'est qu'il a voulu se référer à la loi déjà établie.

On voit au Code civil :

Article 1865. La société finit,

1° Par l'expiration du temps pour lequel elle a été contractée;

2° Par l'extinction de la chose, ou la consommation de la négociation;

3° Par la mort naturelle de quelqu'un des associés;

4° Par la mort civile, l'interdiction ou la déconfiture de l'un d'eux;

5° Par la volonté qu'un seul ou plusieurs expriment de n'être plus en société.

1. Par la nomenclature qui vient d'être faite de tous les cas de dissolution, on s'aperçoit de suite qu'ils se classent tous en deux parties : 1° cas où la société finit de plein droit, 2° cas où la dissolution est conventionnelle.

La société se dissout de plein droit, 1° par l'arrivée du terme ou de l'événement déterminé pour la dissolution ; 2° par l'extinction de la chose, ou la consommation de la négociation ; 3° par la mort naturelle ou civile de l'un des associés.

La dissolution est conventionnelle, quand l'un ou plusieurs associés expriment leur volonté à cet égard.

2. Quand les associés fixent un terme pour la durée de leur association, il faut bien faire attention si la considération du temps n'est que secondaire entre eux. Si le terme n'était que d'un intérêt de second ordre, si l'affaire à terminer se présentait comme le but le plus important de l'association, alors la société ne se trouverait pas dissoute par l'échéance du terme, si les travaux n'étaient pas exécutés à l'expiration du délai stipulé. Mais si le terme n'est pas secondaire, la société prend fin au jour fixé pour la dissolution, à moins que les sociétaires ne soient convenus de proroger le délai. Cette prorogation ne se prouvera que par

un écrit revêtu des mêmes formes que le contrat de société.

Extinction de la chose.

3. Lorsque l'un des associés a promis de mettre
en commun la propriété d'une chose, la perte
survenue avant que la mise en soit effectuée,
apère la dissolution de la société par rapport à
tous les associés.

La société est également dissoute dans tous les
cas par la perte de la chose, lorsque la jouissance
seule a été mise en commun, et que la propriété
en est restée dans la main de l'associé.

Mais la société n'est pas rompue par la perte de
la chose dont la propriété a déjà été apportée à la
société (article 1867).

Mort naturelle ou civile de l'un des associés.

4. La dissolution de la société, après la mort de
l'un des sociétaires, paraît toute rationnelle. En
effet, tous les individus composant la société
ont pu se réunir parce qu'ils trouvaient dans leur
réunion des avantages qui ne se rencontreront
peut-être plus lorsque l'un d'eux aura cessé de
vivre : ils pouvaient avoir une confiance mutuelle qui n'existerait sans doute plus lorsque
l'un des associés sera remplacé par son héritier;
en un mot l'association est censée formé *respectu*

personarum, et son motif disparaît si un ou plusieurs sociétaires n'en font plus partie.

Mais cette présomption que la considération des personnes a été la cause principale de la société, disparaît, si les sociétaires ont inséré dans l'acte social une disposition qui la contredit. Ainsi, au cas où il est dit que la société continuera avec les héritiers d'un associé défunt, ou seulement entre les sociétaires survivans, elle ne sera pas dissoute par le décès d'un sociétaire, car il est évident qu'elle n'a pas été formée *respectu personarum*, mais seulement *respectu negotii* (article 1868).

5. M. Pardessus, sous la rubrique de cet article, se livre à une grande dissertation pour savoir si le principe que la mort de l'un des associés met fin à la société doit s'appliquer à toute espèce d'associations. Il s'appliquera sans conteste à la société en nom collectif ; mais il peut s'élever des doutes sérieux sur l'application de ce principe à la société en commandite.

Il conclut enfin ainsi : « Il n'y a aucun motif » fondé pour que la société en commandite ne soit » pas dissoute par la mort d'un des associés, à » moins qu'elle n'ait été formée par actions, con-» formément à ce que nous avons dit nᵒˢ 973 et » 1033. Les associés dans ce cas ayant, par cela » seul, consenti que chacun d'eux pût se substi-» tuer qui il voudrait sans l'autorisation des

» autres , il est naturel d'en conclure que les hé-
» ritiers d'un associé le remplacent de plein
» droit , de même que l'eussent fait des cession-
» naires de ses actions. » (M. Pardessus, tome IV,
n° 1057.)

Je ne comprends pas , malgré toutes les raisons
alléguées pour soutenir le système contraire,
comment on peut prétendre que la société en
commandite n'est pas, comme la société en nom
collectif, dissoute par la mort d'un des sociétaires.
Pourquoi admettrait-on pour elle une distinction
que le législateur n'a pas faite et qu'il ne devait
pas faire ? Le principe a été posé à l'article 1865
du Code civil , et il régit toutes les associations
qui ne jouissent, pas soit expressément, soit tacitement, du privilége de l'exception. Si la société
en commandite est constituée par actions, alors
elle n'est plus qu'une société anonyme d'une
espèce particulière, et elle doit jouir, comme cette
dernière, du droit de n'être pas dissoute après le
décès d'un associé. En effet , la société anonyme
ne se trouve pas soumise à la règle de l'article
1865, parce qu'elle est hors du motif qui a donné
naissance à cette règle. Aux yeux du législateur
tous les individus qui mettent soit leurs biens,
soit leur industrie en commun , sont réputés
s'accorder une confiance réciproque. Cette présomption existe-t-elle pour les sociétés anonymes?
Non, puisque les associés changent tous les

jours : qu'elle n'est pas une association de personnes, mais une association de capitaux ; puisqu'il est de l'essence de cette société que les droits de chacun soient cessibles à son gré, sans l'intervention ni le consentement des autres.

Dans la société en commandite, en général, il en est tout autrement. La considération des personnes entre pour beaucoup dans sa formation, le commanditaire ne se présente pas comme un simple créancier, mais bien comme un copropriétaire, n'ayant, il est vrai, aucune relation avec les tiers, mais ayant le droit de surveillance sur les opérations des gérans, le droit d'exiger l'accomplissement des engagemens, de provoquer la vérification de la caisse et des livres. Ainsi donc, la société en commandite, comme la société en nom collectif, doit prendre fin par la mort d'un des sociétaires, quel qu'il soit, commanditaire ou commandité : la règle est établie pour tous, et tous doivent s'y soumettre.

6. La mort civile produit le même effet que la mort naturelle. *Nec interest, naturalis sit mors, an civilis, quia et servi et deportati pro mortuis habentur.* (L. pén. ff. de Reg. jur.)

Dissolution conventionnelle.

1. La dissolution conventionnelle s'opère par la volonté d'un ou de plusieurs associés. Mais

cette manifestation de volonté n'a effet que dans les sociétés illimitées (article 1869). On a évité par cette faculté de dissolution les inconvéniens d'une communauté d'intérêts devant durer toute la vie. Mais il est nécessaire que la renonciation soit faite de bonne foi, et non à contre-temps.

La renonciation n'est pas faite de bonne foi lorsque l'associé renonce pour s'approprier à lui seul le profit que les associés s'étaient proposé de retirer en commun.

Elle est faite à contre-temps lorsque les choses ne sont plus entières, et qu'il importe à la société que sa dissolution soit différée (art. 1870).

2. Pour que la dissolution ait lieu par suite de la renonciation d'un des associés, il faut qu'elle soit notifiée à tous les sociétaires (art. 1869).

3. La dissolution des sociétés à terme ne peut être demandée par l'un des associés avant le terme convenu, qu'autant qu'il y en a de justes motifs, comme lorsqu'un autre associé manque à ses engagemens, ou qu'une infirmité habituelle le rend inhabile aux affaires de la société, ou autres cas semblables, dont la légitimité et la gravité sont laissées à l'arbitrage des juges (art. 1871).

Cependant la cour de Lyon a décidé, le 18 mai 1823, que la dissolution d'une société en nom collectif pouvait, sur la demande de l'un ou de plusieurs des associés, être prononcée avant le terme fixé pour sa durée, sauf l'action en dommages-intérêts, s'il y a lieu, de la part des associés contre la volonté desquels la dissolution est ordonnée. La cour pour une telle décision se fonde sur l'article 1142, où il est dit que « *toute obligation de faire ou de ne pas faire se résout en dommages-intérêts en cas d'inexécution de la part du débiteur.*

« Attendu, ajoute-t-elle, que toute société
» en nom collectif doit nécessairement se dis-
» soudre, ou plutôt qu'elle tombe par le fait en
» dissolution, dès l'instant qu'un des associés
» veut cesser d'agir pour ce qui concerne ladite
» gestion commune, et qu'une demande en dis-
» solution formée de sa part a manifesté cette
» volonté; qu'ainsi, et comme il y a impossibilité
» que l'associé dissident soit contraint de parti-
» ciper aux opérations sociales par ce concours
» personnel auquel il se refuse, il est vrai de
» dire qu'alors la société finit par la volonté d'un
» seul des associés, lequel, en ce cas, demeure
» seulement obligé, suivant l'article du Code pré-
» cité, pour les dommages et intérêts résultant de
» ce qu'il y a eu de sa part inexécution du contrat
» de société. »

Cet arrêt, selon moi, ne doit pas faire jurisprudence. Jamais on n'a soutenu que celui qui n'accomplissait pas ses engagemens avait le droit de demander contre celui qui y satisfaisait, la résolution du contrat. Si un sociétaire n'exécute pas intégralement tous les règlemens de l'acte sosial, ses co-associés ont la faculté ou de continuer la société en dépit de son mauvais vouloir à remplir ses engagemens, ou d'en demander la résolution, suivant leur intérêt. Mais il n'y a pas, et il ne peut y avoir réciprocité de droit.

Faillite.

1. Il est encore une autre espèce de dissolution pour les sociétés, qui prend le nom de *déconfiture* ou celui de *faillite*, selon qu'il s'agit d'une association civile ou d'une association commerciale.

Occupons-nous de la dissolution de la société par suite de faillite.

La faillite est la cessation de paiemens. Quand un associé tombe en faillite, la société est dissoute, parce qu'alors il n'y a plus égalité entre les associés; que les uns sont tenus de remplir les obligations et de faire toutes les avances, tandis que celui tombé en faillite est hors d'état d'accomplir les charges. Mais il y a difficulté pour le cas où c'est la société qui tombe en faillite. Le journal du commerce a soutenu dans un de ses numéros que la société ne cesse point par sa faillite. Il établit ainsi cette thèse :

« La loi civile déclare que la société finit par la
» déconfiture de l'un des associés (art. 1865 du
» Code civil). On pourrait croire, au premier
» abord, que la faillite de la société qui semble
» comprendre en masse celle de tous les associés,
» devrait aussi mettre fin à la société; qu'elle de-

» vrait être dissoute, liquidée, et que, quand vien-
» drait l'époque où la loi permet de proposer le
» concordat, chacun des ex-associés ne pourrait
» demander à traiter qu'individuellement et pour
» ce qui le concerne. Cependant, dans l'usage,
» il n'en est pas ainsi : malgré la faillite, la société
» est censée continuer, ou au moins elle reste
» dans l'état de suspension que la faillite amène
» pour tout individu failli ; elle est gérée par des
» agens et syndics, suivant les règles propres à
» ces mandataires, au lieu de l'être par les gérans
» qui l'administraient avant la faillite ; et au jour
» fixé pour le concordat, ces anciens gérans vien-
» nent le proposer en cette qualité aux créanciers
» de la société, ils traitent avec eux pour la so-
» ciété ; et, dans ce cas, ils continuent leurs opé-
» rations comme avant la faillite, ils reprennent
» tous les pouvoirs et les droits d'administration
» qu'ils avaient auparavant, avec les seules modi-
» fications que les créanciers ont pu leur imposer
» dans le concordat, pour assurer le paiement de
» leurs dividendes. Cet usage est-il bien fondé ?
» Peut-il se concilier avec la loi ? Nous le croyons,
» et voici comment nous raisonnons : La loi veut
» que la société finisse par la déconfiture de l'*un*
» des associés, et elle l'a voulu, parce que dans
» cet état de choses il n'y a plus d'égalité entre
» les associés ; que les uns sont tenus de remplir
» toutes les obligations et faire toutes les avances

» sociales, tandis que l'autre, tombé en faillite,
» est hors d'état d'accomplir aucune de ces char-
» ges. Mais quand la *société elle-même*, c'est-à-
» dire le corps moral composé de tous les associés,
» vient à faillir, la loi n'a pas dit qu'elle finissait.
» Elle ne l'a pas dit, même au Code de commerce,
» quand au titre des faillites elle s'est occupée des
» sociétés, et a ordonné que les scellés fussent
» apposés au domicile de divers associés (452 Cod.
» com.). Elle a donc entendu que ces sociétés con-
» tinueraient d'exister. A la vérité, elles ne pour-
» ront plus agir et opérer comme par le passé. Les
» pouvoirs des gérans seront suspendus; les agens
» et syndics administreront les intérêts de la so-
» ciété, suivant les formes que la loi des faillites
» leur trace; mais enfin la collection des indivi-
» dus et des choses qui formait la société n'est pas
» dissoute. Les gérans sont dans le même état
» qu'un négociant unique qui aurait failli. Au jour
» du concordat, ils sont donc en droit, comme
» tout autre débiteur failli, de traiter avec les
» créanciers. Et comme ils sont, dans cette cir-
» constance, relevés de l'incapacité dont ils n'é-
» taient frappés qu'à l'égard de ces créanciers;
» que, du reste, leurs pouvoirs subsistent encore
» vis-à-vis de la société, dès qu'elle ne les a pas
» révoqués, ils la représentent valablement pour
» faire en son nom un concordat qui n'est or-
» dinairement qu'un acte d'administration, et

» qui n'excède pas les limites de ces pouvoirs.

» Cette manière de traiter par l'intermédiaire
» des anciens gérans est même d'une nécessité
» absolue, quand il s'agit de sociétés en comman-
» dite ou anonymes, qui ont failli. Ces sociétés
» seraient privées du droit de concorder, si elles
» ne le faisaient pas par leurs gérans, car aucun
» des associés commanditaires ou anonymes ne
» doit plus rien une fois qu'il a versé sa mise; il
» en est quitte pour la perdre, s'il survient une
» faillite de la société ; mais il n'a rien à proposer
» ni à demander aux créanciers, ni en son nom
» personnel, ni du chef de la société, qui ne lui
» a conféré aucun pouvoir. Ces sortes de sociétés,
» ou autrement dit la collection des individus et
» la réunion des intérêts qui les composent, ne
» peuvent donc se présenter en personne à l'as-
» semblée du concordat, et obtenir de traité que
» par des mandataires agissant pour elles, que
» par ceux qui les géraient, par conséquent.

» S'il s'agissait d'une société en nom collectif,
» les gérans seuls pourraient-ils traiter avec les
» créanciers pour la société, et comprendraient-
» ils ainsi dans le bénéfice du traité leurs co-asso-
» ciés qui étaient obligés solidaires? Nous n'en
» faisons aucun doute; dans l'usage, il est vrai,
» les associés qui n'étaient pas gérans se présen-
» tent à l'assemblée du concordat, et se réunissent
» aux associés gérans pour faire les propositions

» de ce concordat ; mais leur présence n'est pas
» indispensable ; dès que les gérans sont admis à
» concorder pour la société, ils contractent pour
» tous ceux qui en faisaient partie, et qui n'ont
» été placés en faillite que pour cette cause. Sou-
» vent, à la vérité, tous les associés solidaires ont
» intérêt à assister à cette réunion ; car les créan-
» ciers peuvent refuser de traiter avec les anciens
» gérans ou l'un d'eux et consentir un concordat
» aux autres associés ; mais cette circonstance ne
» change rien aux principes que nous avons posés.

» Il nous reste à supposer le cas où, dans une
» société en commandite ou anonyme, les gérans
» existans lors de la faillite ne seraient plus les
» mêmes à l'époque du concordat ; cela peut arri-
» ver par décès, démission ou remplacement de
» tous ou quelques uns d'entre eux. Dès que la
» société n'est pas dissoute, les commanditaires
» ou actionnaires sont en droit de se réunir, de
» délibérer et de changer ou remplacer les gé-
» rans conformément au pacte social ; sans doute
» les gérans nouveaux seront réduits à un rôle
» inactif pendant la durée de la faillite, et leur
» nomination ne préjudiciera en rien à l'exercice
» des pouvoirs légaux des syndics. Mais enfin, ils
» peuvent être choisis ne fût-ce que pour con-
» courir à la dernière opération de la faillite,
» qui, comme nous l'avons vu, ne peut se termi-
» ner sans eux. Si donc ce remplacement arrive

» dans le cours de la faillite, les nouveaux gérans
» qui existeraient lors du concordat, seraient au-
» torisés à comparaître à l'assemblée pour repré-
» senter la société, et proposer pour elle un traité.
» Mais comme dans les sociétés en commandite
» les anciens gérans, par le fait seul de leur ges-
» tion, sont obligés à toutes les dettes indistincte-
» ment, ils ont aussi la faculté de faire leurs pro-
» positions pour ce qui les concerne au surplus,
» hors les cas d'exceptions très-formelles dont nous
» n'avons pas à examiner ici les conséquences,
» ils doivent être censés compris dans le concor-
» dat obtenu par la société dont ils faisaient partie.

  » D'après tout ce qui précède, on admettra faci-
» lement que les anciens gérans existans à l'épo-
» que du concordat, même en moindre nombre
» que l'acte de société le détermine, auraient en-
» core capacité pour la représenter à cette der-
» nière assemblée, puisqu'il ne s'agit générale-
» ment, en proposant un concordat, que de faire
» un acte d'administration, que de rendre la con-
» dition de la société meilleure en obtenant, dans
» son intérêt, des remises ou des délais de ces
» créanciers. Les créanciers qui ont consenti au
» traité avec ces gérans n'auraient aucun droit de
» l'attaquer, et les commanditaires ou actionnai-
» res qui ont omis de compléter le nombre des
» gérans seraient aussi non recevables à en refu-
» ser l'exécution.

23

» De cette discussion, il ressort évidemment
» que c'est avec raison que les créanciers d'une
» société traitent avec ses anciens gérans ou ses gé-
» rans nouveaux, et que cette société reprend ses
» opérations après la faillite de la même manière
» que le ferait un individu qui aurait failli. »

Cette décision me semble bien extraordinaire.
Je ne puis pas concevoir qu'une société ne prenne
pas fin par sa faillite. L'auteur de opinion, insérée au Journal du Commerce, admet bien l'identité
parfaite entre le commerçant failli, et cet être de
raison, la société qui a fait faillite. Par conséquent
toutes les dispositions de lois applicables au commerçant, le seront aussi à la société. Eh bien ! je
me demande si l'on ne doit pas regarder comme
dissoute la société qui est dessaisie de l'administration de tous ses biens à compter du jour de la
faillite (art. 442, Cod. com.)? N'est-elle pas dissoute, la société sur les biens de laquelle, dans
les dix jours qui précèdent la faillite, il n'est pas
permis d'acquérir privilége ni hypothèque? N'est-
elle pas surtout présumée dissoute, la société
commerciale dont tous les actes ou engagemens
pour fait de commerce, contractés dans les dix
jours qui précèdent l'ouverture de la faillite, sont
présumés frauduleux, quant à elle (art. 445)?
D'ailleurs les résultats de l'ouverture de cette faillite entraînent nécessairement la dissolution de
la société. Les scellés ne sont-ils pas apposés sur

les magasins, comptoirs, portefeuilles, livres, registres, papiers, meubles et effets du failli (art. 451)? Il est impossible qu'une société subsiste encore quand elle est mise dans une telle impossibilité d'agir. Mais, répond-on, cette impossibilité n'est peut-être que momentanée : car, si la majorité des créanciers consent à passer un concordat, la société est replacée à la tête de ses affaires, et elle continue : jusqu'au concordat, elle a été frappée d'une incapacité provisoire....., Elle a subi seulement les rigueurs de la suspension. Je soutiens que, même en cas de concordat, la société est dissoute : pour prouver cette dissolution, je n'ai besoin que de donner la définition du concordat. Qu'est-ce qu'un concordat? C'est un arrangement passé entre la majorité des créanciers et le failli. Qui dit arrangement, dit convention nouvelle : cette convention nouvelle change la nature de la société. Par conséquent ce n'est plus la même société : la première est dissoute : la seconde est bien contractée entre les mêmes individus, mais elle ne repose pas sur les mêmes bases. En effet, les créanciers peuvent exiger 1° que les gérans soient changés; 2° que, s'ils sont conservés, ils ne conservent pas la même étendue de pouvoir. De toute évidence la société n'est plus la même, il faut donc que la première ait été dissoute par la faillite.

Mais, répond-on, ce qui prouve que la société

n'entraîne pas sa dissolution, c'est que les administrateurs ont traité avec les créanciers; s'ils ont
traité, c'est qu'ils conservaient leur titre, et s'ils
conservaient leur titre, c'est que la société existait encore. C'est une erreur. Ils n'agissaient plus,
après la faillite de la société, que comme liquidateurs. Comme gérans, ils avaient mission de surveiller l'administration de la société, jusqu'au
moment où ses intérêts seraient parfaitement li-
quidés : leur pouvoir devait exister, non-seulement pour tous les actes faits pendant l'existence
de la société, mais encore pour tous les actes
passés *à l'occasion* de la société. Eh bien ! dans
le concordat, ils représentent encore les intérêts
de la société, ils sont là pour les protéger : mais
leur présence au concordat ne prouve pas l'existence actuelle de la société... Elle prouve seulement que la société a existé. Elle prouve encore
leur mission d'administrateurs, qui continue jusqu'au moment où tous les intérêts de l'ex-société
seront pleinement garantis.

2. La qualification de failli ne peut appartenir à
un individu non commerçant. La société civile
peut tomber en déconfiture, la société commerciale tombe en faillite, si elle vient à cesser ses
paiemens.

3. Quand la société est-elle réputée avoir cessé
ses paiemens? Aussitôt que son insolvabilité constante ne lui permet plus d'acquitter ses engage-

mens. Il ne faut pas confondre la suspension avec la cessation de paiemens. La première ne constitue pas la société en état de faillite, puisqu'il y a espoir pour elle de pouvoir satisfaire ses créanciers. Si la simple suspension suffisait pour la faillite, aucune société ne se formerait, car il y aurait trop de danger pour les sociétaires qui craindraient de se voir déshonorer par le simple retard de rentrées qui auraient payé leurs dettes.

4. La cessation de paiemens se constate par des protêts, des condamnations et un atermoiement. Il y a atermoiement, si la société fait apposer dans ses bureaux des affiches annonçant la suspension des paiemens partiels, et si la majorité des créanciers adhère tacitement à la suspension, en recevant une partie de ce qui est dû.

Dans ce cas, les créanciers qui reçoivent des à-comptes sur ce qui leur est dû, ne peuvent ensuite être admis dans les états de répartition des biens du failli, qu'en rapportant à la masse, fictivement ou réellement, les sommes qu'ils ont reçues.

5. De ce que le passif dans une société excède beaucoup l'actif, faut-il conclure qu'il y a faillite? Non : tant que la société paie ses dettes, il ne peut y avoir faillite, parce qu'il n'y a pas cessation de paiemens. Peu importe que les affaires soient embarrassées : cet embarras n'a aucune valeur pour la déclaration de la faillite : tant que la

société n'a pas discontinué ses paiemens, elle doit subsister. Bien mieux, la société débitrice ne solderait pas le montant de ses billets à leur échéance, elle prendrait au contraire des arrangemens avec les porteurs, sans protêt ni poursuites de leur part; elle déclarerait sur le procès-verbal d'apposition des scellés, sans pourtant signer sa déclaration, qu'elle est hors d'état de satisfaire à ses engagemens... Toutes ces circonstances ne constitueraient pas la faillite.

6. La société, par l'organe de son gérant, sera tenue dans les trois jours de la cessation de paiemens, d'en faire la déclaration au greffe du tribunal de commerce; le jour où elle aura cessé ses paiemens sera compris dans ces trois jours (art. 440, Cod. com.).

Si la société est en nom collectif, la déclaration contiendra le nom et l'indication du domicile de chacun des associés solidaires (idem).

Sans contredit, cette disposition, malgré le silence de la loi, doit, dans la société en commandite, s'appliquer aux commandités, puisque, à leur égard, la société est en nom collectif. (Voir l'art. 24 du Code de commerce.)

7. L'ouverture de la faillite est déclarée par le tribunal de commerce. Une simple ordonnance sur requête du président ne suffirait pas; une décision du tribunal réuni est nécessaire.

Son époque est fixée soit par la retraite de

l'administrateur gérant (et ici par retraite il faut entendre la fuite et non une absence momentanée), soit par la clôture des magasins, soit par la date de tous actes constatant le refus d'acquitter ou de payer des engagemens de commerce.

Tous les actes ci-dessus mentionnés ne constateront néanmoins l'ouverture de la faillite que lorsqu'il y aura cessation de paiemens ou déclaration des faillis (art. 441, Cod. com.).

8. Aussitôt que la faillite est déclarée, la société se trouve momentanément suspendue. A compter du jour de la faillite, elle est dessaisie de plein droit de l'administration de tous ses biens (art. 442, Cod. com.). Plus tard ses créanciers pourront traiter avec elle : et, en vertu du concordat consenti, elle se trouvera remise à la tête de l'universalité de ses biens, et rentrera en possession de ses livres, papiers, effets (art. 525, Cod. com.).

Si au contraire, la majorité des créanciers refuse de passer un concordat, des syndics définitifs recevront le compte des syndics provisoires (art. 527, Cod. com.).

Ils poursuivront, en vertu du contrat d'union, et sans autres titres authentiques, la vente des immeubles de la société, la liquidation de ses dettes actives et passives (art. 528, Cod. com.).

9. La société se trouvera dissoute, puisque le

fonds social, ne lui appartenant plus, est devenu la propriété des créanciers.

Dans une société en nom collectif, limitée pour sa durée, si un de ses membres fait faillite, les créanciers du failli pourront-ils poursuivre la dissolution de la société, malgré la volonté manifestée par les autres associés de la continuer? M. Pardessus n° 1066, et M. Dalloz, Répert. v° Société, p. 124, se prononcent pour la négative. Ils pensent « qu'il » ne serait conforme ni aux principes du droit » ni à ceux de l'équité que les créanciers d'un as- » socié qui ne sont que ses représentans, pussent » se fonder sur l'état d'insolvabilité où il est tombé, » pour prétendre dissoudre la société dont il fait » partie... Ils croient que le droit de faire pronon- » cer cette dissolution appartient exclusivement » aux autres associés. »

9. L'associé qui meurt avant qu'il y ait eu déclaration de faillite de la société, cessation de paiemens, ne peut pas être déclaré en état de faillite après sa mort. Car l'époque de la faillite ne peut être fixée que par la retraite du débiteur, ou par la clôture de ses magasins, ou par la date de tous actes constatant le refus d'acquitter des engagemens de commerce, pourvu qu'il y ait cessation de paiemens ou déclaration de la faillite par le failli lui-même. D'ailleurs il est un argument qui doit imposer silence à ceux qui voudraient soutenir une opinion contraire. La société se dis-

sout par la mort de l'un des associés : par conséquent tous les effets de la société cessent à cette époque, relativement à la personne de l'associé mort. L'associé qui meurt avant l'ouverture de la faillite, meurt *integri statûs*. (Cour de Rennes, du 6 février 1811. Voir M. Dalloz, Rép. v° Société, p. 122).

Après avoir examiné toutes les causes qui amènent la dissolution des sociétés civiles et commerciales, il est logique d'étudier les effets que produit la dissolution.

Les effets de la dissolution d'une société existent d'une manière différente, lorsqu'il s'agit des associés ou bien lorsqu'il s'agit des droits des tiers.

Effets et suites de la dissolution de la société à l'égard des associés.

1. Sitôt que la dissolution de la société est prononcée, il faut régler les intérêts de tous ses membres. On procède à la distribution de tous les bénéfices, si les bénéfices surpassent le passif, ou bien à une juste répartition des dettes si l'actif est inférieur aux charges, en un mot on liquide. M. Merlin définit justement la liquidation, l'action par laquelle on débrouille, on règle, on fixe

ce qui était embarrassé, incertain en matière d'affaires.

2. On peut nommer un ou plusieurs associés
liquidateurs. La nomination se fera soit par l'acte
même constitutif de la société, soit par un acte
postérieur. Quand l'acte social se tait sur le choix
des liquidateurs, quand une nomination n'a pas
été faite postérieurement, on choisit de préférence
celui ou ceux qui, pendant la durée de la société,
étaient administrateurs; 2° s'il n'existait pas d'administrateurs, celui qui a créé l'établissement et
a admis les autres en société, en un mot le sociétaire qui, par sa position, offre les plus grandes
garanties d'une exacte gestion.

3. Le liquidateur, une fois nommé, lui seul
administre : lui seul a le droit, bien entendu
sous sa responsabilité envers ses co-associés, de
poursuivre le remboursement des créances, de
faire tous les recouvremens, de procéder à la
vente des marchandises, enfin de payer toutes les
dettes sociales.

Si plusieurs liquidateurs sont nommés, ou il a
été stipulé que l'un d'eux ne pourrait rien exécuter sans les autres, ou il n'a rien été stipulé à cet
égard. Au premier cas, les liquidateurs comparés
aux gérans, doivent agir ensemble (art. 1858,
Cod. civ.) : au second cas, ils peuvent faire chacun séparément tous les actes d'administration
(art. 1857, Cod. civ.).

4. Si les liquidateurs entendent leurs intérêts, ils exigeront qu'un inventaire précède leur entrée en fonctions; sans cette précaution ils courraient de grands risques, puisqu'il serait difficile d'apprécier leur conduite et de juger leur responsabilité.

5. Je viens de fixer la partie des pouvoirs accordés au liquidateur : il n'a droit de faire que ce qui est absolument nécessaire pour arriver à la fixation précise de la part qui doit être attribuée à chaque associé, soit dans les bénéfices, soit dans les pertes. Mais le liquidateur n'a pas la faculté d'exécuter tout ce qui sort de la nature de ses fonctions, tout ce qui n'est plus liquidation. Comme l'administrateur gérant d'une société, le liquidateur n'est que le mandataire des sociétaires, le porteur d'une procuration générale.

Quels sont les caractères, quelles sont les bornes de ce mandat?

« La procuration générale, dit Domat, ne suffit » pas pour donner pouvoir de faire une demande » en rescision ou restitution en entier; car il faut » un changement de volonté qui doit être expri- » mé, *et elle ne suffit pas non plus pour transiger* » *et aliéner, mais il faut un pouvoir exprès;* car » transiger et aliéner, c'est d'ordinaire diminuer » les biens, et il n'y a que celui qui est le maître » qui puisse en disposer de cette manière. » (Lois civiles, liv. 2, titre 15, section 3, n° 11.)

« Mandato generali non contineri etiam tran-
» sactionem, » dit la loi 60, ff. *de procurat.*

« Procurator totorum bonorum cui res admi-
» nistrandæ mandatæ sunt, res domini ne que mo-
» biles, neque immobiles, neque servos sinè spe-
» ciali mandato alienare potest.» L. 63, même titre.

D'après les termes formels du Code civil, le mandat général ne comporte pas la faculté d'aliéner, il faut, quand il s'agit d'aliéner ou d'hypothéquer, que le mandat soit exprès (art. 1988).

Il faut un mandat exprès pour transiger, parce que dans la transaction il y a acte de propriété, puisque la transaction n'est rien autre chose qu'une renonciation à un droit.

Le pouvoir de transiger, aux termes de l'article 1989, ne renferme pas celui de compromettre. La raison de cette disposition se conçoit sans peine : en compromettant, le mandataire ne se contente pas de disposer des droits du maître, il fait plus encore, il fait dépendre son sort, non seulement de son propre jugement, mais de celui d'étrangers, à la foi et aux lumières desquels le mandant n'a pas entendu s'en rapporter.

6. Le liquidateur d'une société, mandataire des associés, se trouve, comme tout mandataire, soumis aux principes que je viens de poser : comme mandataire, il ne peut engager la société par un compromis. Il ne jouit pas de tous les droits de la société dissoute, qui seule pourrait transiger et

compromettre. Cette faculté ne lui est pas accordée par le mandat qui le constitue liquidateur, puisque ce mandat est général, et que le mandat général ne suffit pas toutes les fois qu'il ne contient pas une clause expresse sur le pouvoir d'aliéner, d'hypothéquer, de transiger, de compromettre.

Cette opinion a été adoptée par la Cour de cassation le 15 janvier 1812. Elle a cassé un arrêt de la Cour de Paris par les motifs suivans :

« Attendu qu'en point de droit commun, né
» des lois romaines, reçu comme maxime dans
» le droit français et converti en loi positive et
» nationale par l'article 1989 du Code Napoléon,
» le mandataire ne peut compromettre pour son
» mandant, s'il n'en a le pouvoir spécial et exprès,
» jusque là même que le pouvoir de transiger
» ne renferme pas celui de compromettre;

» Attendu que ce point constant en législation,
» tient à cet autre principe également consacré
» par les lois, que, *pour pouvoir compromettre,*
» il faut avoir le libre exercice des biens, des
» droits et des actions sur lesquels on compromet;

» Attendu que le liquidateur d'une société dissoute ne peut être considéré, et n'est en effet,
» que le simple mandataire des anciens membres
» de cette société; que sa qualité préexistante
» (et lorsque la société subsistait) d'associé gé-
» rant, et les pouvoirs, quels qu'ils pussent être,
» qui étaient attachés à cette qualité, n'ont pu

» avoir et n'ont eu que la durée de l'acte social
» du quel ils dérivaient; qu'ils ont nécessairement
» cessé avec la société, et que le *nouvel* acte qui
» a conféré au même individu la qualité de liqui-
» dateur ne lui a conféré qu'un *nouveau* mandat, et
» un mandat *ordinaire*, etc., etc., etc. Casse, etc. »

Plusieurs jurisconsultes, adversaires de cette opinion, veulent tirer avantage de l'assimilation du liquidateur au gérant.

Ils disent : ce qui a lieu tant que la société existe, ne peut être changé pour la liquidation des affaires non terminées; car les droits du tiers et des associés sont restés les mêmes.

Je n'admets pas ce principe : mais enfin quand bien même je l'admettrais, la solution à donner à la question ne serait pas différente.

Ils disent : une société est comme une personne qui à la libre disposition de ses droits et actions.

Elle *compromet* de la même manière qu'elle achète, vend, emprunte, prête, accepte ou passe des obligations ; elle est organisée de manière que chacun des associés a le droit de faire pour tous, ou de signer sous la raison sociale; ou bien ce pouvoir est réservé à un ou à quelques uns des gérans : dans l'un et l'autre cas, l'engagement de la signature sociale devient l'obligation de tous les associés, qui sont solidaires pour tous engagemens.

Je réponds : si les gérans ont reçu expressément le pouvoir d'aliéner, d'hypothèquer, de transiger, de compromettre, pas de difficulté : mais s'ils ont reçu un pouvoir général sans clause expresse, cette faculté ne leur appartient pas. Adminis-trateurs généraux, ils n'ont droit de faire que les actes d'administration (art. 1988, Cod. civ.), et le droit de compromettre, etc., etc., etc. ne se trouve pas compris dans les actes d'administra-tion. Cette exclusion est de toute justice : car, selon toute vraisemblance, les sociétaires, en donnent le droit d'administration à un ou plusieurs associés, ne pensaient pas se priver de la faculté de comparaître devant leurs juges naturels.

Je conclus : Les liquidateurs, qui ont plusieurs points de ressemblance avec les gérans, ne sont pourtant pas leurs représentans parfaits après la dissolution de la société : seraient-ils leurs repré-sentans parfaits, ils ne pourraient légalement compromette que lorsque les sociétaires auraient accordé ce droit, car les gérans ne comprommet-tent que lorsqu'ils ont un mandat exprès à cet égard.

Mais les gérans auraient-ils ce droit, les liqui-dateurs n'en jouiraient pas. Pour le prouver, je dis :

Le mandat finit par la mort soit du mandant, soit du mandataire; il finit avec la chose qui en était l'objet.

Où donc existe sa société après sa dissolution?

Où est l'associé mandataire, quand la société n'existe plus?

Où est l'affaire proprement sociale, quand il n'y a plus ni société ni associé?

Enfin, comment se perpétuera le mandat? comment servira-t-il au mandant, au mandataire, à la chose commune?

Ce simple exposé suffit pour démontrer que le liquidateur ne continue pas le gérant; mais qu'il administre, non pas la société, mais la suite des affaires sociales.

Ses fonctions ne sont plus les mêmes que celles d'un gérant : celui-ci travaillait pour enrichir la société, celui-là tâche de mettre en ordre ses opérations, il arrête toutes les affaires actives pour réunir le fonds social et pour procéder ensuite au partage.

Il ne sera pas inutile de rapporter ici l'opinion contraire longuement motivée. La question est importante, on ne saurait trop s'y arrêter.

> « Une liquidation, dit l'auteur du mé-
> » moire, peut se suivre par la totalité ou quel-
> » ques uns des associés gérans, ou bien par
> » un des associés nommé liquidateur : dans
> » l'un ou l'autre cas, la signature des gérans
> » ou celle du liquidateur continue d'obliger

» tous les associés, et *pour tous les engage-*
» *mens* résultant de la liquidation.

» Un seul changement s'opère quand un
» des associés reste chargé de la suite des af-
» faires et de la liquidation : c'est que le li-
» quidateur est *tout*, et les autres associés ne
» sont *rien*. C'est le liquidateur qui est la per-
» sonne mise en présence de ceux qui avaient
» des affaires à régler avec la société; son
» nom a pris pour la liquidation la place *de*
» *la raison sociale*, pour être activement et
» passivement ce qu'était la raison sociale
» elle-même.

» En effet une société peut finir ou être
» dissoute lorsque beaucoup de navires sont
» encore en expédition pour le compte social.

» Comment le liquidateur terminerait-il sans
» arbitrage les contestations sur les prises des cor-
» saires, les avaries, les jets à la mer, les assu-
» rances, les frais de radoub, quand ces événe-
» mens peuvent donner lieu à des contestations
» dans toutes les parties du monde?

» Le liquidateur plaidera donc en Amérique,
» en Angleterre, en Espagne, en Russie, etc., etc.,
» s'il dépendait de la volonté des associés de mau-
» vaise foi de refuser les pouvoirs de compro-
» mettre?

» Ou bien tous les négocians créanciers seront

» trompés, si le liquidateur arbitrait sans un
» pouvoir spécial.

» Mais ce qui arriverait dans tous les cas, c'est
» que les liquidations de commerce ne seraient
» pas terminées à la troisième génération.

» Il faut donc en conclure qu'un liquidateur
» d'une société générale a le droit de compro-
» mettre. »

Réflexions de l'adversaire du mémoire.

« Les auteurs de l'imprimé transcrit insis-
» tent principalement sur cette idée que l'as-
» socié devenu liquidateur, est toute autre
» chose qu'un simple mandataire; qu'il con-
» tinue d'être le représentant de la société et
» d'en exercer tous les droits, tous les pou-
» voirs.

» Ils se prévalent de l'article 64 du Code de
» commerce, qui, en parlant du liquidateur, fait
» entendre qu'en lui désormais reposent tous les
» pouvoirs de la société.

» M. Locré, sur cet article, rapporte, disent-ils,
» les discussions qui ont eu lieu au conseil d'état,
» et de ces discussions, il résulte qu'après la dis-
» solution d'une société, le législateur a dû éta-
» blir une prescription de cinq ans au profit de
» chaque associé contre les créanciers de la so-

» ciété, par la raison que ces créanciers conser-
» vent tous leurs droits à l'encontre du liquida-
» teur, seul représentant de la société.

» Après avoir donné aux créanciers tant de fa-
» cilités pour échapper à la prescription, l'article
» pourvoit encore à leur intérêt, lorsqu'ils l'ont
» encourue contre la masse des associés, en leur
» offrant pour supplément de garantie, leur re-
» cours contre le liquidateur, dans la main du-
» quel tous les fonds de la société se trouvent
» réunis, et qui, par cette raison, peut faire face à
» toutes les dettes.

» Cette dernière circonstance justifie la diffé-
» rence que l'article établit entre l'associé liquida-
» teur et les autres associés; elle est dans la na-
» ture des choses. Le liquidateur est saisi de tous
» les fonds de la société, et les tiers intéressés le
» savent : les autres associés, au contraire, sont
» dessaisis de tout; il faut donc que leur libé-
» ration ait un terme.

» Au surplus, ajoute l'imprimé, la différence
» entre les pouvoirs du liquidateur et ceux du
» simple mandataire résulte de la différence de
» leurs pouvoirs et de leurs attributions fixées par
» la loi.

» Le mandataire ordinaire n'est, d'après le Code
» Napoléon, qu'un fondé de pouvoir temporaire
» et révocable; le liquidateur est, d'après le code
» de commerce, définitif et non révocable.

Le mandataire peut renoncer au mandat. Le liquidateur ne peut renoncer à la liquidation.

» Le mandataire n'est soumis qu'à une respon-
» sabilité fixée par la loi. Le liquidateur est res-
» ponsable sur sa personne et sur tous ses biens.

» Le mandataire ne peut aliéner et hypothé-
» quer, sans un mandat exprès, alors même
» qu'il aurait un mandat conçu en termes géné-
» raux. Le liquidateur peut aliéner, hypothéquer
» toutes les propriétés du fonds social pour la li-
» quidation, sans qu'il ait besoin d'autres pouvoirs
» que la seule qualité de liquidateur.

» Le mandataire n'est tenu de rien au delà de
» ses pouvoirs, s'il n'est obligé personnellement.
» Le liquidateur est tenu de tous engagemens du
» fait de sa liquidation envers les créanciers,
» quelles que soient les réserves stipulées entre
» lui et ses anciens associés.

» Le mandant n'est également tenu de rien au
» delà des pouvoirs donnés au mandataire. Les
» associés non liquidateurs sont obligés solidaire-
» ment, pendant cinq ans, pour tous les engage-
» mens du liquidateur donnés pour la liquidation.

» Quand il y a plusieurs mandataires, il n'y a so-
» lidarité entre eux qu'autant qu'elle est exprimée
» dans l'acte. Quand il y a plusieurs liquidateurs,
» ils sont solidaires de fait et de droit, quelles que
» soient les stipulations contraires.

» Le mandataire ne peut obliger son mandant

» par corps, si le mandat n'est pas exprès. Le li-
» quidateur oblige ses associés par corps, même
» contre leur volonté.

» Tant que le mandat existe, le mandant ré-
» pond des faits du mandataire. Après le délai de
» prescription, les associés ne sont plus garans du
» liquidateur, qui reste obligé personnellement
» pendant trente ans.

» Le mandataire agit ordinairement pour au-
» trui; car nul ne peut être mandataire dans ses
» propres affaires. Le liquidateur agit pour lui;
» car il est saisi de tout le fonds social, à l'exclusion
» des autres associés, qui sont dessaisis de tout.

» Le mandant peut intervenir pour approuver
» ou désapprouver, selon sa volonté, ce qui au-
» rait été convenu au delà du mandat. Les asso-
» ciés non liquidateurs n'ont rien à approuver,
» rien à débattre, rien à contredire ou à ratifier
» de tous engagemens du liquidateur.

» Les pouvoirs du mandataire peuvent être aug-
» mentés ou diminués, limités ou illimités, aussi
» souvent qu'il convient au mandant.

» Les pouvoirs du liquidateur ne peuvent être
» ni augmentés, ni diminués, ni limités; il ne
» dépend pas de la volonté des associés de res-
» treindre ou modifier ses engagemens; ils ne
» peuvent le dessaisir de tout ou partie des fonds
» sociaux.

» Le mandat finit par la mort naturelle, par la mort

» civile, par l'interdiction ou de la déconfiture du
» mandant. Un ou plusieurs des anciens associés
» peuvent être interdits ou faire faillite par suite
» de nouvelles affaires; tous peuvent mourir,
» sans que le liquidateur puisse être changé. »
(Voir Sirey, 12, 1, 121.)

7. Le créancier d'un associé a, sans aucun
doute, le droit d'intervenir à la liquidation et au
partage de la société, pour que rien ne se fasse
en fraude de ses droits : mais il faut que son intervention soit antérieure à la conclusion de la
liquidation; car il ne peut jamais l'attaquer,
lorsqu'elle a été consommé sans opposition de sa
part.

Partage de la Société.

1. Une fois la liquidation terminée, c'est-à-dire
une fois la distraction faite de toutes les charges
qui pesaient sur la société, et la fixation bien établie de tout l'actif social, il ne reste plus qu'à
opérer le partage du fonds de la société.

2. Il y a lieu d'appliquer pour les sociétés commerciales tous les principes que nous avons développés dans le titre préliminaire sur les sociétés
en général.

Si l'acte social ne détermine pas la part de chaque sociétaire dans les bénéfices ou pertes, la

part de chacun est en proportion de sa mise dans le fonds de la société.

A l'égard de celui qui n'a apporté que son industrie, sa part dans les bénéfices ou dans les pertes est réglée comme si sa mise eût été égale à celle de l'associé qui a le moins apporté (art. 1853 du Code civil).

3. Toutes les règles relatives au partage entre co-héritiers sont applicables au partage entre associés. (Voir les art. 815 et suiv. du Cod. civ.)

4. Quand les lots sont faits, tous d'une valeur égale, si l'acte social porte qu'il y aura égalité parfaite dans la distribution des parts, on les tire au sort.

Si, au contraire, l'acte social fixe la part de chaque associé dans le partage des biens composant l'actif de la société, on attribuera à chacun la portion qui lui revient. Dans tous les cas le partage ne sera pas translatif, mais seulement déclaratif de propriété.

Art. 64. (1). Toutes actions contre les associés non liquidateurs et leurs veuves, héritiers ou ayant cause, sont prescrites cinq ans après la fin ou la dissolution de la société, si l'acte de société qui en énonce la

____

(1) Code de Commerce.

durée, ou l'acte de dissolution, a été affiché et enregistré conformément aux articles 42, 43, 44 et 46, et si, depuis cette formalité remplie, la prescription n'a été interrompue à leur égard par aucune poursuite judiciaire.

1. La rédaction de cet article a donné lieu au conseil d'état à de grandes discussions entre les hommes éminens chargés de faire nos Codes.

Les uns soutenaient que ses dispositions blessaient les droits des tiers créanciers de la société.

N'est-il pas extraordinaire que, par la seule affiche de l'acte qui énonce la durée de la société, ou de l'acte de dissolution, une action qui suivant le droit commun doit subsister trente ans, diminue de durée?

N'est-il pas injuste de remettre ainsi aux sociétaires la faculté de réduire les garanties des créanciers de la société? Si la société eût duré, les tiers auraient pu exercer contre elle pendant trente ans leurs actions : et parce qu'il a plu à ses membres d'en prononcer la dissolution, les créanciers devront poursuivre leur remboursement dans les cinq ans de la dissolution, sous peine de déchéance!

On répondait pour l'opinion contraire, pour celle qui a prévalu, et qui se trouve formulée par l'article 64 :

Mais les créanciers ne perdent pas de leurs droits : pendant trente années, à partir de la dissolution, n'ont-ils pas la faculté de poursuivre le liquidateur? Ne peuvent-ils pas interrompre par des poursuites la prescription à l'égard des associés non liquidateurs ?

On justifiait encore les dispositions de l'article 64 par l'intérêt général du commerce qui exigeait que les associés ne restassent pas pendant trente années sous la crainte des poursuites que pourraient faire les créanciers. Personne ne voudrait participer à la formation d'une société commerciale, si ceux qui s'y engagent ne pouvaient espérer de se voir libérés qu'après trente ans, et par suite, se trouveraient jusque là dans l'impuissance de former aucun établissement personnel. Car s'ils devaient demeurer pendant trente ans passibles des dettes sociales, il leur serait impossible d'obtenir du crédit. (Voir M. Locré; art. 64 du Code de commerce.)

2. Il est intéressant pour les associés de bien préciser le moment où ils commencent à jouir du bénéfice de cet article 64.

On demande si la retraite d'un associé, publiée dans la forme légale, équivaut, à son égard, à une dissolution de la société, de telle sorte que toutes actions à raison des obligations sociales soient prescrites en sa faveur, cinq ans à partir de l'accomplissement des formalités de publication de sa retraite, et non pas seulement à partir de la liquidation générale de la société arrivée depuis?

Pour la négative on s'appuie sur les formes de l'article 64. L'article 64 parle d'associés non liquidateurs, en faveur desquels il établit la prescription quinquennale; il suppose donc qu'il existe des associés liquidateurs. Mais dans le cas de la retraite d'un seul sociétaire, il n'y a pas d'associé liquidateur; donc il n'y a pas lieu à l'application de l'article 64.

L'article 64, en parlant d'associés non liquidateurs, fait pressentir qu'il doit aussi exister des associés liquidateurs, puisqu'il établit un privilége en faveur des premiers, en disant que la prescription quinquennale profitera aux associés non liquidateurs. Mais s'il s'exprime ainsi, c'est qu'il a eu en vue la généralité des cas, il a vu une dissolution de la société par rapport à tous les associés, sans vouloir refuser l'application de cet article au cas d'une dissolution particulière.

D'ailleurs il n'est pas vrai de dire que, dans la dissolution particulière de la société par suite de la retraite d'un sociétaire, il ne se trouve pas un associé non liquidateur et des associés liquidateurs. Le non liquidateur est le sociétaire qui se retire : les liquidateurs sont ceux qui continuent la société : ce sont eux qui fixent tous les droits de l'associé sortant : c'est sur eux que les créanciers peuvent exercer pendant trente ans toutes les actions : quant à celui qui s'est retiré, il n'est passible des engagemens pris par l'association que pendant cinq années à partir de sa retraite, qui, à son égard, équivaut à une dissolution de la société : en un mot, il jouit de la prescription quinquennale. (Voir un arrêt de la Cour de cassation, du 7 juin 1830, Journal du Palais, ann. 1830, t. 3.)

3. Si la place de liquidateur d'une société a des charges, elle a aussi des avantages tels que souvent elle est un sujet d'ambition entre tous les membres de la société. Il y a dans les fonctions de liquidateur une délégation de tous les pouvoirs qui appartenaient à la société : aussi faut-il pour que quelqu'un puisse légalement l'exercer, une nomination expresse, un mandat donné par tous les sociétaires. La jurisprudence est constante à cet égard. La Cour de cassation a même décidé le 13 juin 1831 que si, par suite de décès ou de disparition, il ne reste plus qu'un membre d'une société qui a été dissoute sans qu'aucun associé ait été investi de la qualité de *liquidateur*, l'associé restant n'a pas le droit de prendre cette qualité *ipso facto*.

4. Il est facile de concevoir pourquoi les tribunaux mettent tant de scrupule dans la reconnaissance de la qualité de liquidateur. Ce dernier, comme nous l'avons déjà dit, est le représentant

de toute la société vis-à-vis des tiers : aussi est-il nécessaire qu'il tienne dans ses mains les pouvoirs donnés par les associés, car il est de principe qu'on ne représente pas une personne malgré elle. La réputation de tous les membres de l'association, leur intérêt matériel veulent que le représentant fasse bien leurs affaires : il est donc de leur utilité de choisir celui ou ceux qu'ils pensent les plus capables, qu'ils croient les plus dignes de leur confiance... Et cette confiance ne se présume pas; elle ne se justifie que par un titre, par la représentation d'une procuration générale, donnée par la majorité des sociétaires.

FIN.

TABLE

DES MATIÈRES.

C

mettre dans la société, *ibid.* — Le commanditaire sera-t-il tenu de rapporter tous les bénéfices qu'il avait prélevés antérieurement à la faillite de la société ? p. 103. — Sera-t-il regardé comme associé en nom collectif si l'extrait affiché ne contient pas le montant des valeurs versées par lui dans la commandite ? p. 110. — S'il ne fait que des transactions commerciales réciproques avec les maisons commanditées, il ne sera pas sous le coup de l'article 27, *ibid.* — L'associé commanditaire ne peut faire aucun acte de gestion, p. 114. — Il est permis de prouver par témoins qu'il s'est mêlé de la gestion, p. 115. — Le commanditaire a le droit d'entendre les rapports sur les administrations, etc., *ibid.* Pour qu'il y ait lieu à l'application de l'article 27, il faut que les gérans représentent, comme gérans, la maison commanditée, p. 117. — En cas de contravention à la prohibition de l'article 27, l'associé commanditaire devient associé pur et simple, p. 118. — Le commanditaire, devenu associé pur et simple, a-t-il la qualité de commerçant ? p. 119. Si, poursuivi par les créanciers, il a payé toutes les dettes, a-t-il un recours contre ses co-associés solidaires ? p. 121. Devra-t-il satisfaire à toutes les dettes depuis le commencement de la société ? p. 123.

Complimentaires ou commandités, p. 94. Eux seuls peuvent administrer la commandite. Eux seuls peuvent former le nom social, p. 95. Si un acte de société représente le commandité comme commanditaire, les créanciers de cette société pourront-ils prétendre qu'elle n'a de commandite que le nom, et qu'elle doit être considérée comme pure et simple ? *ibid.*

Courtiers de commerce. Ils ne peuvent faire aucune opération de commerce, p. 69. Ceux qui font des négociations, par l'intermédiaire des commis, sont punissables d'amende et de destitution, p. 76.

D

E

L

M

P

Prêt. Celui qui fournit des fonds à une maison de commerce sous le titre de prêt et avec les conditions applicables au seul contrat de prêt, sera néanmoins réputé associé commanditaire, s'il s'est réservé le droit de prendre communication des registres, etc., p. 101.

S

associé peut s'associer un tiers, p. 46. Nature de cette société particulière, *ibid.* et suiv. — Obligations du tiers et
de l'associé, p. 48.

Société en nom collectif, p. 77.

Société en commandite, p. 93.

Société anonyme, p. 125. Elle est qualifiée par la désignation de l'objet de ses entreprises, p. 127. — Elle est administrée par des mandataires à temps, révocables, associés ou
non associés, salariés ou gratuits, p. 127. Leur responsabilité, p. 128. Les associés ne sont passibles que de la perte
du montant de leur intérêt dans la société, p. 129. *Quid*,
si un souscripteur n'a versé en argent qu'une partie de ses
actions, et l'autre en obligations personnelles ou billets
souscrits par lui? p. 130. Le capital de la société anonyme
se divise en actions et même en coupons d'actions d'une valeur égale, p. 133. Le capital de la société peut être augmenté p. 137. Les actionnaires ne sont pas contraints de
conserver leurs actions durant toute l'existence de la société, p. 139. — La société anonyme ne peut exister qu'a-
vec l'autorisation du roi, p. 141.

Solidarité. Elle est de l'essence du contrat de société en
nom collectif, p. 81.

FIN DE LA TABLE DES MATIÈRES.